重构中的莒文化

理论与实践

刘永凌 ○ 著

中国社会科学出版社

图书在版编目（CIP）数据

重构中的莒文化：理论与实践/刘永凌著. —北京：中国社会科学出版社，2020.11

ISBN 978-7-5203-7327-2

Ⅰ.①重… Ⅱ.①刘… Ⅲ.①文化史—研究—莒县 Ⅳ.①K295.24

中国版本图书馆CIP数据核字（2020）第187063号

出版人	赵剑英
策划编辑	李凯凯
责任编辑	刘凯琳
责任校对	李　剑
责任印制	王　超

出　版	中国社会科学出版社
社　址	北京鼓楼西大街甲158号
邮　编	100720
网　址	http://www.csspw.cn
发行部	010-84083685
门市部	010-84029450
经　销	新华书店及其他书店
印　刷	北京明恒达印务有限公司
装　订	廊坊市广阳区广增装订厂
版　次	2020年11月第1版
印　次	2020年11月第1次印刷
开　本	710×1000　1/16
印　张	16.5
插　页	2
字　数	271千字
定　价	96.00元

凡购买中国社会科学出版社图书，如有质量问题请与本社营销中心联系调换
电话：010-84083683
版权所有　侵权必究

序 一

张志强

李学勤先生曾指出："山东地区在整个夏商周时期都是极其重要的，山东古文化在整个中国文明史进程中，有其特殊地位。"山东古文化就是"夷夏东西"说中东方的夷文化，莒文化是山东古文化的代表，也是东方夷文化的代表。

"莒"字的解释有两种，一种是指用竹编织的圆形盛饭器，《诗·召南·采蘋》曰："予以盛之，维筐及筥"，《毛传》释曰："方曰筐，圆曰筥"；另一种说法是指量器之名。莒的含义更可能与在竹筐上涂泥烧制陶器的制陶工艺有关，陶器的发明很可能较早出现于以莒地为中心的东夷文化。"莒"象征着东夷文化的"制作"高峰，因而"莒"在一定意义上成为东夷文化的象征。

莒文化与齐鲁文化的关系，一方面是层累的关系，而另一方面则是表现为古层与新层之间的并列关系以及相互影响的关系。莒是山东地区文化的古层，齐与鲁则是层累在莒文化古层上的新层，是基于西周的册封而层累叠加于文化古层之上的新文化因素。正如刘永凌研究员在书中所阐述的，由于姜尚本是夷人，所以将他册封回故土，使得齐地的文化与古层文化之间形成一种相顺继承的关系，而鲁地的文化，由于是周公之封地，所以更多代表着周室的文化。莒作为商代的方国，在周仍然保留了方国的地位和形态，与齐鲁等"以藩屏周"的子弟姻亲之国的政治地位差别当然很大，而这种政治差别在一定意义上决定了莒国在东周时代的命运。

本书对莒文化的梳理，揭示了山东文化的古层，同时恰当地梳理了齐、鲁、莒三者之间的文化关系，对于我们认识山东文化的渊源和演化具有重要的意义。刘永凌通过对莒文化的深入研究，尝试对莒文化的开发提出了一系列设想，打通了古今莒文化，以莒文化的精神贯穿古今，为莒文化拓深了历史文化的厚度，为莒文化的当代发展提供了一个具有数千年历史纵深的文明视野，很有现实意义。

中华大地积淀着深厚的历史文化资源，不同地域都在中华文明版图中具有自己独特的历史文化地位。如何发掘不同地域的文化，不仅是地方文化事业发展的需要，更是丰富我们对中华文明多元构成认识的需要。经济发展与文化繁荣的关系，不仅是文化为经济搭台，更重要的是经济发展必须以文化繁荣为目标，这是新时代人民美好生活的内在要求，也是文化自信开启文明自觉的一个重要方面。刘永凌研究员关于莒文化的研究，为我们提供了一个在新时代发掘地域文化时代意义的重要范例，为我们提供了一个将历史文化研究与现实研究深度结合的范例。

是为序。

2020年7月于北京

序 二

路德斌

  第一次近距离接触"莒文化"是在 2017 年。是年 9 月，笔者跟随山东社会科学院"莒文化"调研组来到了一个自己从未踏足过的地方——位于鲁东南地区的莒国故地莒县。着实让我始料未及的是，一次本以为与以往一样平淡无奇的考察，却让自己的心灵经历了一场在几十年的学术生涯中绝无仅有的震撼和冲击。在这片以齐、鲁闻名的土地上，竟然蕴藏着一个比齐鲁文化更为古老而悠久的文明！且不说这里的考古发现已经构建起了一个中国史前文化——由旧石器时代经过细石器时期再到新石器时代的完整谱系，作为著名的大汶口文化和龙山文化的承载者，凌阳河遗址出土的陶文更是将中华文明的历史从 4000 年向前推进至 5000 年。据不完全统计，莒地已发现各历史时期的古文化遗址 3175 处，约占山东省 7707 处古文化遗址的 41.2%；古墓葬 880 处，约占山东省 3005 处古墓葬的 29.3%。小小莒地，文化底蕴竟如此深厚、丰盈，其地位及意义又是如此重要和不可取代，作为一个对儒家文化耕耘有年的学者，在震惊、赞叹之余，不禁为自己只知齐鲁而未知有"莒"的孤陋寡闻而深感汗颜和自责。每每想起，总有一种愧怍之意袭来。这种感觉至今犹在。

  而让我对"莒文化"有了一个更加深切把握和了解并使多年愧怍之情略有释然的，则是摆在面前的这部书稿——《重构中的莒文化：理论与实践》。所以释然，不仅仅是因为项目的主持者正是当年"莒文化"调研组的成员之一、我的同事与同道刘永凌研究员。更重要的一点，是因为这一项目成果在系统梳理、呈现莒文化灿烂过往和丰厚遗存的同时，还让我们依稀看到了"莒文化"雄起的未来和希望。反思说来，在今天，为我们山东人引以为傲的齐鲁文化实质上已经不是纯粹意义上的齐鲁文化，而是有"莒文化"深融其中并作为核心要素而存在的齐鲁文化；从更广阔的背景来说，"莒文化"也正是以这样一种方式，与中华大地上的其他优秀文化一起汇聚在民族精神的大熔炉之中，不分彼此，共铸一魂，流淌在我们的血液里，融迹于我们的生活中。即此以言，"莒文化"之于今天的我们，不是"先在"，更不是"外在"，而是"现在"。是自古及今，一直都在。

"莒文化"并未消失，但"莒文化"总被遗忘，是事实，却非应然。或许正是这个缘故，自从莒地调研归来，无论忙闲，有一个声音总会在不经意间涌上心头、萦绕不去——"毋忘在莒"！在很多人那里，这句话或许只是意味着这里曾经是一个励志典故的发生之地；但在我这儿不然，对"莒文化"的深切体验触发了来自心中更深层的感受——作为中华文明的源头之一，这里还有我们生命的根。

是为序。

2020 年 7 月路德斌序于泉城济南

目　录

上篇　莒文化的基本理论

第一章　作为地域文化的莒文化 ……………………………… （3）
　　第一节　何谓"地域文化" ……………………………………… （3）
　　第二节　莒文化的形成与空间分布 …………………………… （6）
　　第三节　莒地文化与莒县文化 ………………………………… （12）
　　第四节　莒文化的基本特征 …………………………………… （16）

第二章　莒文化与齐鲁文化 …………………………………… （22）
　　第一节　莒文化与齐文化 ……………………………………… （22）
　　第二节　莒文化与鲁文化 ……………………………………… （25）
　　第三节　莒文化是山东文化的重要组成部分 ………………… （28）

第三章　莒文化与中华文化 …………………………………… （32）
　　第一节　何谓中华文化 ………………………………………… （32）
　　第二节　莒文化是中华文化的重要组成部分 ………………… （38）

第四章　莒文化与沂蒙精神 …………………………………… （43）
　　第一节　什么是沂蒙精神 ……………………………………… （43）
　　第二节　沂蒙精神是中国共产党精神与莒文化
　　　　　　相结合的产物 ………………………………………… （47）

中篇　作为文化资源的莒文化

第五章　自然文化资源 (55)
第一节　历史悠久的名山大川 (55)
第二节　星罗棋布的河流 (67)
第三节　丰富的物产 (70)

第六章　考古文化资源 (74)
第一节　古文化遗址 (75)
第二节　莒地出土文物 (79)
第三节　古墓葬群 (87)

第七章　历史文化资源 (90)
第一节　莒国故城 (90)
第二节　齐长城遗址 (96)
第三节　其他历史文化遗存 (98)
第四节　莒地历史名人 (103)
第五节　刘勰及其作品 (106)

第八章　民俗文化资源 (110)
第一节　莒地民风与民俗 (110)
第二节　莒县非物质文化遗产 (122)

第九章　革命文化资源 (131)
第一节　莒县红色革命历史 (131)
第二节　莒县红色物态文化资源 (153)
第三节　莒县红色精神文化资源 (169)
第四节　将帅在莒 (180)

下篇 莒文化开发：设想与思路

第十章 新时代：地域文化与区域发展 (191)
- 第一节 新时代"五位一体"总体布局对于地方发展的新要求 (191)
- 第二节 地域文化对实现地方"五位一体"总体布局发展的价值意蕴 (201)
- 第三节 地域文化发展：手段与目的 (215)

第十一章 莒文化开发的历史与现状 (220)
- 第一节 计划经济条件下的文化事业模式(1949—1978年) (220)
- 第二节 改革开放条件下的"文化搭台、经济唱戏"模式(1978—2012年) (223)
- 第三节 新时代"五位一体"框架下的文化发展模式(2012年至今) (228)

第十二章 莒文化开发的设想与思路 (232)
- 第一节 莒文化开发的总体设想 (232)
- 第二节 莒文化开发的基本原则 (235)
- 第三节 莒文化开发的总体思路 (242)

后记 (252)

上 篇

莒文化的基本理论

第 一 章

作为地域文化的莒文化

第一节 何谓"地域文化"

一 人类学视野下的"地域文化"

研究"莒文化",首先要理解"地域文化"。不过,由于"文化"(culture)这一概念始终处在动态的生长过程中,是文化理论界反复探讨的话题,这自然给我们判定作为文化具体表现的地域文化增加了难度。根据阿尔弗雷德·克虏伯(Alfred Kroeber)和克莱德·克拉克洪(Clyde Kluckhohn)在《文化:对于观念与定义的评论》(*Culture: A Critical Review of Concepts and Definitions*)一书中的统计,西方社会科学家自1871年到1951年间,提出的"文化"定义共164种。[①] 那么,由此推定出的地域文化的定义又会有多少种呢?

早在19世纪末,爱德华·泰勒(Edward Tylor)便提出了"文化"的经典定义,"文化是一个复杂的总体,包括知识、信仰、艺术、道德、法律、习俗,以及人类在社会里所得的一切能力和习惯"[②],明确将"文化"列为人类学的研究客体。不过,古典进化论的观点关心的是全人类文化的总体发展,很少论及某一具体文化的内部组织和运作,区域性和民族性等方面的内容亦不在考虑范围内。但是,仅仅关注文化在时间上的演变是不可取的,文化在地理空间中也在发生移动、接触、冲突和借用。按

---

① Kroeber, A. L. & Kluckhohn, C., *Culture: A Critical Review of Concepts and Definitions*, MA: Harvard University Press, 1952, p. 181.

② Tylor, E. B., *Primitive Culture: Researches into the Development of Mythology, Philsophy, Religion, Art, and Custom*, London: John Murray, 2 vols. 1871, p. 1.

照文化特质的地理分布，弗里茨·格雷布纳（Fritz Graebner）发展了"文化圈"（cultural circle）的概念，不同文化圈相互交错，由此形成"文化层"，若干文化层彼此组合和迁徙，便形成了文化的历史，由此可鉴别出文化之间的亲缘关系，以此将全球的文化类型进行划分和统合。① 显而易见，早期的文化研究是与殖民主义和帝国主义的政治实践相伴而生的。然而，文化并不是某一要素决定的，弗朗茨·博厄斯（Franz Boas）学派引领了该概念的范式转向，即强调文化的多样性并且将其视为习得性行为的背景因素，而且各民族或地区的文化价值平等，并无高低贵贱之分；② 阿尔弗雷德·克虏伯（Alfred Kroeber）则声称，文化是浮于生物学、心理学和个体范畴的超有机体（superorganic）。③

当"文化"被赋予时间和空间的意义时，这一抽象的概念就会转化为更加确切的"地域文化"。以上种种学派观点都表明，人类学从不同视角给予"区域文化"以观照。④ 这是文化研究的进步，但是，这些关于地域文化的规定无疑带有明显的进化论和决定论的局限性，为克服这些缺陷，历史文化学派强调用地理的方法，将一个部落或社群的文化列为人类学研究文化的单位，即"文化区"；换言之，文化由"文化特质"组成，相互关联形成"文化丛"，进而构成"文化类型"。⑤ 以此为契机，区域性的"文化与人格"研究应运而生，露丝·本尼迪克特（Ruth Benedict）认为，文化是人们习得行为及行为结果的总体形貌，处在同一文化环境中的社会成员取向一种同样的个性，形成所谓的"群体个性"和"民族性格"；文化模式作为一种文化个性，成为地域文化最显著的外部性格。⑥ 康拉德·阿伦斯伯格（Conrad Arensberg）重拾"文化区域"（culture areas）的概念，认为文化区域是一个区域所特有的生态关系、生存制度、聚落模式和社会互动的复合体，并且认为文化区域本身具有完全开放的特

---

① Graebner, F., *Methode der Ethnologie*. Heidelberg: Winter, 1911.
② [美]弗朗茨·博厄斯：《人类学与现代生活》，杨成志译，商务印书馆1985年版。
③ Kroeber, A. L., "The Superorganic", *American Anthropogist*, 1917, 19 (2), pp. 163–213.
④ Arensberg, C. M., "The Old World Peoples: The Place of European Culrures in World Ethnography", *Anthropological Quarterly* 36, 1963, pp. 75–99.
⑤ [美]弗朗茨·博厄斯：《原始艺术》，金辉译，上海文艺出版社1989年版。
⑥ [美]露丝·本尼迪克特：《文化模式》，王炜等译，生活·读书·新知三联书店1988年版。

性,且处在流动状态之中。可见,人类学为西方区域文化研究提供了一种理论程式,不过这种方法更多地应用于特定历史社会背景下的项目性研究,例如:克虏伯首创文化区域法,用来甄选北美地区具有民族学特质的区域;① 本尼迪克特对日本国民性的研究,用来预测他们在"二战"时及战后会采取怎样的行动;② 朱利安·斯图尔德（Julian Steward）的区域研究计划在于获取与美国国家利益有战略牵连的新兴国家知识等。③

二 "地域文化"的基本要素

在中国,与"区域"这一颇具行政色彩的词汇不同,"地域"作为一个地理空间概念,被赋予了更多人文因素和历史文化传统。④ "地域"是一个历史的和人们心理意识中所认同而约定俗成的空间区域,只是由于历史变迁,其边界范围已较为模糊;"地域文化"（rigional culture）便可视为生活在特定的地理和人文环境中的人类群体在长期社会实践中创造的物质和精神生产的总和,⑤ 比如宗教信仰、民俗传统、社会组织、文学艺术、经济体系等。"地域文化"包括三个重要因素:

第一,地域性。为人们所创造、感知并认同的文化现象附着在特定的地域之上,这是人们从古至今沿袭或俗称的区域,只是在历史变迁中,边界变化、景物易貌、人口迁徙等都是寻常,因此所谓地域只是一个大致的地区概念。后来,这一模糊的观念转化为人们对文化界分的标志,成为一个特定的文化范畴。不同地区的文化现象,反映着多样地域中人与自然、人与社会以及人与人之间的关系,从而显示出各地域文化系统的差异性。

第二,人文性。地域文化的生产和发展都是由生活在当地的人来实现

---

① Kroeber, A. L., *Cultural and Natural Areas of Native North America*, Berkeley: University of California Press, 1939.
② [美] 露丝·本尼迪克特:《菊与刀》,吕万河、熊达云、王智新译,商务印书馆2012年版。
③ Steward, J. H., *Theory of Culture Change: The Methodology Multilinear Evolution*, Urbana: University of Illinois Press, 1955, pp. 43 – 77.
④ 雍际春:《地域文化研究及其时代价值》,《宁夏大学学报（人文社会科学版）》2008年第3期。
⑤ 刘新有、史正涛、唐永红:《地域文化演进机制与发展趋势研究》,《广西社会科学》2007年第11期。

的，由此人类与其自然和社会环境形成一种相互依存的持久适应性体系，进而构成一种独特的文化生态与连接，由此引发人们的理解力和想象力。作为人们从地域社会生活中创造并应用于社会生活的文化类型，地域文化是支撑其区域人们生存和发展重要的精神力量。[1]

第三，历时性。地域文化并不是独立发生、脉络清晰的封闭性实体，简单地将地域视作一个自然的实体并将各项论述置于这一框架中无疑是一个陷阱，建构主义者始终对所谓铁板一块的过去心存疑虑。从历时性的逻辑看，地域文化的观念是多层次的动态观念，这种观念隐含着一个复杂的历史建构过程。不同区域的人们经历着不同的历史阶段，不同的历史阶段塑造了不同的"历史观"。是以，地域文化的观念在每个历史阶段发生变动，或增减，或改变原有的内容，不断重新被形塑。

第二节　莒文化的形成与空间分布

一　"莒"之钩沉

"莒文化"是人们在历史过程中建构出来的地域文化观念，是生活在莒地的人对其所处的自然和人文环境做出的挑战性回应。"莒文化"首先具备"莒"的独特性。

关于"莒"字的释读，从考古资料看，有以下两种说法：

西周以前多是虎字头；春秋战国时期起，在虎字头上又加了"竹"字头。纵观春秋以前的文献，有两种解释。一说，用竹编织的圆形容器。《诗·召南·采蘋》中记："予以盛之，维筐及筥。"《毛传》载："方曰筐，圆曰筥。"二说，古代禾的量名。《仪礼·聘礼》："四秉曰筥。"颜师古："筥，一名䈱，受五升。"《管子·小匡》："治国不失秉。"莒和秉都是古量名，是治国之器，国之权柄。汉代以后，该字逐渐演变成草字头。临沂曾出土一件汉代漆耳杯，上书"莒盎"二字，说明草头"莒"是汉代后才出现的。故东汉许慎《说文》有曰："齐谓芋为莒。"[2]

---

[1] 黄意武：《多学科视野下地域文化概念及内涵解析》，《地域文化研究》2018年第3期。
[2] 苏兆庆、朱晓伟：《莒是姓氏考》，《莒文化与中华文明》，中国社会科学出版社2012年版。

当"莒"成为一个文化符号，历代学者对其意涵的解读，众说纷纭。综合来看，主要有以下观点：

从地理范畴来看，"莒"不仅仅指现在的莒县之县域，而是泛指莒族繁衍生息的地方和莒国强盛占据的地盘，是原始部落发展壮大建设起来的东夷土著国家，长期位于今山东东南沿海和江苏东北沿海一带，其影响范围甚广。西周时期，莒国的势力范围东临黄海，北到今胶州、高密，西到昌邑、蒙阴，南到兰陵、郯城、临沭和江苏赣榆；春秋早中期，今莒县、日照东港区、日照岚山区、五莲、诸城、安丘、黄岛、沂水、沂南、莒南、临沭等地皆为莒国区域；秦代时，琅琊郡（临沂古称）覆盖了莒地大部分地区。[①]《莒志》载："莒，故国也，建自唐虞之前，书史详之"，"莒本少昊苗裔，三代以前建国最久"。《山海经》记载："……东海之外有大壑，少昊之国。"[②] 三代以前先莒和莒国的早期历史，尽管很少在典籍卷宗里闪现，但泥土之中则埋藏很多。以陵阳河为中心的遗址群相继出土，说明此地早在大汶口文化时期就已建立起部落古国；商代甲骨文中亦有莒国相关记载；周代之莒，只是褒封而已，应是商莒的延续。

"莒"不仅是地名，还是族名和姓氏。《通志·氏族略二》记载："莒氏，嬴姓。少昊之后也。"[③] 学界公认大汶口文化就是少昊文化，莒地正是大汶口文化和龙山文化的中心地带。少昊之后的莒人是陶器的较早发明者，把泥巴糊在用竹条制作的筐子上，再用火烧制而成。陵阳河遗址等莒地出土的粗篮纹大口尊和陶等就是用这种方法烧制而成的。因其发明用"莒"糊泥烧制陶器，周边部落以"莒"称之，莒人自此便以"莒"自称了。《史记·秦本纪》："秦之先为嬴姓，其后分封，以国为姓，有徐氏、郯氏、莒氏……"《元和姓纂》："莒，伯益之后，封莒，为楚所灭，以国为姓。"《万姓统谱》："莒，嬴姓伯益之后，封于莒，其后以国为氏。"《通志·氏族略·以国为氏》："莒氏，嬴姓，少昊之后也。周武王封兹与期于莒，今密州莒县也。"莒国故地出土的春秋战国青铜器上铸铭

---

① 政协莒县委员会编：《莒地简史》，中国文史出版社2016年版，第13—16页。
② 陈新：《少昊时代与莒文化琐议》，《莒文化与中华文明》，中国社会科学出版社2012年版。
③ 朱文民：《有关莒国史三个问题的考辨》，《莒文化与中华文明》，中国社会科学出版社2012年版。

文亦可佐证，如莒南大店"莒叔仲平编钟"，沂水刘店子"莒公戈"，莒县于家沟"莒大叔壶"，诸城臧家庄"莒公孙潮子编钟、编镈"，《金文集》中的西周"莒子簋""莒侯簋""莒太史申鼎"等，临沂银雀山汉墓出土的漆器中的丹书文字"莒盇""莒市"等。由此可知，莒乃少昊之后，莒在夏朝即作为莒州，商代为册封的方国，莒氏作为东夷氏族中最强大的一支，以国为姓。不仅如此，莒姓人物自古有之，例如"莒虎"为西周南淮夷首领，"莒伯"为春秋时期楚国大夫，"莒庆"为春秋时期莒国大夫，"莒子朱"为春秋莒国之君渠丘公，"莒诵"为汉朝缑氏令。出土汉代铜印中有"莒孺""莒奴"。现如今，莒姓后裔多迁徙于外，苏兆庆先生曾于天津市静海县蔡公镇四党口后村寻访到 200 年前从莒县迁徙而来的莒姓后人，至今已传承十二代。①

二 莒文化的形成

如果说"莒"代表了地方的个性，那么"文化"就代表了共性。作为一种地域文化，莒文化本质上就是复合文化，是在莒地发生的各种文化事象的总和。

莒文化的根系，可上溯至旧石器时代。莒地是旧石器时代中晚期人类活动最密集的区域之一，遗址主要分布在沂沭河中上游地区。在今莒县长岭镇坡子村、刘官庄镇中泉村、夏庄镇大官庄村、杨家官庄村以及日照东港、岚山，临沂莒南、沂水、临沭等地域，广泛发现距今 2 万年到 1 万年的细石器文化遗存。据不完全统计，分布点有 140 余处，石器品种、制造工艺和质地大体一致，具有明显船底形（扇形、宽楔形）细石核、楔形细石核、锥形（铅笔头形）细石核以及拇指盖形或龟背形圆刮器及其他形状的圆刮器、长刮器、尖状器以及典型细石镞，② 表现出直接打击法和间接修整法交互使用等显著特点，考古界称之为"沂沭细石器文化"，是中国从旧石器时代向新石器时代过渡的典型区域。③

---

① 苏兆庆、朱晓伟：《莒是姓氏考》，《莒文化与中华文明》，中国社会科学出版社 2012 年版。
② 高广仁：《莒文化的考古学研究》，《莒文化与中华文明》，中国社会科学出版社 2012 年版。
③ 政协莒县委员会编：《莒地简史》，中国文史出版社 2016 年版。

进入新石器时代后，莒地从母系氏族迈向父系氏族社会。以今莒县一带为中心聚集区，从后李文化、北辛文化、大汶口文化、龙山文化到以后铜石并用的岳石文化，五个阶段的人类文明发展序列在莒地均有发现，并在大汶口—龙山文化时代达到鼎盛。

1996年在莒地潍河（古淮河）流域前埠下遗址，发现后李文化遗存，主要有灰坑和柱洞，出土了新石器早期陶器、石器、骨器和大量鹿、猪、龟、鱼等动物骨骼，其分布的区域正是连接南方马家浜文化与北方后李文化的过渡区。

北辛文化上承后李文化，莒县后果庄、阎庄小河村、日照东河村、临沂河东区泉上屯、兰山区小城后、兰陵于官庄、沂水邵家宅村等地均发现这一阶段的古人类活动。

大汶口文化时期是莒文化迅速发展和社会剧烈变化的时期，其遗址仅在莒县就有50处之多，莒县陵阳河、大朱家村、杭头三大遗址代表了莒文化的领先水平。遗址出土了大量石器、玉器、陶器，包括各种生产工具、成套酿酒器、砭石类医药工具、音乐器具、天文祭祀礼具和系列陶文等。其中，墓十九（M19）曾出土一件保存完好、制作精美的夹砂褐陶牛角形号，是目前整个大汶口文化考古中首次也是唯一一个军事类陶号发现，号长32厘米，吹之听闻数里，为发号施令的器具，表明莒部落已经形成军事化组织系统，有着严明纪律和统一号令。[1] 大口尊陶尊上的图像符号，共8种类型、20个单字，是当时人们对自然景观、生产生活和祭祀的记录，被学界认为是汉字的祖型。[2]

龙山文化时期继承了陵阳河类型文明的辉煌，重要遗址有日照东海域、两城、尧王城，五莲丹土，莒县马庄、孟家洼，胶州三里河，诸城呈子，临沂大范庄等。其中，莒地制陶技术工艺尤为精致，甚至连当代人都很难企及。不仅如此，这一时期的墓葬规模、随葬品等方面出现明显等级差别，礼制发展到成熟阶段。同时，金属冶铸业和金属工具出现并得以

---

[1] 苏兆庆：《中华文明的号角从莒地吹响》，《考古发现与莒史新征》，中国文史出版社2015年版。

[2] 李学勤：《论新出大汶口文化陶器符号》，《莒文化与中华文明》，中国社会科学出版社2012年版。

应用。

岳石文化遗址主要密集分布在莒县，多数和龙山文化重叠在一起，仅莒县就有塘子、陵阳河、桃园、八里庄子、三角汪、上峪等12处遗址。尤其是莒国故城东北角的塘子遗址约15万平方米，被公认为山东岳石文化的新类型之一，已被列为山东省重点文物保护单位。曾出土发现了亚腰石斧、浅盘豆等，使莒地新石器时代和夏商周青铜时代历史有机连接在一起。

总之，从时序发展来看，旧石器时代早中晚期和新石器时代早中晚期的人类文明发展序列，在莒地均有发现，前后承续，构成环环相扣的完整文化谱系。

三　莒文化的空间分布

纵观历史可以看出，莒地的区域范围大致为沂沭河与潍河上游以东，泰沂山系东南的山东东南部和江苏北部沿海地区。按照行政规划，包括今山东省日照全市——莒县、东港区、岚山区、五莲县，青岛的胶州市、黄岛区（原胶南市），潍坊市的昌邑县、高密市、安丘市、诸城市，淄博市的沂源县，临沂市莒南县、沂水县、沂南县、河东区、兰山区、罗庄区、蒙阴区、费县、兰陵县（原苍山县）、临沭县，和江苏省连云港市的赣榆区、东海县，徐州市的邳州等地。此外，旧石器时代晚期的新泰智人与莒地先民衍生有密切渊源，从行政区划来讲，北魏到隋唐时期，新泰县（即今泰安市的新泰市）隶属于莒州。临朐县的沂山以南区域处于沂河源头和上游。新泰地域和临朐沂山以南区域也应归于莒地西部历史文化辐射区域。[①]

莒地境内的沂河、沭河、潍河各大河流与黄河流域一样，属于土质疏松、具有自行肥效的黄土冲积地区，适宜农业生产发展，极利于原始生产方式下的垦作。这一地域处于暖温带大陆性季风气候区，全年降水分布不均，主要集中在夏季7、8月份，春季干燥。水利资源充沛，沂、沭、潍三条大河与其众多支流，构成纵横交错的水利网。仅在古代莒城周围就有四湖——莒城西湖、土山湖、葛河湖、陵阳湖，四泉——裴泉、庞泉、龙

---

① 政协莒县委员会编：《莒地简史》，中国文史出版社2016年版，第2页。

泉、石井泉，四泊——涝泊、九里泊、满堂泊、灰子泊。① 可见莒地土壤、气候、水利等自然条件为此地人们的生产生活奠定了良好基础。

平原、河流、湖泊逐渐成为多个部族的驻足之处，新石器时代早中期便已形成长期固定聚居村邑。莒地部落方国从大汶口、龙山时期直到夏商周时期，始终伴随大范围迁徙和长期聚族定居两大现象，形成数十个莒地古国都城和邑聚，如陵阳河、两城、尧王城遗址等。夏商两代，莒国已是活跃于中原东部的东夷方国。夏代为莒州，商代封为莒方国，周代封莒国，秦朝为琅琊郡莒县，汉朝为城阳国莒县，西晋为城阳郡莒县，东晋至南北朝为东莞郡莒县，北周莒为州。后为州、为郡、为县。自古至今，莒历经朝代交换，行政变更，区域变更，莒之名却始终未改。

表1—1　　　　　　　　莒地行政区划历史沿革②

朝代	名称	行政区划
夏代	莒州	属夏国家中的区域组织，即东夷部落古国
商代	莒方国	属商朝统治区以外的部落方国，附属于商朝，但同商朝及其诸侯经常发生战争，称为"外服"
西周	莒国	自第一代国君兹与期受封，约30代而亡于齐。杜预《春秋释例·世族谱》："莒……少昊之后，周武王封兹与期初都计，后徙莒，今城阳莒县是也"
秦代	莒县	属琅琊郡
汉代	莒县	初为城阳郡治，后为城阳国国都，莒皆为辖县。东汉莒属徐州刺史部琅琊国，国都初都治莒，后徙开阳
三国魏	莒县	属青州部城阳郡
西晋	莒县	初属青州部城阳郡，郡治在莒；太康十年，改属东莞郡，郡治初在东莞，晋惠帝元康七年徙莒
东晋十六国	莒县	属徐州部东莞郡，郡治在莒
刘宋	莒县	属徐州东莞郡，治莒
元魏	莒县	属南青州东莞郡，郡治在莒

---

① 苏兆庆：《莒地原始农业发展初探》，《中国农史》1992年第3期。
② 苏兆庆、朱晓伟：《莒是姓氏考》，《莒文化与中华文明》，中国社会科学出版社2012年版。

续表

朝代	名称	行政区划
北齐	莒县	初属南青州义塘郡，后属南青州东安郡
北周	莒州	北周灭北齐后，改南青州为莒州。州治在团城，今沂水县东北，高桥镇东南部，今莒沂交界的箕山西南团山村，也叫团城。辖义塘、东安两郡，义塘郡辖莒县、怀仁二县，郡治在莒
隋代	莒县	属琅玡郡
唐代	莒县	《重修莒志》载："武德五年，于沂水县置莒州，以县属之。贞观八年省莒州，以县属密州，五代因之。"
北宋	莒县	属京东东路密州
金代	莒县	属山东东路莒州，州治在莒，辖沂水、日照、莒县三县
元代	莒县	属益都路莒州，州治在莒。辖莒县、沂水、日照、蒙阴四县。莒县政区南到三界首，北至石埠子（金安丘县），东临日照，西靠沂水
明代	莒州	属山东布政司青州府。辖莒县、沂水、日照
清代	莒州	属山东布政司沂州府。《重修莒志》载："初仍明旧，属青州府。雍正八年，升直隶州，领莒县、沂水、日照、蒙阴四县。"莒之边界北到石埠子，南至三界首，东南到甲子山，西到兵房岭

第三节 莒地文化与莒县文化

一 "莒文化"的狭义与广义

关于"莒文化"的含义，可从两个角度分析，一是地理范围，二是研究范畴。首先，从地理角度来看，莒地和莒县之地域是不同的范围。考古资料记载，莒人源于沂山、蒙山、鲁山山脉，生活在沂河、沭河、潍河、泗水流域和东南沿海地区，这片广袤的土地称之为"莒地"，由此成为莒人整个族群生活过的自我形成相对稳定的地域。如前文所述，莒地可包括莒县、沂水、沂南、临沭、日照、五莲、诸城、胶南等县市。莒县是莒地范畴中的一部分，是位于今山东省日照市西部、面积1821平方千米的县级行政单位，下辖4个街道、15个镇、1个乡、1个开发区，共有1195个村，116万人口。莒县曾是春秋时期莒国都城所在地，是我国历史最悠久、山东省面积最大的古城，故被誉为"千年古县""省级历史文化名城""文化强省建设先进县"。① 因此，根据地理范围的大小，可将莒地的文化理解为广义的莒文化，而莒县内发生的文化则可视为狭义的莒文化。

再者，从研究范畴看，狭义的莒文化更多是从考古学意义上考虑，据不完全统计，莒地已发现各历史时期的古文化遗址3175处，约占山东省7707处古文化遗址的41.2%，古墓葬880处，约占山东省3005处古墓葬的29.3%。② 核心内容和基本特征以以下典型器物为代表：陶器组合相对固定，陶鬲为鼓肩、弧裆、附高实足，簋为豆形簋，盘为盆或碗形，A型罐为鼓肩、曲收腹，还有瓮和器盖；铜器组合中，鬲为鼓肩、弧裆、高实足根。墓葬和器物的文化特征在鲁东南地区有广泛的代表性，分布范围北至安丘市、临朐县、诸城市和胶南市的南部，西到沂河西侧，沂水县、沂南县、临沂市和苍山县的西部，南达苏北的邳州市、东海县一线，东至海；分布中心在莒县和莒南县。时代集中于西周晚期至战国早期。③ 正如李学勤先生指出，"山东莒县今年已在文物考古学界引起越来越大的注意，这是由于当地发现的种种遗存、文物，大多数极具特色，对考古学、历史学以及古代文化的研究有重要价值"。④ 广义的莒文化除考古遗存本身的因素外，还包含了国家、族属、时间和地域等方面的内容，即莒地全部的历史与社会文化。莒文化源远流长，底蕴丰厚，是古老的东夷文化的重要组成部分，早于齐鲁文化并对齐鲁文化的起源和发展起到重要作用及做出巨大贡献，对中华文化的繁荣和发展也起到非常重要的作用。莒文化不仅在历史上留下了珍贵的物质遗存，具有丰富的表现形式，其精神流传至今仍可给人以启示。

本书讨论的是广义的莒文化。

---

① 莒县人民政府：《莒县概况》，2018年12月17日，莒县人民政府网站（http://www.juxian.gov.cn/ctnshow.php/mid/170）。
② 政协莒县委员会编：《莒地考古》，中国文史出版社2016年版，第16页。
③ 刘延常：《莒文化探析》，《东南文化》2002年第7期。
④ 刘树芬：《开发利用辉煌的莒文化促进我县经济快速发展》，《莒文化与中华文明》，中国社会科学出版社2012年版。

二　莒文化的研究动态

长期以来，莒文化一直被低估乃至被忽略。究其原因，主要有以下几点：一是齐鲁皆为举足轻重的诸侯大国，而莒国仅为子爵小国，且"僻陋在夷"，自矮三分，作为承载莒文化的空间地理概念，自然影响了人们对莒文化的价值判断。二是鲁有孔子，齐有姜太公，他们在历史上的地位令人高山仰止，齐文化和鲁文化都有着较为完整系统的思想体系和核心内容，而莒文化则没有突出的代表人物和代表思想，因而给人们研究认识莒文化带来了认知困难。三是齐有《齐乘》《管子》，鲁有《左传》《论语》，而关于莒文化的记载较少，主要散见于考古资料和极少的文史资料中，缺乏系统性，资料缺失是莒文化研究的一大缺憾。四是齐有临淄，鲁有曲阜，千年以降，至今仍是城市文化的名片和象征，但莒自汉置城阳国王城，一降再降，至今只是一县之所，影响力与临淄、曲阜不可同日而语。①

近年来，随着莒地考古的不断深入，莒文化研究开始逐步推进。重建莒州博物馆，设立"莒文化研究院"，组建"莒文化研究会""刘勰与文心雕龙协会"和"文心雕龙研究所"等研究机构和组织。开展"莒文化研讨会""莒文化高层论坛""莒文化讲座"等全国大型研讨活动。通过对莒文化的渊源、区域、内涵特点等方面的深入发掘和分析，莒文化研究取得了较为丰硕的成果。现已出版《莒文化研究文集》《考古发现与莒史新征》等莒文化研究专著15部，发表了《从大汶口文化陶器文字看我国最早的文化年代》《莒文化的考古研究》《试论莒地古文化古城古国》《莒文化中心的形成、发展和延续》《莒文化内涵初探》等学术论文近200篇。通过多年的成果积累，莒文化逐渐得到学术界的普遍认可和充分肯定。

2008年春，山东省全省文化工作会议在济南召开。会后，在山东省委、省政府颁发的实施意见中，正式把"莒文化"列入了要重点弘扬的山东三大文化之一。这是莒文化第一次跻身山东三大文化行列，与齐、鲁

---

① 刘守亮：《古莒文化鼎力齐鲁》，《莒文化与中华文明》，中国社会科学出版社2012年版。

文化并驾齐驱。①

三 莒文化的研究方法

中华人民共和国成立后，随着各地区考古调查和发掘工作全面启动，莒文化研究进入考古学阶段。鲁东南地区文物考古资料收获日趋丰富。20世纪50年代中期以前，莒文化研究处在金石学阶段。莒器的认定是莒文化考古和莒史研究中最大的收获，为下阶段莒国墓葬发掘中族属和国别的判定打下了基础。70年代中期以后，墓葬资料逐步增加，莒文化研究开始走向深入，改变了以前仅限于文献和古文字考证的局面。自此，莒文化研究日益走向全面化和系统化。②

历史学和考古学的考据方法是对地域文化的纵向研究，在莒文化研究中已经普遍应用。无论信古还是疑古，又都有其合理可取的一面：不"信古"，往往走入否定中国历史、否定民族文化之歧途；不"疑古"，往往陷入谜径而难识古史真面目。但信古、疑古，如果作为两个极端，即全部信从或全盘否定传统古史记载，都不科学。为此，王国维先生提出"二重证据法"，即以地下新材料补正传世文献。这种释古法，走中庸之道，力图运用科学的方法，去伪存真，还历史以本来面目。但限于材料，真正恢复历史本相，只靠传世的古文献远远不够，只有把考古学与古史文献紧密结合起来，才是重建中国上古史的正确之路。③

然而，我们看到，过去与现在的对话，并不仅在单一的"过去"和单一的"现在"之间展开。所谓"过去"，是交织着种种矛盾与冲突的不同的思维习惯、不同的价值观念以及不同的调和与平衡，并由不同历史时间的"现在"叠合构成的过去；所谓"现在"，亦是由形形色色的个人与群体的活动营造的现在。这些人群有不同的经历、不同的知识背景、不同的喜好与情趣、不同的处境和不同的动机，种种差异，不但影响着他们对过去的记忆，亦规限着他们的表达。每个个体的记忆，都经历了不同的传承过程，由不同历史情景与认知主体的

---

① 苏兆庆：《考古发现与莒史新征》，中国文史出版社2015年版。
② 糕柏红：《莒文化研究》，《莒文化与中华文明》，中国社会科学出版社2012年版。
③ 政协莒县委员会编：《莒地考古》，中国文史出版社2016年版，第2页。

选择加以过滤并重塑。① 由此，我们认为田野工作能使经历者亲自体会到文化差异所造成的文化震撼，以此去除以往的文化偏见，并且培养整体的全貌观，不仅了解到社会文化的各个层面，如政治、经济、宗教、民俗等，而且能够理解不同层面之间如何透过人类某种特定行为整合在一起。所以，从文化人类学视角切入，采取参与观察、座谈会、口述史等方式，对于从事活态文化事象研究、获取新知识来说，或许可以带来生机。

为此，本书调研组主要走访莒县东莞镇大店子村、大沈庄村，碁山镇褚家坡村、卜家村，桑园镇柏庄村、板石河村等村落，寻访浮来山定林寺、莒国故城、齐长城、刘章墓等古迹遗址，参访莒州博物馆、本色红色展馆等，并针对莒文化研究现状及发展对策展开座谈。参与座谈的部门包括文旅局、党史中心、史志办、莒文化研究院等，访谈对象包括乡镇和村干部、有关部门负责人及当地群众。本书企图从本地的历史中，尤其是本地民众的生存和所经历的历史过程中，去理解去追寻"莒文化"这一地域文化观念的变动与重塑，去探讨"莒文化"是否已经作为一种实体存在，这种文化观念何时在历史过程中被建构出来，其具体内涵是什么，以及莒文化开发的历史与现状、莒文化的当代价值等。

第四节　莒文化的基本特征

一　先于齐鲁，源远流长

大量考古资料证明，莒文化根系深远。早在中生代第四纪中期就有人类在莒地繁衍生息，并创造了沂沭河旧石器文化、沂沭河细石器文化、新石器扁扁洞遗址和后李文化、北辛文化、大汶口文化、龙山文化、岳石文化等各个时期的重要文化。莒在商代成为强势方国；春秋时期是莒之鼎盛时期；战国时莒国内乱而后臣服于齐；秦始皇一统天下，莒属琅琊郡；西汉景王刘章置城阳国，受封城阳王；汉以降，莒为郡、为州、为县，均都治现莒城。历朝历代，社会更替，疆域变迁，但莒之名，始终未改，而且莒城也一直是山东东南沿海的一大政治、经济、文化中心。根据考古专

---

① 刘志伟：《借题发挥》，社会科学文献出版社2019年版，第9—10页。

家、山东省文物考古研究所原所长张学海考证,"莒地以莒县为中心由原始进入文明和文明初步发展的历史进程,证明莒县与莒地是中国东土文明的一个重要中心,这一历史进程也是中国东方古史发展的缩影。莒县与莒地对解决我国文明起源、文明初步发展和中国早期国家的形态等重大史学与理论问题,具有重大意义"[①]。

莒地有数十万年的文化根系,上万年的文明起步,五千多年的文明史,这已成为考古界的共识。山东一直以来被公认为是齐鲁文化之乡,以齐为代表的海洋文化和以鲁为代表的内陆文化,是构成中华文明的重要组成部分,而随着考古学的不断发现证实,莒地历史远早于齐鲁等周边国家。根据夏商周断代工程的确立,齐鲁立国时间是公元前1046年,与莒最后褒封同时,所以齐鲁文化只能从那时开始计算。齐文化和鲁文化发端于西周时期的分封制,具有强烈的政治因素,是中原文化对本土文化的同化;而莒文化与山东本土古文化联系更加紧密,延续了古文化的文脉,是自生的、原生形态的文化,代表中国东方古文化的重要一支。因此,齐、鲁、莒应该并称为山东三大历史文化。莒文化是齐鲁文化的前奏和根据,后者则是对前者的发展和延续。

二 讲求仪礼,注重仁孝

在"周礼"之前,莒人已建立起一套完善的礼仪体系,并且一直固守着自己的礼仪,因此有"三代礼器,源于东夷"之说。莒国是少昊部落后裔建立起来的东夷古国,《淮南子·地形训》曰:"东方有君子之国"。君子国亦有其独特的礼俗制度:"仁而好生",即爱人爱物而不善戕害,为其一;"见利而让""好让不争",为其二;"天性柔顺,易以道御"为其三。《左传·隐公八年》云:"九月,辛卯,公及莒人盟于浮来。"传说浮来山定林寺内银杏树下即为当年结盟处。此树高26.7米,树干周粗15.7米,相传已有4000多年的历史,至今这株古老的银杏树仍枝

[①] 张学海:《试论莒地古文化古城古国》,《中国古都研究(第十六辑)——中国古都学会第十六届年会暨莒文化研讨会论文集》,1999年。

繁叶茂，岁岁结果，有"天下银杏第一树"的美誉。①

舜生于莒，是奉行孝道的典型，以"孝感动天"列为"二十四孝"之首。不仅如此，"曾参啮指心痛""老莱子戏彩娱亲""闵损单衣顺母""仲由为亲负米""王祥卧冰求鲤""王裒闻雷泣墓"的故事均来自莒地莒人，可见莒地尚仁孝。大禹时期继承了舜的仁孝，于是在"四语教"的基础上创立了"宽而栗、柔而立、愿而恭、乱而敬、扰而毅、直而温、简而廉、刚而塞、强而义"的"九德"，完善了德的标准。莒人伯益自舜至夏，历仕三朝，施泽于民，屡立功勋，德高望重，因此被定为禹的接班人，但是他深知禹"家天下"的思想，仅做了三年帝王便让位于禹之子启，自己则辟居碁山之阳。他"好让不争"的精神一直为后人称道。

三 自古尚武，文武兼备

大汶口文化中期，莒地已出现军事集权首领。陵阳河 1979 年发掘的 M19 是一座中期偏早的墓葬。墓主人是一名 30 岁左右的男性。随葬猪下颌骨 4 个，陶器 66 件，石钺、骨柄等杂器 5 件。据此可推断，墓主人是当时的上层人物，其头侧放一石钺，近手处置放骨雕筒、牛角形陶号各 1 件。钺是兵器，是权杖的象征，骨雕筒应是首领行军指挥的旄柄。牛角陶号为夹砂褐色陶制，圆唇，窄平沿，喇叭口，饰瓦纹，中间兼饰篮纹，是发号施令的工具。牛角号意味着墓主人是集政治、军事领导权于一身的氏族首领。②

相传早在远古时代，莒人祖先东夷部落军事首领蚩尤，创造冶炼，发明兵器，战无不胜。大汶口文化遗址的百座墓葬中，男性普遍殉葬石斧、石铲，这些物件不仅是生产工具，更是兵器，也就是说，墓主人具有战士身份。同时出土的还有石钺、石锤、石球、石矛、石镞、骨矛等古代兵器，特别是春秋战国时期的墓葬，几乎每座都有兵器出土，其中剑、矛、戈和弓箭最多。这些兵器反映了莒国既重礼祀又重军事的现实，不同时期

---

① 苏兆庆：《山东莒县浮来山与定林寺大事记》，《文心雕龙研究（第七辑）》，河北大学出版社 2007 年版。

② 苏兆庆：《中华文明的号角从莒地吹响》，《考古发现与莒史新征》，中国文史出版社 2015 年版。

的兵器证实了莒国具备与其他国家抗衡的军事能力。春秋战国时期，莒国与周边国家征战不断，鲸吞小国，并敢于与齐鲁抗衡。《春秋大事表·春秋鲁邾莒交兵表》中有云，"自春秋，未有入人之国者，而莒入向；未有取人之地者，而莒取杞牟娄，放恣无忌，莒国虽小，东夷之雄也，其为患不减荆吴。"所以，莒国当时的疆域之大，远超封地，比之齐鲁，有过之而无不及。

正是因为莒国实力强盛，城池坚固，周边国家的王公贵族一旦有难，便会奔莒寻求庇护。齐襄公残暴无道，公子小白为逃避杀身之祸，和老师鲍叔牙躲到莒国。后来小白几经周折，回到齐国当上国君，成为春秋五霸之一的齐桓公。齐国强盛后，他一直没有忘记在莒避难之事。一日，齐桓公宴请宾客，满朝文武举杯庆贺，唯有鲍叔牙独坐无言。桓公对鲍叔牙说："何不起为寿？"鲍叔牙奉杯而进曰："使公毋忘出奔在于莒也，使管仲毋忘束缚在于鲁也，使宁戚毋忘其饭牛而居于车下。"这就是"毋忘在莒"的来源。这一典故告诫人们不要忘本，即使成功也不要忘记曾经的艰难岁月。"毋忘在莒"的故事也从侧面反映出其时莒国国力之强盛，而其国力与崇文尚武的观念息息相关。

四　善于创造，敢为人先

莒文化的创造极为丰富，诸如造陶文、精制陶、尚玉器、酿醽醁、分四时、建城堡、兴农业、创医药等。

以莒县陵阳河、大朱家村、杭头等遗址为中心出土的陶文20个字，共8种类型，是学界公认的汉字祖型，对研究中国文字的起源和产生具有重要意义。更重要的是，陵阳河出土的陶文，将中国文明的历史从4000年改写为5000年。

莒文化中制陶业始终处于极为发达的境地，如大汶口文化时期的陶鬶、高柄杯、滤酒缸和一些陶质雕塑等。其中，陶鬶仿自鸟的形状，反映东夷文化以鸟为图腾的习俗崇拜，每一件陶鬶犹如昂首向天、双足及尾触地而引颈长鸣的大鸟。陶鬶的形状变化多样，而且颜色各不相同，主要有白、黄、褐三色，又以褐色为多，而龙山文化时期以乳白色为主。为了突出鸟的特征，陶鬶的口沿部位粘贴上圆点或泥条，用以表示鸟的眼睛或翅膀。① 高柄杯属于层层套接烧制的器皿，并且有的柄部制有数个孔洞，因此有些高柄杯柄部的孔洞可以吹奏出动人的乐曲。龙山文化的蛋壳陶最为精美，出土的黑陶独具特色，名闻中外，制作精致，造型小巧，外表漆黑黝亮，陶胎薄如鸡蛋壳，最薄处仅 0.2 毫米，有"黑如漆，薄如纸，明如镜，硬如瓷，声如磬"的美誉。蛋壳黑陶代表着龙山文化时期人们生产工艺达到的新的高峰。②

莒地制玉技术日臻成熟，切割、管钻、透雕、镶嵌和抛光技术广泛应用。所加工的玉器以礼器为多。莒县桑园镇出土的大型玉琮质地莹润，形体高大，方筒状，内圆外方，象征"天圆地方"，为祭祀天地之物。两城镇遗址出土的礼器玉锛，玉质坚硬，青中泛黄，四面平整光滑，下两面阴刻神兽纹，一面目圆而小，上游冠饰，线条繁缛，另一面目圆而大，线条简练。两图案皆凸显了目、鼻、口，线条细，行刀流畅，刚劲有力。③

莒地原始农业发展快且有农产品剩余，为酿酒业兴起创造了先决条件。在陵阳河和大朱家村遗址发现的诸酒器中，有用于盛储曲发酵的陶盆，有用于沥酒的漏缸，还有接酒用的大口尊和盛酒的高领罐与陶瓮等酿酒器具。莒故城内还出土两件春秋时期的大型滤酒缸。在诸多的饮酒器具中，高柄杯数量最多，足以看出莒地先民尚酒之风之一斑。这些酒器无论从出土数量、功能形象、工艺特点上，还是从莒地及周边大汶口文化遗址的密度上，都是我国仅有的。大型储粮陶器、酿酒器是制陶业和酿酒业领先的象征，两套完整的滤酒器则说明莒地先民是以谷酿酒的最早发明者。④

砭石是针灸的前身，是最早的医疗工具，主要用途是破开痛肿、排脓放血或用来刺激身体某些部位以消除病痛。陵阳河遗址先后出土 8 枚砭石，有方形、扁方形和圆形三种，尖端呈四棱锥状且异常锋利，尾部有圆

---

① 苏兆庆、刘云涛：《从出土文物试析莒人对鸟图腾的崇拜》，《管子学刊》2006 年第 3 期。
② 张越、王滨：《蛋壳黑陶镂空高柄杯》，《管子学刊》2007 年第 3 期。
③ 苏兆庆、刘云涛：《莒文化内涵初探》，《莒文化与中华文明》，中国社会科学出版社 2012 年版。
④ 苏兆庆：《从莒县陵阳河遗址出土的文物谈酿酒业的兴起》，《莒县文史资料（第八辑）》，1995 年。

形或扁形短锤。大量砭石的出土，说明莒人早在大汶口文化时期就已掌握砭石治病的医术，开创了中医针灸的先河。①

同样在陵阳河遗址出土的陶文"旦"字，其形象是日、云气和山峰，或日、残月和山峰。据考证，其原始意义是远在5000年前莒人为祈祷农业丰收、庆祝春秋二分，来祭祀天养神、摹画日出景象的图像文字。莒人通过观天象，用日出山头的方位来确定春秋二分，用测日影的方法定冬夏二至，并与农时联系起来，进行科学种植。这是莒人在长期生产生活中的经验积累，促进了农业和渔业的生产。该陶文的发现和研究也使我国根据天文观测制历的年代提前到距今5000年的时期。②

2013年，在"中国莒文化高层论坛"上，海内外专家学者一致将"包容创造、明礼尚义、崇文重学、自强奋进"概括为莒文化的精神内涵。③"包容创造"意味着，既可以对周边地区的文化兼收并蓄，又敢于改革进取，能够启迪并带动周边文化发展，这是社会稳固的前提。"明礼尚义"说的是，以仁孝礼仪治天下，取信于民，以德为先。这不仅是基于家庭的修养，也是人在整个社会中的德行规范与践行，是每一个个体的道德归宿，对于维系家庭和国家的伦理政治秩序具有重要作用。"崇文重学"是以兴学为乐，以耕读为本，展现了莒人崇尚文化、重视教育的社会风气，这也是莒地英才辈出的重要原因。"自强奋进"则体现了莒人不畏艰难、勇往直前的精神，是推动一个地区与时俱进、不断发展的动力源泉。

---

① 苏兆庆：《东夷民族针灸学初探》，《第一届中国医学史研讨会》，1992年。
② 苏兆庆：《东夷民族天文学初探》，《北京师范大学学报》1988年第3期。
③ 宁昊然、孟娟：《毋忘在莒：莒文化与中华文明起源》，《中国文化报》2013年4月19日。

第二章

莒文化与齐鲁文化

第一节 莒文化与齐文化

武王灭商以后，周虽夺得王权，但国内局势并不乐观，众多方国尚未归顺，殷商残余势力让武王十分忧虑，他说："维天建殷，厥征天民名三百六十夫，弗顾，亦不宾灭，用戾于今。呜呼！予忧兹难。"① 诸多不安因素中，又以东夷诸国为甚。因此三监叛乱之后，周公连续三年东征，"驱飞廉于海隅而戮之，灭国五十"②，终使得"丕冒海隅出日，罔不率俾"③。

其后，周分封齐、鲁两国于东方，"以藩屏周"。太公吕尚封齐，都于营丘（今山东临淄北）；周公子伯禽封鲁，都于商奄旧地（今山东曲阜）。齐鲁两国为周王朝在东方筑起一道牢固的屏障。

太公吕尚，先祖为夏商时期齐地逄氏，世居东夷，《史记》称其为"东海上人"，东海即今山东日照滨海一带。或因于此，受封之后的齐国对当地的土著文化采取了与鲁不同的文化政策，更多地保留了齐地原有的东夷风俗。如婚姻方面的同姓同宗相婚，丧葬方面的宗妇会葬、殉人、殉畜，祭祀方面的长女不嫁而在家主祭等诸多典型的"夷礼"风俗。

针对齐地"地舄卤，人民寡"④ 的情形，"尊贤上（尚）功"的齐太公"因其俗，简其礼，通商工之业，便鱼盐之利，而人民多归齐，齐为

---

① 《逸周书·度邑》。
② 《孟子·滕文公下》。
③ 《尚书·君奭》。
④ 《史记·货殖列传》。

大国"①，因地制宜且灵活开明的治国方略使齐一举成为东方强国。因此在春秋中期以前，相近的风俗加上国力的悬殊，让莒与齐更多地处于和平交往的状态，其间两国互为婚媾，姻亲不绝。

1981年10月，诸城都吉台一处春秋墓葬出土了一件铜盘，上有铭文曰："□子叔子□为子孟姜媵盥盘。其万年眉寿，室家是保，它它熙熙，妻□寿考无期。"从其形制与铭文书体推测，该铜盘应为春秋中晚期器物。"子叔子"当为作器者名，这也是典型的齐国命名方式，而且铭文中的"寿""考"形体结构属于典型齐鲁系统，"期"也是典型齐国文字，故可推测该铜盘为齐国贵族子叔子嫁其长女孟姜至莒国时所做的媵器。

1996年4月，莒县店子集镇西大庄发现一处西周时期莒国贵族墓葬。该墓为中型墓葬，墓中共出土铜器41件，其中最大器物是一件铜甗。铜甗通高56.1厘米，"由甑和鼎组合而成。甑方唇，敞口，双立耳，斜鼓腹，平底，底由三角形漏孔。口沿下饰两道凸弦纹。鼎为方唇，敞口，双附耳，双耳与器壁各有两根相连接的横圆柱，束颈，鼓腹，蹄形足。在鼎鬲的口沿上刻有'齐侯作宝□□□……子子孙孙永宝用'"。② 甑、鬲分体的组合形制，加上鬲口铭文书体，可认定该铜甗为西周器物。通过铭文，或可推测此甗极有可能为齐国嫁女至莒国的媵器，残泐部分或为所媵者名字。这件齐侯甗也是目前文献记载之外出土文物中齐、莒两国姻娅交好的最早例证。

当然，两国间贵族通婚在封建宗法制的两周时期属于一种十分普遍的交往形态，不足以说明齐、莒之间存在特殊的往来。而齐桓公"毋忘在莒"的著名典故，则充分证明了两国间曾存在的密切关系。

《吕氏春秋·直谏》篇中载："齐桓公、管仲、鲍叔、宁戚相与饮。酒酣，桓公谓鲍叔曰：'何不起为寿？'鲍叔奉杯而进曰：'使公毋忘出奔在于莒也，使管仲毋忘束缚而在于鲁也，使宁戚毋忘其饭牛而居于车下。'桓公避席再拜曰：'寡人与大夫能皆毋忘夫子之言，则齐国之社稷幸于不殆矣！'当此时也，桓公可与言极言矣。可与言极言，故可与

---

① 《史记·齐太公世家》。
② 刘云涛：《山东莒县西大庄西周墓》，《考古》1999年第7期。

为霸。"①

刘向《新序》中也有相似记载，"桓公与管仲，鲍叔，宁戚饮酒。桓公谓鲍叔：'姑为寡人祝乎？'鲍叔奉酒而起曰：'祝吾君无忘其出而在莒也，使管仲无忘其束缚而从鲁，使宁子无忘其饭牛于车下也。'桓公避席再拜曰：'寡人与二大夫，皆无忘夫子之言，齐之社稷，必不废矣。'此言常思困隘之时，必不骄矣"。②

春秋时期，襄公昏庸致使齐国内乱不止，为免祸及自身，公子纠带管仲、召忽逃往鲁国，鲍叔牙则"奉公子小白出奔莒"。后襄公与公孙无知相继被杀，一时国中无君，公子小白自莒先纠一步回到齐国即位，是为齐桓公。小白上位以后，听从鲍叔牙的忠告，不计前嫌，重用管仲，最终在管仲、宁戚等人的辅佐之下，成就了"九合诸侯，一匡天下"的春秋霸业，成为五霸之首。辉煌成就的取得难免会让人产生骄傲自满的情绪，睿智理性的叔牙借敬酒之机向桓公进言，提醒众人莫忘曾经的苦难，令齐桓公幡然醒悟，而"毋忘在莒"的典故也遂成为后世自省的警钟。

不只是桓公，鲁国叛乱的庆父以及灭国的谭子等人也都有奔莒的经历，这也从侧面证实了莒国当时的军事实力与其重要性。

然而，齐、莒两国和平的状态并没有一直延续下去。进入春秋后期，两国间战争频起。《左传》中载：宣公十三年（前596年），齐顷公以小国莒"不事齐故"兴师伐莒；襄公二十三年（前550年），齐庄公伐晋不利，"遂袭莒，门于且于，伤股而退"。莒人奋起反抗，"莒子亲鼓之，从而伐之，获杞梁"，杞梁战死，齐人被迫与莒将和。

除了与齐等诸国发生战事外，莒国的国内也混乱不止。文公十八年（前609年），"仆因国人以弑纪公"；襄公三十一年（前542年），"莒黎比公生去疾及展舆，既立展舆，又废之。黎比公虐，国人患之。十一月，展舆因国人以攻莒子，弑之，乃立"；昭公二十三年（前519年），"莒子庚舆虐而好剑。苟铸剑，必试诸人。国人患之"，后暴虐的庚舆被莒人"乌存帅国人以逐之"。

内忧外患下的莒最终难逃灭国的厄运。至于莒何时灭亡，又灭于何

---

① 《吕氏春秋·直谏》。
② 《新序·杂事》。

国，文献中有不同记载。《史记·楚世家》载："简王元年北伐灭莒。"①认为楚简王元年（前431年）莒为楚国所灭。而《战国策》中的《西周策》与《齐策》皆言莒在齐威王九年至十四年（前348—前345年）间亡于齐。对此学界至今仍有争论。而亡国后的莒最终被并入了齐国，成为齐国一邑，莒文化也由此彻底与齐文化融为了一体。

第二节　莒文化与鲁文化

虽同为周初的两大封国，但与齐不同，鲁国是周王室的同姓封国，受封者又是周公之子，因此，在初封之际，鲁国的待遇就非其他诸侯国可比。

卫大夫祝鮀（子鱼）曾描述过周初分封之情形，他说："昔武王克商，成王定之，选建明德，以藩屏周。故周公相王室以尹天下，于周为睦。分鲁公以大路、大旂、夏后氏之璜、封父之繁弱；殷民六族——条氏、徐氏、萧氏、索氏、长勺氏、尾勺氏，使帅其宗氏，辑其分族，将其类丑，以法则周公，用即命于周。是使之职事于鲁，以昭周公之明德。分之土田陪敦、祝宗卜史、备物典策、官司彝器。因商奄之民，命以《伯禽》而封于少皞之虚。"②《史记·鲁周公世家》中也载："成王乃命鲁得郊祭文王。鲁有天子礼乐者。"③

不但封有宝器、土地、人民、官员、典籍和礼器，甚至还享有"天子礼乐"的特权，鲁国的特殊地位可想而知，当时诸多封国中便有"鲁之班长"一说。种种特殊的封赐自然也意味着鲁国从一开始就背负了宗周更多的冀望。清人高士奇曾就鲁国与周王室之间的关系分析说："昔周公夹辅两朝，有大勋劳于王室，伯禽封鲁，土田附庸，倍敦诸姬，号称望国。王后王女之归，皆得主之。是周之最亲莫如鲁，而鲁所宜翼戴者莫如周也。"④

---

① 《史记·楚世家》。
② 《左传·定公四年》。
③ 《史记·鲁周公世家》。
④ （清）高士奇：《左传纪事本末》，中华书局1979年版，第5页。

作为周礼最忠实的拥簇者与最坚定的推行者,即使是到了"礼坏乐崩"的春秋乱世,晋大夫韩宣子在至鲁观礼之后,仍有"周礼尽在鲁矣"之叹。① "犹秉周礼"的鲁国与莒国在文化上的差异不问可知,加之鲁国国力不似齐国那么强盛,莒虽夷国,实力并不弱,因此肩负着"屏藩"重责的鲁国与东夷代表的莒国之间从一开始就战事不断。清顾栋高在《春秋大事表·鲁邾莒交兵表》中曾引赵孟何语:"莒虽小国,东夷之雄者也,其为患不减于荆吴。自入春秋,未有入人之国者而莒入向,未有取人之地者而莒取杞牟类,放恣无忌。"② 与周边小国纷纷朝觐鲁国国君不同,莒国似乎并未把这个"鲁之班长"放在眼中。据统计,杞、郑各朝鲁七次,曹、滕、郑各朝鲁五次,郯、薛、纪、鄫、邿、葛、牟、萧等小国也均有朝鲁的记载,唯独莒国,始终不曾朝鲁。顾栋高总结说:"莒与鲁为列国,差倔强,非若邾之附庸,能卑屈于鲁也……兵端与春秋相终始。"③

闵公二年(前660年),连弑两君的鲁公子庆父逃到了莒国,鲁国在僖公即位后以财物与莒交换了庆父,遣返中自知难逃一死的庆父自缢于密地(今山东费县北)。随后,莒又再次向鲁索取财物,结果鲁"公子友帅师败莒师于郦,获莒挐"④。此事后虽经卫国调停,但两国已自此结怨。

此后,莒、鲁两国先是争向,继而争郓、鄫,后莒又数次伐鲁之东鄙,纷争不断。按《春秋》中载:隐公二年(前721年),"夏,五月,莒人入向";隐公四年(前719年),"莒人伐杞,取牟娄";文公十二年(前615年),"季孙行父帅师城诸及郓";宣公四年(前605年),"公伐莒,取向";襄公四年(前569年),"邾人、莒人伐鄫";襄公八年(前565年),"莒人伐我东鄙";襄公十二年(前561年),"春,王三月,莒人伐我东鄙,围台";襄公十四年(前559年),"莒人侵我东鄙"。长久的争战中,莒、鲁两国互有胜负。在春秋霸主晋国主持督扬之盟以后,莒、鲁达成和解盟约,双方暂时相安,"春,及莒平。孟庄子会莒人,盟

---

① 《左传·昭公二年》。
② (清)顾栋高:《春秋大事表》卷36《春秋鲁邾莒交兵表》,中华书局1993年版,第2120页。
③ 同上书,第2119页。
④ 《左传·僖公元年》。

于向，督扬之盟故也"①。

进入春秋中后期，由于莒国当政者的昏庸暴虐，国内乱象丛生，莒在与鲁国的对峙中已明显处于下风。昭公五年（前537年）"夏，莒牟夷以牟娄及防、兹来奔"②，此时的莒已陷入"鲁朝夕伐我，几亡矣"③的困窘境地。

莒、鲁两国虽有不小的文化差异，但也并非决然对立。鲁地之前的奄国就属东夷故国，鲁在奄地建国以后，虽有"变俗革礼"的政治举措，但奄地旧有的文化习俗并没有随之消失，加之"周礼"本就是在夏、商两代的基础之上损益而来，因此，《左传》中言鲁受封之后"启以商政，疆以周索"，绝非虚指。周灭商以后，出于统治的需要，自身就面临着使本部族文化与中原核心地带的华夏文化加速认同与融合的任务，所以采用"商政"而后渐加变通损益便成为必然之举。④ 如许倬云先生所言："周文化原系商文化的衍生，殷周共存遂使古代中国核心区的文化基本上呈现殷周同质而延续的现象。"⑤

所谓"殷周共存"，反映在鲁国内最直观的表现就是"两社"（周社与亳社）并存。《左传·闵公二年》载有鲁卿季友"间于两社，为公室辅"。⑥ 此外，昭公十年"平子伐莒，取郠，献俘，始用人于亳社"，定公六年"盟公及三桓于周社，盟国人于亳社"等涉及鲁国城内亳社的记载也屡见于《左传》。作为殷人的公祀场所，亳社的保留反映了鲁国不同文化习俗并存的社会特征。

除了祭祀，鲁国不同的墓葬文化也反映了这一社会特点。1977年3月至1978年10月，在对鲁国故城进行大规模勘察之后，山东省文物考古研究所将发掘的129座周代墓按照墓葬风格分为甲、乙两组，其中甲组78座，乙组51座。发掘报告根据墓葬特征断定两组时代大致相同，其中甲组为当地原住民墓葬，乙组则为周人墓。报告指出："从这批墓葬资料

---

① 《左传·襄公二十年》。
② 《左传·昭公五年》。
③ 《左传·昭公十三年》。
④ 张富祥：《东夷文化通考》，上海古籍出版社2008年版，第5767页。
⑤ 许倬云：《西周史》（增补二版），生活·读书·新知三联书店2012年版，第143页。
⑥ 《左传·闵公二年》。

来看，（鲁）所变革的'礼''俗'，大概不是一般的墓葬制度和社会习俗。因为甲组墓从西周初年至少一直延续到春秋晚期，这个事实说明当地民族固有的社会风尚曾牢固地长时间地存在着，并经历了自己发展变化的过程。同样，乙组墓也有自身的发展规律，并没有'随风从俗'。"[1]

作为周代两个十分重要的礼制文化，不同祭祀与墓葬的并存，足以证明鲁文化对于原住地的东夷土著文化绝不是一味地排斥。与莒同为少昊之后的郯国，其国君郯子在相鲁时曾与昭公谈及少昊以鸟名官之事。"郯子曰：'我高祖少皞挚之立也，凤鸟适至，故纪于鸟，为鸟师而鸟名。'仲尼闻之，见于郯子而学之。既而告人曰：'吾闻之，天子失官，学在四夷，犹信'"[2]。"天子失官，学在四夷"之叹，既是以孔子为代表的春秋有识之士对夷文化的肯定，也是对鲁文化的担忧与反思。

此外，两国贵族通婚的记载也数见于《左传》。如庄公二十七年（前667年），"莒庆来逆叔姬"。逆，迎亲之意。莒庆，莒国大夫，叔姬，鲁君之女，这是莒国贵族迎娶鲁女的记载。又如文公七年（前620年），"穆伯娶于莒，曰戴己，生文伯，其娣声己生惠叔"；成公八年（前583年）"声伯如莒，逆也"。穆伯、声伯，皆鲁大夫，这是鲁大夫迎娶莒女的记载。两国的通婚，必然使相互间的血缘关系得到强化，这也在一定程度上加速了莒文化华夏化的进程。

第三节 莒文化是山东文化的重要组成部分

作为一种地域文化，山东文化以齐文化与鲁文化为主要架构，这是无可争议的，山东也因此被称作"齐鲁大地"。同时，山东文化又非单一型文化，在齐、鲁之外，还包含有诸多不同的文化类型，这其中，尤以莒文化最为突出与重要。

就时间跨度而言，齐文化、鲁文化迟至两周时期才正式出现并最终成型。而在此之前，从旧石器时代的沂源猿人到新石器时代的北辛文化、大汶口文化、龙山文化、岳石文化，再到夏、商两代，山东地区一直有一个

---

[1] 山东省文物考古研究所：《曲阜鲁国故城》，齐鲁书社1982年版，第215页。
[2] 《左传·昭公十七年》。

较为完整的文化序列，我们统称为东夷文化。可以肯定的是，西周以前，以莒为代表的东夷文化是典型的山东地区土著文化。齐、鲁建国以后，东夷文化又作为重要构成部分之一，与周文化逐渐融合，最终确立了此后山东的文化特性。如果说，齐文化与鲁文化奠定了山东文化的精神厚度，那么，莒文化便是拓展了山东文化的历史长度。

就文化类型而言，山东文化是典型的多元一体和合文化，对立与交融同在，差异与包容并存，夷夏兼有，和而不同。不仅"主流"与"非主流"有别，即便是齐、鲁，地理环境、民众基础、统治措施的不同，也使两国的文化差异十分明显。像齐"尚功利"，而鲁"尚德义"；齐较开放，而鲁偏保守；齐奉行"举贤上功"，而鲁推崇"尊尊亲亲"；齐人"奢侈，好末技，不田作"，而鲁民"好学，上礼义，重廉耻"；等等。尤其战国以前，两者的差异显而易见，包括"齐鲁"并称，也是在战国以后才逐渐开始使用。

相较于齐、鲁，"非主流"的莒文化又是山东文化板块中一个独特而显要的存在，即李学勤先生所言的"重要与特异"。与齐、鲁的华夏"正统"不同，作为东夷文化的主要代表，莒国国君也自称"辟陋在夷"[1]，因此莒文化保留有十分鲜明的东夷特征。

如杨士勋所称的"莒夷无谥"[2]。与其他国君以生平功过为谥不同，莒国国君无谥号，而是以地名为号。如襄三十一年之黎（犁）比公、昭四年之著丘公、昭十四年之郊公、定四年之兹丕公，昭十九年有莒共公，共亦非谥，而是地名。

又如人殉制。作为一种原始的丧葬仪式，春秋时期诸国已颇为罕见了，即便是以人形俑替代殉人的做法，亦遭到孔子谴责，"始作俑者，其无后乎"[3]。而1975年发掘的莒南大店1号墓、2号墓，1978年发掘的沂水刘家店子1号墓，1982年发掘的临沂凤凰岭东周墓等春秋莒国贵族墓中均发现有大量的殉人，这说明人殉制在当时的莒国还是一个十分普遍的存在，甚至迟至汉代，莒地仍有殉人墓葬的出现。

---

[1]《左传·成公八年》。
[2]《春秋谷梁传疏》成公十四年条。
[3]《孟子·梁惠王上》。

莒地悠久而独特的文化在很大程度上得益于它特殊的地理位置。英国历史学家阿诺尔德·约瑟·汤恩比（Arnold Joseph Toynbee）曾有一个著名的古代文化交流"十字路口"理论。他认为，古代文化交流就如道路一般，根据地理条件的不同，广为分布的人类文化区，有的处于文化交流的中心，即"十字路口"，有的则处在边缘地区，即"终点"。同时，文化的交流又是相互的，既有对四面八方的吸收与融合，也有向周边的辐射与影响。从地缘来看，莒文化恰恰就兼具汤恩比所说"十字路口"与"终点"两者的特征。就横向而言，莒地东濒大海，是陆地文化的"终点"；纵向而言，它又处在东方濒海地区的海洋文化条带上。既有南北文化的对撞，又有陆地文化与海洋文化的交融，独特的地理文化位置，成就了丰富多彩的莒文化。

然而，"十字路口"的地理位置也让莒国常处于别国的夹攻之下。如《墨子·非攻》篇所云："东方自莒之国者，其为国甚小，间于大国之间，不敬事于大，大国亦弗之从而爱利。是以东者越人夹削其壤地，西者齐人兼而有之。计莒之所以亡于齐越之间者，以是攻战也。"① 为了在诸多大国夹击中谋得生存和发展的空间，莒国的执政者除壮大自身的军事力量外，不得不采用缔结同盟、结亲联姻等政治手段，斡旋于诸国之间。据《左传》记载，仅春秋时期，莒参加的大小盟会就有40余次，如"盟于密"（隐公二年），"盟于浮来"（隐公八年），"盟于曲池"（桓公十二年），"盟于洮"（僖公二十五年），"盟于向"（僖公二十六年），"践土之盟"（僖公二十八年），"盟于蒲"（成公九年），"同盟于鸡泽"（襄公三年），等等。姻亲方面，有"莒子娶于向"（隐公二年），"莒庆来逆叔姬"（庄公二十七年），"声伯如莒，逆也"（成公八年）等。山东除齐、鲁之外，莒国是春秋中期以前政治舞台上最为活跃的国家之一，"春秋之际，小国名见者，邾、莒为强"。②

政治上的活跃也加速了莒文化与华夏文化的融合，两者的交流虽然是相互的，但总体而言必然是"夷"莒文化逐步融入华夏文化圈中，因为"在礼乐文化的价值观上，总的趋势是渐变的'夷礼'指向层次更高的新

---

① 《墨子·非攻》。
② （清）顾栋高：《春秋大事表》，中华书局1993年版，第2121页。

型'周礼'。这一趋势到春秋时代，表现在民族思想上，便形成了孔子所谓'裔不谋夏，夷不乱华'（亦即孟子所谓'只闻以夏变夷，未闻以夷变夏'）的纲领性主张。"① 随着战国时期莒亡入齐，莒文化也最终融汇在了齐鲁文化的洪流之中。

虽不像齐、鲁文化那么耀眼，但毋庸置疑，无论是作为早期文明的延伸，还是多元文化的拼图，莒文化始终都是山东文化十分重要的组成部分，是一个不可或缺的特异存在。

---

① 张富祥：《周初齐鲁两条文化路线问题》，《山东师范大学学报》1992年第2期。

第 三 章

莒文化与中华文化

第一节 何谓中华文化

中华,在古代又称华夏、九州,都是中国的别称。"中华"一词的说法出现在南北朝时期,《魏书》记载:"下迄魏晋,赵秦二燕。地据中华"①。这里的"中华"指的是黄河中下游的中原地区,是炎黄后裔华夏民族的发祥地,周朝灭商后以夏文化自居,分封诸侯国,统称"诸夏",对不同文化系统的周边地区则称为"夷狄",即"诸夏之国同服同仪,蛮、夷、戎、狄之国同服不同制"②。周代时,华夏之地也称"中国",齐宣王与孟子谈话时说到自己的最大愿望是"莅中国而抚四夷"③。秦汉以后,历朝历代疆土扩大,所统辖的地域随之扩大,"中华"与"夷狄"之分逐渐模糊,正如韩愈所言:"诸侯用夷礼则夷之,进于中国则中国之"④。唐代以后,"中华"逐渐成为与西方国家,以及日本、韩国等中国以外的其他国家相对的词语,从以下唐代诗句中可以得知:"南荒不死中华老,别玉翻同西国人"⑤,"学得中华语,将归谁与同"⑥,"为问中华学道者,几人雄猛得宁馨"⑦。

炎帝与黄帝生活在五千年前的原始社会中晚期,他们带领华夏民族由

---

① 《魏书·礼志》。
② 《荀子·正论》。
③ 《孟子·梁惠王上》。
④ 《原道》。
⑤ 杨凭《赠窦牟》。
⑥ 顾非熊《送朴处士归新罗》。
⑦ 刘禹锡《赠日本僧智藏》。

野蛮时代过渡到文明时代,被尊为中华文明的始祖。这一时期已进入父系氏族社会,在我国的黄河流域和长江流域,居住着炎黄部落群、夷族部落群和苗蛮部落群,各部落群由多个部落和氏族组成,他们过着种植、采集、或游牧、狩猎的生活,培植出谷物,发明了生产和生活工具、农业和纺织技术、绘画和原始宗教,创造出大汶口文化、龙山文化、齐家文化、良渚文化等代表性文化。在所有的部落中,炎黄部落群是中原地区最有实力的军事集团,炎帝部落企图侵凌其他部落,因黄帝盛德,其他部落纷纷投奔黄帝,黄帝修德振兵,掌握四时五行变化,设定计量方法,安抚百姓,镇定四方,教熊罴貔豹虎战术,与炎帝部落在阪泉之野交战,三战而取胜。即《大戴礼·五帝德》:"黄帝,少典之子也,曰轩辕。生而神灵,弱而能言,幼而慧齐,长而敦敏,成而聪明。治五气,设五量,抚万民,度四方,教熊罴貔豹虎,以与赤帝战于阪泉之野。三战,然后得行其志。"① 之后,黄帝又统一了东夷、苗蛮等各部族,形成了以华夏民族为核心的国家雏形。②

黄帝时代产生了中华文化的原始面貌:

> 昔者黄帝得蚩尤而明于天道,得大常而察于地利,得奢龙而辩于东方,得祝融而辩于南方,得大封而辩于西方,得厚土而辩于北方。黄帝得六相而天地治,神明至。③

> 昔黄帝以其缓急作五声,以政五钟。令其五钟,一曰青钟,大音。二曰赤钟,重心。三曰黄钟,洒光。四曰景钟,昧其明。五曰黑钟,隐其常。五声既调,然后立五行,以正天时,五官以正人位。人与天调,然后天地之美生。④

> 黄帝之治天下也,其民不引而来,不推而往,不使而成,不禁而

---

① (清)王聘珍:《大戴礼记解诂》,王文锦点校,中华书局1983年版,第117—118页。
② 参考朱绍侯、齐涛、王育济主编《中国古代史》(上册),福建人民出版社2010年版,第27页。
③ (唐)房玄龄注:《管子》,(明)刘绩补注,刘晓艺校点,上海古籍出版社2015年版,第299页。
④ 同上书,第300页。

止。故黄帝之治也，置法而不变，使民安其法者也。①

黄帝史官仓颉，见鸟兽蹄远之迹，知分理之可相别异也，初造书契。仓颉之初作书，盖依类象形，故谓之文。其后形声相益，即谓之字。文者，物象之本；字者，言孳乳而寖多也。②

（1）确定了最初的职官制度：任命蚩尤为"掌时"，明察天道；任命大常为"廪者"，明察地利；任命苍龙为"下师"之官，明察东方；任用祝融为"司徒"，明察南方；任命大封为"司马"，明察西方；任命厚土为"李"，明察北方。黄帝知人善任，得到了六位职官的相扶，天下大治，百姓将其视为神明一般，崇拜至极。

（2）确定了天、地、人三者协调一致的规则：以轻重缓急的差别制作了五种乐器：青钟、赤钟、黄钟、景钟和黑钟，天子出行或旋归时奏响钟声，使驾驭者心中有数，出行者步履中矩，随行者容貌端庄，归来者心神安定。③又设立五行，与四时相配，来确定时节，使得人事与天道相和，物类相感，天地有序。

（3）确定了最初的法律制度：黄帝主张一切依靠法律制度而行事，仁义礼乐皆出于法，君臣上下贵贱皆从于法，制定了法律制度而不擅自更改，民众便能安心依照法律制度行事，君主只要坚守这一原则，便可顺其自然地治理天下，此谓"任法"。④

（4）确定了文字：黄帝的记事之官仓颉，根据飞禽走兽留下的痕迹，以及日月星云、山河湖海的形状造出文字，黄帝将仓颉造的这些字传授给天下百姓，这些象形字开始应用起来。

所谓"文化"，乃"观乎人文，以化成天下"，即观察人类的文饰情状，以教化天下，促成大治。⑤黄帝时期，根据确定的职官制度、法律制度、五行四时节气、象形文字等一系列的文饰情状，以仁义礼乐教化百

---

① （唐）房玄龄注：《管子》，（明）刘绩补注，刘晓艺校点，上海古籍出版社2015年版，第312页。
② 郦承铨：《说文解字叙讲疏》，商务印书馆1935年版，第1页。
③ 参考《韩诗外传》卷一。
④ 杨宽：《战国史》，上海人民出版社2016年版，第566页。
⑤ 黄寿祺、张善文：《周易译注》，上海古籍出版社2017年版，第132—133页。

姓，以农时去播种百谷草木，畜养鸟兽昆虫，判断日月星辰，取用土石金玉，节约水火材物，遂天下大治。故后世圣贤与百姓，无不追念黄帝之圣德。

中华文化讲究天、地、人协调一致，三者是一个不可分割的整体，《易经》集中体现了这一点。首先，《易经》道理广大周备，含有天道、地道、人道，两爻为一才，六爻为三才，故天、地、人为三才，三才相合方能使得宇宙和谐，"三才之道乃是《易经》之理的根本"①，如《系辞传下》曰："《易》之为书也，广大悉备：有天道焉，有人道焉，有地道焉。兼三才而两之，故六。六者非它也，三才之道也"②。其次，圣人创作《易经》，目的在于告诫世人要顺应万物属性和宇宙法则，所以确立天道有阴和阳两个方面，确立地道有柔和刚两个方面，确立人道有仁和义两个方面，天、地、人三才既相互依存、相互调和，又各自独立、各有身份，"拥有更大的平衡性与稳定性"③，如《说卦传》曰："昔者圣人之作《易》也，将以顺性命之理。是以立天之道曰阴与阳，立地之道曰柔与刚，立人之道曰仁与义。兼三才而两之，故《易》六画而成卦。分阴分阳，迭用柔刚，故《易》六位而成章"④。再次，《易经》指出，君王与天、地最为接近，其德行与天地相合，其智慧与日月光辉相合，其行事与四时顺序相合，其恩威与鬼神赏罚相合，天时与其能够保持一致，正所谓"同声相应，同气相求"⑤，如《乾卦》曰："夫大人者，与天地合其德，与日月合其明，与四时合其序，与鬼神合其吉凶。先天下而天弗违，后天而奉天时"⑥。最后，《易经》指出，只有君子能够畅通天下人的心志，君子要顺天之势而自求上进，永无止息；要顺地之势敦厚德行，任劳任怨；当天地不交感时，是否卦的征兆，君子要俭以修德，辟其为难，不可贪慕高官厚禄；当泽上出现大地时，是临卦的征兆，君子要时时教导牵挂百

---

① 李晨阳：《是"天人合一"还是"天、地、人"三才——兼论儒家环境哲学的基本构架》，《周易研究》2014年第5期。
② 杨庆中：《周易解读》，中国人民大学出版社2010年版，第474页。
③ 李晨阳：《是"天人合一"还是"天、地、人"三才——兼论儒家环境哲学的基本构架》，《周易研究》2014年第5期。
④ 杨庆中：《周易解读》，中国人民大学出版社2010年版，第478页。
⑤ 《周易·乾·文言》。
⑥ 杨庆中：《周易解读》，中国人民大学出版社2010年版，第33页。

姓,永远包容保护百姓,如《象传》曰:"唯君子为能通天下之志"①,《象传》曰:"天行,健,君子以自强不息"②,"地势,坤,君子以厚德载物"③,"天地不交,否;君子以俭德辟难,不可荣以禄"④,"泽上有地,临;君子以教思无穷,容保民无疆"⑤。

在天、地、人"三才合一"的主体精神影响下,中华文化发展出了"敬天保民,崇仁尚礼"的思想。几经历史更迭,中华文化出现了繁荣发展。

周代进一步发展了职官制度,设立天官、地官、春官、夏官、秋官、冬官,以天官来统摄其他五官,设立句芒(金)、祝融(木)、蓐收(水)、玄冥(火)、后土(土)五行之官来辅助天官;进一步细化了治民政策,以"八统"(亲亲、敬故、进贤、使能、保庸、尊贵、达吏、礼宾),要求国君亲自躬行,通过上行下效来达到教化百姓的目的。在《尚书》之《酒诰》《康诰》《无逸》等篇章中,周公告诫臣下要以百姓的忧患作为检验自己为政得失的镜子,要像保护孩子一样保护百姓,要体恤百姓生活的艰辛,不要一味沉迷于田猎和游乐。⑥ 周代的职官制度和保民政策,以及周公制礼作乐,淳化民风,确定了中华文化的走向。

春秋时期,老子创立的道家学派和孔子创立的儒家学派,促使中华文化出现多向发展。老子提出"自然无为"的天道观和人道观:"人法地,地法天,天法道,道法自然"⑦,"天之道,不争而善胜,不言而善应"⑧,"人之道,为而不争"⑨。强调万物尊道而贵德:"道生之,德畜之,物形之,势成之。是以万物莫不尊道而贵德"。反对统治者"有为"之政:"大道废,有仁义;智慧出,有大伪"⑩。孔子的儒家思想与老子的道家思

---

① 杨庆中:《周易解读》,中国人民大学出版社2010年版,第114页。
② 同上书,第23页。
③ 同上书,第35页。
④ 同上书,第108页。
⑤ 同上书,第150页。
⑥ 彭林:《中华传统礼仪概要》,高等教育出版社2006年版,第13页。
⑦ 《老子·第二十五章》。
⑧ 《老子·第七十三章》。
⑨ 《老子·第八十一章》。
⑩ 《老子·第十八章》。

想是相通的，在理想的情况下，儒家也赞同"不为""不争"，只是基于当时社会现实，不得不持一种"君子有所不为，为必合乎仁；君子矜而不争，争必合乎礼"的入世态度，如"子绝四：毋意，毋必，毋固，毋我"①，"虽小道，必有可观者焉；致远恐泥，是以君子不为也"②，"出则事公卿，入则事父兄，丧事不敢不勉，不为酒困"③，"夫君子之居丧，食旨不甘，闻乐不乐，居处不安，故不为（礼、乐）也"④，"君子矜而不争，群而不党"⑤，"君子无所争。必也射乎！揖让而升，下而饮。其争也君子"⑥。孔子崇仁尚礼，"以仁为礼的最高精神，而以礼去完成仁的目的"⑦。孔子说："人而不仁，如礼何？人而不仁，如乐何？"⑧ 宰我向孔子请教"三年之丧"的问题，觉得为父母守三年之丧，时间太久，如果君子三年不行礼、不作乐，就会礼坏乐崩，孔子回答，孩子三岁才能离开父母怀抱，孩子是不是也有三年的爱心去悼念死去的父母呢？如果为父母守丧时行礼作乐，是为"不仁"。从以上来看，足见"仁"在儒家思想中的核心地位。

战国时期，中华文化出现了百花齐放的盛况，形成了儒、墨、道、法、阴阳、名家等学派百家争鸣的场面，涌现出孟子、荀子、墨子、庄子、韩非、邹衍、惠施、公孙龙等思想家。

随后，经过了汉代独尊儒术、唐代科举取士、宋代儒学复兴，儒学成为中华文化的主流思想。虽然汉代以后佛教进入中国，清代以后西学东渐，却始终没有改变儒家思想作为中国主流文化的地位。由于儒家思想的包容性，其不断吸收道家、佛家，甚至近代的西方思想的养分，原始儒学的面貌已然发生了改变，成为一个混合性的理论学说，但是传承下来的"敬天保民，崇仁尚礼"的主体精神依然存在。经过了五千年的发展，中华文化的主体精神理一分殊，已经渗透于中国人的生活方式、语言、哲

---

① 《论语·子罕》。
② 同上。
③ 同上。
④ 《论语·阳货》。
⑤ 《论语·卫灵公》。
⑥ 《论语·八佾》。
⑦ 杜国庠：《先秦诸子的若干研究》，生活·读书·新知三联书店1955年版，第203页。
⑧ 《论语·八佾》。

学、风俗、信仰、心理当中，遍布于中华民族的各个角落。

第二节 莒文化是中华文化的重要组成部分

《春秋穀梁传》曰："莒虽夷狄，犹中国也。"[1] 莒地是上古时期少昊后裔的方国，属于东夷部落，是东夷文化的发源地。周武王时，论功行赏，分封诸侯，因莒地为少昊之后裔，鉴于先世功德，遂受封为诸侯国，与齐、鲁、燕、魏、蔡、曹、卫、晋、楚、杞、邾、薛、宋等诸侯国一样都归周天子统辖，与中原地区的诸侯国同等看待，所以说"犹中国也"。

在周武王分封之前，东夷文化已经向中原文化发展。东夷部落是少昊的后裔，"昊"与太阳息息相关，故而莒地具有太阳神崇拜的传统，他们将太阳神鸟作为东夷部落的图腾。在大汶口文化中期以后，一部分东夷人开始西迁，盘踞在曲阜一带，还有一部分人继续南下，迁移到淮阳一带。东夷人的西迁和南下，将大汶口文化从沂沭河流域带到了汶河、泗河、淮河流域，与中原文化交相融合。秦人嬴氏为伯益后裔，伯益为颛顼之曾孙，颛顼年少时曾在少昊身边服侍，待之为"世父"，所以，秦人以少昊为祖先，认为秦国的故地在东方。有学者指出，秦始皇东巡和泰山封禅，不仅是源于东夷人的天地山岳崇拜，而且是去东方故土告慰祖先。[2]

西周和春秋战国时期，莒地与齐、鲁两国互通婚姻，也经常与周边国家相互来往。莒县店子集西大庄出土的西周墓葬中，发现齐国的齐侯甗，从上面的铭文可以得知，此为齐国女子嫁到莒地时陪送的媵器；诸城都吉台出土的春秋墓葬中，发现孟姜媵盥盘，此亦为齐国女子（孟姜）嫁到莒地时陪送的媵器。《左传·文公七年》记载，鲁国贵族穆伯娶莒女戴己，生下孟文伯，她的妹妹声己生下孟惠叔，戴己去世后，穆伯又去莒国迎娶了一位莒国女子。齐、鲁两国与莒国临近，贵族之间的往来频繁，互通婚姻之事在历史上也多有记载。[3] 另外，莒地出土文物中，还包括诸勃

---

[1] 承载：《春秋谷梁传译注》（下），上海古籍出版社2016年版，第604页。
[2] 聂振民：《嬴秦人发祥于泰山地区与西迁初探》，《泰山学院学报》2009年第4期。
[3] 孙敬明：《从莒地出土两周十四国金文看莒文化的交流与影响》，《山东师范大学学报》（人文社会科学版）2013年第1期。

父匜、莱伯鬲、邟生戈、曹公子戈、大型铜罍、陈大丧史钟、徐王之之戈、吴王剑、越戈、樊伯鼎等器物，这些是诸、来、黄、陈、曹、徐、吴、楚等国家生产的礼器和兵器，可以看出当时的莒国与多国文化有相互交流和冲击，是一个十分繁华的地方，也是一个兵家必争之地。

从大汶口文化、龙山文化、岳石文化时期，到东夷文化与中原文化相互融合时期，经过漫漫的历史长河，莒文化既保留了"尚武崇文"的东夷文化特色，又彰显出"崇仁尚礼"的中华文化特征。

莒地尚武。《说文解字·大部》载"夷，平也。东方之人，从大从弓。"莒地男子自幼崇尚习武，在莒地出土的不同时期的墓葬中，石斧、石铲、石茅、剑、矛、弓箭等古代兵器是男性常见的殉葬品。古代莒国地域狭小，处于齐国、鲁国、楚国等大国之间，整日被大国所觊觎，稍有不慎，朝不保夕。为了保卫莒国疆土，莒人养成了习武的习惯，至今还保留着这样的遗风遗俗。在今天的莒地，"弓箭"是勇敢坚毅的象征，当男孩出生时，家人会用柳条做一副弓箭，将其插在大门上祈福。根据清朝乾隆年间内阁中书顾栋高所作的《春秋大事表》记载，春秋之际，周王室衰弱，诸侯国发展壮大，逐渐出现以大欺小、弱肉强食的现象，鲁国的南边是邾国，东边是莒国，鲁国只敢欺凌弱小的邾国，而畏惧强势的莒国，在鲁隐公、鲁桓公、鲁庄公三世之间都未敢对莒国出兵，"赵氏孟何曰：'莒虽小国，东夷之雄也'"[①]。莒国虽小，因善于用兵，勇猛无敌，故而称霸东夷之地。

莒地崇文。现今莒县浮来山有一座寺庙，名曰"定林寺"，环境清幽，寺内有一棵古老的银杏树，有4000多岁，参天而立，形如山丘，引来众多游人参拜。寺庙虽小，却来头很大，除了古银杏树外，还纪念着莒地一位重要人物，即刘勰。刘勰为南朝时莒县人，出身官宦世家，其父为刘宋越骑校尉刘尚，不幸战死沙场，致使家道中落。九岁的刘勰只得与其母相依为命，二十岁时，母亲积劳成疾去世。刘勰痛失双亲，了无牵挂，下定决心成就一番事业，考虑到自己家贫无依，遂入江苏南京的钟山定林寺，投奔高僧僧祐。唐代诗人杜牧之《江南春绝句》曾感慨："南朝四百

[①] （清）顾栋高：《春秋鲁邾莒交兵表（节选）》，《莒文化研究文集》，山东人民出版社2002年版，第525页。

八十寺，多少楼台烟雨中。"南朝佛教兴盛，佛学发达，定林寺为当时全国最大藏经寺之一，僧祐为著名的佛教文史学家，治学严谨，精通律学，许多王公贵族前去定林寺找僧祐听习佛法，刘勰胸有大志，赴定林寺投奔僧祐，乃是为自己寻求了一个最恰当的去处，是极为聪明与智慧的选择，也必须具有非同凡响的耐心和定力。晨钟暮鼓，青灯黄卷，伴读刘勰十多年，"凝神极虑，思接千古，潜心攻读，刻苦治学，在经、史、子、集各类典籍中'任力耕耨，纵意渔猎'，阅读了大量儒家经典和佛教典籍，同时读遍了诸子百家、各种诗文群书，'博通经纶'，为以后《文心雕龙》创作打下了坚实的基础"①。

刘勰厚积薄发，利用四年时间（498—502年）写出10卷50篇的鸿篇巨著《文心雕龙》。一方面，此书成为我国第一部全面而系统的文学理论著作，享誉东西方文学界；另一方面，刘勰虽精通佛理，但此书却是一部以孔子美学思想为基础的儒家文论，说明刘勰虽身在佛门，但心之所向却是孔子。这与刘勰生于莒地，幼年深受儒家思想影响有关。在《文心雕龙·原道》中，有一段重要的话：

> 爰自风姓，暨于孔氏，玄圣创典，素王述训：莫不原道心以敷章，研神理而设教，取象乎《河》《洛》，问数乎蓍龟，观天文以极变，察人文以成化。然后能经纬区宇，弥纶彝宪，发辉事业，彪炳辞义。故知道沿圣以垂文，圣因文而明道，旁通而无滞，日用而不匮。《易》曰"鼓天下之动者存乎辞"，辞之所以能鼓天下者，乃道之文也。②

"风"姓为太昊伏羲之姓，太昊为东夷部落首领之一，"爰自风姓"是刘勰对自己东夷后裔身份的感念和认同。"素王"指的是孔子，"沿圣以垂文"指的是刘勰追随孔子之道的决心。这段话既表明了刘勰的《文

---

① 政协莒县委员会编：《莒地历史名人》，中国文史出版社2016年版，第350页。
② 《文心雕龙·原道》。

心雕龙》倡导"宗经、尊儒、明道"①的初衷,也表明了文学与天、地、人三才的密切关系②。刘勰及其《文心雕龙》是莒地人崇尚文学的标榜和体现,也是中华文化史上璀璨的篇章。在莒地人的心目中,莒文化与中华文化本为一体,不可分割。

莒地俗仁。莒地有"君子之国"的美称。《山海经·大荒东经》:"有东口之山。有君子之国,其人衣冠带剑。"东口之山是指位于东方的"大荒山",那里有一个君子之国,国人衣衫整洁,随身佩带宝剑。《说文解字·羊部》:"夷俗仁,仁者寿,有君子不死之国。"从这里可知,"大荒山"的"君子国"为东夷之地。东夷人崇尚仁德,仁德的人都会长寿,故而称为"君子不死之国"。《后汉书·东夷列传》:"夷者,柢也,言仁而好生,万物柢地而出。故天性柔顺,易以道御,至有君子、不死之国焉。夷有九种,曰畎夷,于夷,方夷,黄夷,白夷,赤夷,玄夷,风夷,阳夷。故孔子欲居九夷也。""柢"为树根,这里指的是东夷人具有好生的仁德,这是他们的根基。"易以道御",是指基于仁德,在"道"这方面东夷人与华夏民族容易达成共识③。孔子也认为东夷人崇尚仁德,所以"欲居九夷"。

莒地好礼。礼乐文化是中华文化的核心组成部分。春秋战国时期莒地的礼乐文明相当发达,是礼乐文明的孕育地之一。莒县桑园乡天井汪村坐落着一个周代墓葬群,1963年,村民从院中挖出21件青铜器,包括7件铜鼎、2件铜甗、1件铜鉴、3件编镈、6件编钟、1件铜壶和1件铜匏壶,④这些都是非常重要的礼器和乐器。根据周代的"列鼎制度",天子九鼎,诸侯七鼎,大夫五鼎,士三鼎或一鼎,鼎不仅是"宗庙重器",更是政治和社会地位的象征。⑤天井汪墓群中出土的铜鼎等青铜器,既表现出了墓葬主人身份的尊贵,又说明周代莒地礼乐制度的完备。春秋时期,

---

① 向世陵:《宋代经学哲学研究·儒学复兴卷》,上海科学技术文献出版社2015年版,第78页。
② 袁济喜:《中国古代文论精神》,山西教育出版社2005年版,第343页。
③ 顾晓鸣:《二十四史鉴赏辞典》(上),上海辞书出版社2017年版,第558页。
④ 政协莒县委员会编:《莒地考古》,中国文史出版社2016年版,第176—177页。
⑤ 佟洵、王云松:《国家宝藏:100件文物讲述中华文明史》,四川人民出版社2018年版,第150页。

孔门弟子曾参年轻时在莒地做过小官，创建"曾子讲堂"讲授儒学理论和教习六艺，莒地大兴文明之风。《韩诗外传》载："曾子仕于莒，得三秉粟"。战国时期，孟子也曾到莒地游学，登堂弹琴而歌，受到莒地百姓的欢迎。《孟子外书》云："孟子游于莒，有曾子讲堂焉。孟子登堂弹琴而歌，二三子和之，莒父老曰：久矣不闻此言也，圣人之徒也。"荀子晚年定居于兰陵，为兰陵令，作《荀子》一书，提出"隆礼重法"的思想，对莒文化产生影响。东汉礼学家郑玄是莒地人，为《周礼》《礼记》《仪礼》作注，缔造三礼学，被后世奉为礼学正宗。《后汉书·东夷列传》："东夷率皆土著，喜饮酒歌舞，或冠弁衣锦，器用俎豆。所谓中国失礼，求之四夷者也。"从以上可见，东夷好礼之风，绝非虚言。

  战国时期，莒国灭。秦朝统一以后，实行"文化大一统"政策，莒文化逐渐被卷入中华文化的"漩涡"，与中华文化相融合。莒地"尚武崇文"的文化特色，为中华文化注入了新的活力，培养起中华民族勇敢坚毅的品格。莒文化不仅是山东文化的重要组成部分，也是中华文化的重要组成部分，正如李学勤教授所说："山东地区在整个夏商周时期都是极其重要的，山东古文化在整个中国文明史进程中，有其特殊的地位"[①]。

[①] 李学勤：《中国古代文明十讲》，复旦大学出版社2005年版，第213页。

第四章

莒文化与沂蒙精神

第一节 什么是沂蒙精神

"沂蒙精神"这一概念，最早是1989年由时任临沂宣传部长的李祥栋同志提出的。他在《发扬老区优势，弘扬沂蒙精神》一文中将沂蒙精神概括为"一种团结奋斗、无私奉献、艰苦创业、求实创新的精神"①。1990年，时任山东省委书记姜春云同志到临沂视察，将沂蒙精神概括为"立场坚定、爱党爱军、艰苦创业、无私奉献"。在此基础上，1997年，确立了"爱党爱军、开拓奋进、艰苦创业、无私奉献"的16字沂蒙精神，从此"沂蒙精神"被人们所熟知且广泛应用。2013年，习近平总书记视察山东时，将沂蒙精神提升为"军民水乳交融、生死与共"，并着重指出："沂蒙精神与延安精神、井冈山精神、西柏坡精神一样，是党和国家的宝贵精神财富，要不断结合新的时代条件发扬光大。"② 经历几十年的发展，沂蒙精神不断被充实、被提炼，它就像一面鲜红的旗帜，始终激励和鼓舞着沂蒙老区不断前进。

沂蒙精神与新中国的成长发展紧密相连。在抗日战争和解放战争时期，沂蒙地区成为我们党和军队的重要根据地之一，在长期的斗争中，军民融为一体，产生了水乳交融、生死与共的情谊。当时沂蒙根据地有将近120万名群众投入到前线，10多万琅琊勇士牺牲在战场，他们无怨无悔、

---

① 李祥栋：《发扬老区优势，弘扬沂蒙精神》，冯增田主编《沂蒙论萃》，山东友谊出版社2003年版，第28页。
② 大众日报评论员：《大力弘扬沂蒙精神——二论认真学习宣传贯彻习近平总书记对大众日报创刊80周年重要批示精神》，《大众日报》2019年1月3日。

可歌可泣。同样伟大的沂蒙"红嫂",不仅将丈夫、儿子送去战场,还用自己的方式为革命倾尽心力。比如"沂蒙母亲"王焕于创办战时托儿所,收养烈士遗孤,她的两个儿媳帮助养育革命后代而自己的孩子却因营养不良夭折,这是怎样无私的大爱。"飘逝的弹痕血痕,溶进了早春暮春。总把那山魂水魂,刻下了情真意真。碧草黄沙,冷月寒星。回首处征尘万里,硝烟中走来女神",这首《走出硝烟的女神》便是为这些伟大女性谱写的赞歌。如今,在中国蓬勃发展时期,沂蒙地区依然涌现出无数"琅琊勇士"与"红嫂"式的人物。如 2019 年四川凉山大火中牺牲的 30 位"救火英雄"中,有 4 位是临沂籍消防员;王焕于的孙女于爱梅积极拥军,退休后为军人纳鞋垫、赠送生活用品,彰显出当代"红嫂精神"。"琅琊勇士""红嫂精神"都是沂蒙精神的缩影,无论时代如何改变,沂蒙精神一直代代相传。通过许多可歌可泣的英雄故事可以看出,沂蒙精神是一种植根于中华文化传统,形成于中国共产党带领沂蒙人民革命的历史进程和积淀中,反抗压迫、侵略、剥削、奴役,追求自由、民主、平等、解放,崇尚朴实、善良、忠诚、无私的区域文化的新时代精神。

  沂蒙精神植根于中华文化传统,沂蒙地区自古以来是兵学文化和世家文化的发源地之一,源远流长的兵学文化和世家文化滋养出沂蒙人尚武崇文的品格。

  临沂市南隅有两座山丘——金雀山、银雀山,因山上长满了金雀花、银雀花而得名。20 世纪七八十年代在此发掘出汉代墓葬 90 余座。在这些墓葬中,发现了《六韬》《孙子兵法》《孙膑兵法》《尉缭子》《守法守令十三篇》等一批弥足珍贵的先秦兵书残简,此为考古界的一项重大事件,举世瞩目。《六韬》为周朝开国元勋、中国兵学奠基人吕尚(姜子牙,又称姜太公)所作,书中记载了周文王、周武王与姜太公的对话,详细记叙了周朝治国用兵、守卫疆土、举兵讨伐、选将立威、鼓舞士气、攻城略地、练士教战之道,北宋时期被奉为"武学必读之书"。《孙子兵法》和《孙膑兵法》乃兵学奇书,但《孙膑兵法》自汉代以后便失传,致使众人以为皆是孙武所作,直到两书同墓出土,方才"证实了《史记》有关孙武与孙膑所处的时代、国家及各有兵法传世的记载,解决了历史上的悬案"①。这批佚书竹简在临沂地区的发现，不仅解开了中国历史上几个大谜题，更是反映出了沂蒙地区的军事战略地位和深厚的兵学传统。

沂蒙人正义凛然、不惧困难、勇于担当、善习兵事，这一特点在诸葛亮身上得到了集中体现。诸葛亮在中国可谓妇孺皆知，他乃三国时期著名军事家，祖籍琅琊阳都（山东沂南），其家族诸葛氏是当时名门望族，其兄诸葛瑾、其弟诸葛均、其侄诸葛恪、其子诸葛瞻等，都对后世影响甚大。当时，诸葛瑾为吴国重臣，诸葛亮为蜀国丞相，两人都手握大权，但是均勤恳一生，忠心报国，没起任何反叛之心。诸葛亮在《诫子书》中告诫儿子："夫君子之行，静以修身，俭以养德。非澹泊无以明志，非宁静无以致远。"这种清心寡欲、志存高远的家风，培养出了正气凛然的诸葛后人，也浸润着沂蒙人的心灵。为了表达对诸葛亮的追思和敬仰，沂蒙人立"五贤祠"纪念。诸葛亮擅长军事谋划，火烧新野、草船借箭、智算华容、巧布八阵图、造木牛流马等神机妙算和发明创造，都令世人赞叹不已，堪为军事战略之典范。这种善习兵事的优良传统代代传承，至今流淌在沂蒙人的血液中。在抗日战争中，毛泽东认识到沂蒙地区的重要战略地位和沂蒙人尚武善战的特点，决定以莒县、蒙阴等广大地区为中心发动游击战争和建立革命根据地，军民一体，浴血奋战，谱写了中国革命史上的不朽篇章。

除却渊源深厚的兵学文化，沂蒙地区还流传着繁荣昌盛的世家文化，以琅琊王氏、琅琊颜氏等家族为代表。这些名门郡望将当地的文化与儒家、道家、兵家等传统文化相融合，形成家训、家书、家学、家风、家规等文化载体，通过世代族人恪守言行而传承下来，净化着沂蒙的一方水土，守护着沂蒙的一方文脉。

《琅琊王氏家训》曰：

> 夫言行可覆，信之至也。推美引过，德之至也。扬名显亲，孝之至也。兄弟怡怡，宗族欣欣，悌之至也。临财莫过乎让。此五者，立身之本。②

---

① 政协莒县委员会编：《莒地考古》，中国文史出版社2016年版，第797页。
② 张建成：《中华传统文化经典导读·家训篇》，宁夏人民出版社2017年版，第11页。

琅琊王氏将"信、德、孝、悌、让"这五种原则，作为立身之本。《尚书·大禹谟》有言："满招损，谦受益，时乃天道。"《琅琊王氏家训》中的"推美引过""临财莫乎让"就是这个道理。对于一个位高权重、势力堪与皇族比肩的家族来说，持有一种虚怀若谷、淡泊明志的涵养，实为琅琊王氏兴盛不衰的重要缘由。琅琊王氏乃秦朝大将王翦的后代，秦朝末年，其后人王元携家眷迁徙到临沂（旧称琅琊）都乡南仁里，"从东汉到唐末的1000多年间，族中足有600余人的名字刻在了人类文明史上，仅宰相就出了92位"①，东晋三朝元老王导、"孝圣"王祥、"友圣"王览、"书圣"王羲之、"竹林七贤"之一王戎皆在其列，素有"华夏望族"之美誉。《琅琊王氏家训》告诫族人，把荣誉、财富让给别人，把责任、担当留给自己，勿要居功自傲，勿要恃宠而骄，这是琅琊王氏留给后人的宝贵财富，成为代代相传的中华传统美德。

琅琊颜氏乃孔子最负盛名的弟子颜回的后人。汉朝时，其第二十三世孙颜盛自曲阜迁徙至临沂境内，第三十五世孙北齐文学家颜之推、第三十七世孙隋唐经学家颜师古、第四十世孙唐朝书法家颜真卿、唐朝名臣颜杲卿等均名垂青史。颜之推继承其先祖颜回的遗志，撰写《颜氏家训》，以儒家思想教授颜氏族人齐家之方和处世之道。

与琅琊王氏不同的是，颜氏皆文人出身，以儒雅为业，祖上没有依靠用兵而得志扬名之人。正如《颜氏家训·诫兵》所言："颜氏之先，本乎邹、鲁，或分入齐，世以儒雅为业，遍在书记。仲尼门徒，升堂者七十有二，颜氏居八人焉。秦、汉、魏、晋，下逮齐、梁，未有用兵以取达者。"②颜之推认为，身为文士，不能被甲执兵以卫社稷，如若略读兵书，在战乱之时，挑拨煽动，纵横说诱，判断失误，竭力扶持别人为王，则会引来灭族之灾。所以，他将"诫兵"作为家训之一，以孔子"力翘门关，不以力闻"为榜样，告诫族人不可通过兵事武力来求取官职，以免引来杀身灭族之祸。

"诫兵"这一则家训，反映出儒家珍惜生命、爱护生命的思想观念，然而，这并不是贪生怕死之意，真正的儒者在道义面前，甘愿牺牲自己的

---

① 张建成：《中华传统文化经典导读·家训篇》，宁夏人民出版社2017年版，第11页。
② 陈明主编：《中华家训经典全书》，新星出版社2015年版，第122页。

生命。孔子曰:"志士仁人,无求生以害仁,有杀身以成仁"。① 孟子曰:"生亦我所欲也,义亦我所欲也;二者不可得兼,舍生而取义者也。"②《颜氏家训·养生》言:

> 夫生不可不惜,不可苟惜。涉险畏之途,干祸难之事,贪欲以伤生,谗慝而致死,此君子之所惜哉。行诚孝而见贼,履仁义而得罪,丧身以全家,泯躯而济国,君子不咎也。③

颜之推告诫族人,生命不可不珍惜,但也不可苟且偷生;将自己陷于危险邪恶的境地,卷入祸事灾难之中,为满足私欲而伤害身体,因谗言隐匿而致死,在君子看来都是不珍惜生命的表现;因践行诚信孝道而被害,履行仁义而获罪,丧一己之身而保全家人,牺牲自己生命而救济国家,这样献出生命,君子是不会责备的。因为,"在儒家看来,自己的生命是'小我',民族的生命是'大我',我们可以牺牲'小我'以成就'大我';父母给予的生命是自然生命,仁、义是道义生命、精神生命,自然生命是暂时的,寿不过百年,而道义生命、精神生命是永恒的"④。在抗日战争中,沂蒙人民就是继承了这种牺牲"小我"、顾全"大我"的大仁大义精神,军民一起团结抗战,最终将侵略者赶出了中国。沂蒙精神是儒家思想的延续,是中华传统美德的进一步升华。

第二节　沂蒙精神是中国共产党精神与莒文化相结合的产物

莒,上古时期的部落方国,传为少昊后裔的属地。《潜夫论·志姓氏》载:"黄帝之子二十五人,班为十二:姬、酉、祁、己、滕、箴、任、荀、僖、姞、儇、衣氏也。……莒子姓己氏。"《国语》又载:"黄帝

---

① 《论语·卫灵公》。
② 《孟子·告子》。
③ 陈明主编:《中华家训经典全书》,新星出版社2015年版,第124页。
④ 颜炳罡:《家风传承》,山东友谊出版社2018年版,第32页。

之子二十五人，其同姓者二人而已：唯青阳与夷鼓皆为己姓。"由此可知，莒国的国君姓己，乃黄帝之子青阳或夷鼓。根据《汉书·地理志》："莒，故国，盈（嬴）姓，三十世为楚所灭。少昊后。"少昊，早期东夷部落的首领，又称白帝，乃黄帝之子青阳。据此可以推测，莒国的国君为少昊青阳。然而，《汉书》为何称"莒"为盈（嬴）姓？《国语·郑语》："嬴，伯翳之后也。"伯翳，即伯益，颛顼之曾孙。《山海经》记载，颛顼十岁时曾经在少昊身边服侍，是"世子"与"世父"一般的关系。① 间接来看，伯益为少昊之后。舜帝时期，伯益为掌管山泽的"虞"官，政绩突出，造福于民，舜赐伯益为"嬴"姓，将秦地分封给他。故而《史记·秦本纪》："太史公曰：秦之先为嬴姓。其后分封，以国为姓，有徐氏、郯氏、莒氏、终黎氏、运奄氏、菟裘氏、将梁氏、黄氏、江氏、修鱼氏、白冥氏、蜚廉氏、秦氏。"

莒国历史悠久，可以追溯到四五十万年以前，这里是东夷文化的发源地。莒文化孕育上万年，形成了沂沭河流域的母文化，其影响范围甚广。西周时期，莒国的势力范围东临黄海，北到胶州、高密，西到昌邑、蒙阴，南到兰陵、郯城、临沭和江苏赣榆；春秋早中期，今莒县、东港区、岚山区、五莲、诸城、安丘、黄岛、沂水、沂南、莒南、临沭等地皆为莒国区域；秦代时，琅玡郡（临沂古称）覆盖了莒地大部分地区。② 汉代时，城阳景王刘章治理莒县，他去世时，不仅莒县所隶属的琅邪郡，就连青州六郡以及渤海郡的都邑、乡亭、村落，都为他立祠。③

沂蒙地区与莒国在地理上不可分割，沂蒙精神与莒文化也有着千丝万缕的关系。《后汉书·刘盆子列传》记载：

> 琅琊人樊崇起兵于莒，众百余人，转入泰山，自号三老。时青、徐大饥，寇贼蜂起，众盗以崇勇猛，皆附之，一岁间至万余人。崇同郡人逢安，东海人徐宣、谢禄、杨音，各起兵，合数万人，复引从崇。共还攻莒，不能下，转掠至姑幕，因击王莽探汤侯田况，大破

---

① 王洪军：《新史料发现与"秦族东来说"的坐实》，《中国社会科学》2013 年第 2 期。
② 政协莒县委员会编：《莒地简史》，中国文史出版社 2016 年版，第 13—16 页。
③ （东汉）应劭：《风俗通义全译》，赵泓译注，贵州人民出版社 1998 年版，第 340 页。

之，杀万余人，遂北入青州，所过虏掠。还至泰山，留屯南城。初，崇等以困穷为寇，无攻城徇地之计。众既寖盛，乃相与为约：杀人者死，伤人者偿创。以言辞为约束，无文书、旌旗、部曲、号令。其中最尊者号三老，次从事，次卒吏，泛相称曰巨人。王莽遣平均公廉丹、太师王匡击之。崇等欲战，恐其众与莽兵乱，乃皆朱其眉以相识别，由是号曰赤眉。赤眉遂大破丹、匡军，杀万余人，追至无盐，廉丹战死，王匡走。崇又引其兵十余万，复还围莒，数月。或说崇曰："莒，父母之国，奈何攻之？"乃解去。①

"樊崇起义"讲述的是东汉时期的历史故事。当时琅琊郡下设莒县，樊崇于莒县起兵攻打王莽，等到他的赤眉军队伍壮大，回来围攻莒县的时候，有人劝他："莒县，是父母之邦，为什么攻打它呢？"樊崇听后退兵离开。由此可以看出，正如齐桓公"毋忘在莒"的精神一样，琅琊人对莒地的感情也是非常深厚的，这是他们"生于斯，长于斯"的地方，是"父母之国"，是初心开始的地方。尽管历朝历代的政区建制有所变化，但是这种深厚的渊源是割舍不断的。

沂蒙人尚武崇文的特征源于莒文化。莒人为东夷部族，男性自幼习武射猎，精通兵器和战术。《左传·昭公二十三年》载："莒子庚舆虐而好剑，苟铸剑，必试诸国人。"在莒地出土的不同时期的墓葬中，石斧、石铲、石茅、剑、矛、弓箭等古代兵器是男性常见的殉葬品。不仅尚武，文亦出彩。莒地虽居东夷，但并非蛮荒之地，而是中华文明的发源地之一，"莒之先民早在大汶口文化时期就发明了原始陶文，目前，陵阳河遗址群已发现八种类型，二十多个单字，学术界公认为是汉字的祖型"②。莒地出土的陶器、青铜器等艺术品也具有很高水平。莒地有"好让不争"的传统。舜、禹在位时，莒人伯益屡次立下功勋，被定为禹的接班人，但他甘愿让位于启，成为启的辅臣。孟子曰："舜生于诸冯，迁于负夏，卒于鸣条，东夷之人也。文王生于岐周，卒于毕郢，西夷之人也。地之相去也，千有余里；世之相后也，千有余岁。得志行乎中国，若合符节，先圣

---

① （南朝宋）范晔：《后汉书》，中华书局1967年版，第478页。
② 政协莒县委员会编：《莒地考古》，中国文史出版社2016年版，第1092页。

后圣,其揆一也。"① 无论是东夷、西夷,还是中原,虽然地域不同,但文明发展都是一致的。大舜乃东夷之人,文王乃西夷之人,他们的仁德和法则都是一样的。东夷之地被古人称为"君子之国",仁而好生、见利而让、忠孝节义,这些特点在沂蒙精神中均有所体现。

沂蒙精神脱胎于莒文化,在当代,当它与中国共产党相遇之后,发生了日新月异的变化。如果说莒文化代表着沂蒙精神的区域性特征,那么中国共产党精神则代表着沂蒙精神的时代性内涵。

1840年至1921年的中国,内忧外患,满目疮痍,经受了鸦片战争、甲午战争、八国联军侵华,被迫签订了《南京条约》《马关条约》《辛丑条约》等一系列不平等条约。一部分志士仁人不堪忍受封建主义和帝国主义的剥削与奴役,不甘落入"人为刀俎,我为鱼肉"的境地,相继发起了洋务运动、戊戌变法、武昌起义、新文化运动等数次自救与反击。与此同时,中国共产党应运而生,带领无产阶级革命者,投入到反帝反封建以及争取民族独立和人类解放的斗争中,为灾难深重的中国带来了一线生机。中国共产党以马克思主义为理论指导,以共产主义为奋斗目标,以服务群众为中心,在革命斗争中冲锋在前、以身作则、临危不惧、百折不挠,为推翻旧社会,建立新中国,表现出前所未有的决心和信心。从毛泽东"红旗卷起农奴戟,黑手高悬霸主鞭。为有牺牲多壮志,敢教日月换新天"的诗句中,可以看出中国共产党誓与旧社会抗争到底的宏伟气魄。

中国共产党推翻旧制、实现民族独立的夙愿,也是沂蒙人民的夙愿。尚武崇文的沂蒙人与坚定革命信仰的共产党人站在一起,投身抗日战争和解放战争,前赴后继、不畏牺牲。在那个战火纷飞、充满苦难的年代,在中国共产党的带领下,沂蒙人民对生命意义有了更新的理解,对未来生活有了更高的追求,他们沉默已久的军事和文化创造力被激发出来,他们带着对社会主义的美好憧憬,老幼妇孺,忘我支前,披肝沥胆,誓于死节,用无数鲜活的生命打造出一片百姓当家作主的新天地,共同铸就起一种坚不可摧的"沂蒙精神"。

在长期的革命斗争和改革建设中,沂蒙人民始终与中国共产党站在一

---

① 《孟子·离娄下》。

起，生死与共，攻坚克难，对中国共产党产生了血浓于水的信任和依恋。沂蒙精神与中国共产党精神保持着高度的一致性，都彰显出对压迫、侵略、剥削、奴役等不公现象的勇敢抗争，彰显出对自由、民主、平等、解放等美好未来的无限渴望，彰显出朴实、善良、忠诚、无私的优良品德和崇高境界。沂蒙人民坚信马克思主义，是马克思主义的忠实传承者和与时俱进者。沂蒙人民在马克思主义实践理论的指导下，实事求是抓生产，开拓进取促发展。① 以沂蒙精神教育基地莒南县厉家寨为例，其位于临沂临港区的三山、五岭、两河之间，原始自然条件恶劣，水土流失严重，1951年之前，当地粮食平均亩产不足100斤，厉家寨人生活极其艰难，旱涝成灾，食不果腹。1951年时任村支书厉月坤带领全村党员群众封山造林、修建水库、治理梯田山沟，创造了一整套防洪、蓄水、保土的好办法，几年后当地粮食平均亩产就达到了550斤，被毛泽东主席树为"愚公移山，改造中国"的典型。② 从厉家寨的例子可以看出沂蒙人民的精神风貌，他们深信，只要积极发挥中国共产党党员的带头引领作用，充分认识人民群众的中心主体地位，同心同德，艰苦奋斗，凭借自己的双手就能实现美好生活。

沂蒙精神是中国共产党精神与作为地域文化的莒文化相结合的产物，在新的时代里，它将中国共产党精神与莒文化进行了高度融合，在沂蒙地区不断发展完善，成为沂蒙人民的精神支柱和力量源泉。

---

① 王善英：《论沂蒙精神与马克思主义的四个契合点》，《井冈山大学学报（社会科学版）》2019年第3期。

② 范玉波：《弘扬厉家寨精神 再创新时代好例》，《中国社会科学报》2020年3月18日。

中 篇

作为文化资源的莒文化

第五章

自然文化资源[*]

莒县位于山东省东南部，东临日照市。全县地势北高南低，地形复杂多样，四周环山，中间丘陵、平原、洼地相接。全县最高海拔662.2米（马鬐山），最低海拔84米。莒县地属泰山支脉。以沭河为界，纵分东西：河东属长城岭脉，河西属雪山山脉。地层构造复杂，景芝—大店与安丘—莒县两大断裂带穿过，横贯南北，为丰富的矿藏资源创造了良好的地质条件。

莒县地处中纬度地带，属于温带季风区大陆性气候，四季分明，光照充足，热量和降水量都较丰富。主要农作物为小麦、棉花、水稻。

第一节 历史悠久的名山大川

莒地多山，主要山脉有长城岭山脉和雪山山脉。《重修莒志》载："莒，山国也，在穆棱东南，山之名者二百数，水之名者以百数。星罗棋聚，未易考稽。然山以水界，而脉络可寻。在莒之山……以长城岭脉为最长，自西而东而南而西南，占本境之大半。"长城岭山脉是莒县最大的山脉，其余境内山脉多为其支脉。

一 浮来山

浮来山历史悠久，为莒县著名的旅游胜地，早在春秋战国时期便有记载。《左传·隐公八年》载："九月，辛卯，公及莒人盟于浮来，以成纪

---

[*] 本章部分内容参考政协莒县委员会编《莒地名胜》，中国文史出版社2016年版。

好也。"《公羊传》与《穀梁传》俱称"包来"。又名公来山,《后汉书·郡国志》有"公来山,或曰古浮来"的记载。浮来山位于莒县城西9公里处,海拔298.9米,占地面积约10平方公里,由飞来峰、浮来峰、佛来峰鼎足而成,三峰拱围相连形似卧龙,独具清雅灵秀之韵。

近年来,浮来山上多次发现三叶虫化石和其他海洋生物的化石,科学家由此推测,早在4亿年前的古生代奥陶纪,这里曾是一片汪洋大海,后来经过地壳运动,发生了沧海桑田的变化,才有了现在的浮来山。浮来山的岩石主要是石灰岩和沙岩、页岩。石灰岩本是常见的岩石,但在浮来山区,除了浮来山之外,方园30公里之内都没发现石灰岩的踪迹,这不能不说是一个奇迹。可见古人将此山名为"浮丘""浮来""飞来""佛来"不是没有依据的。

雍正《莒州志》云:"浮来山,西二十里,一名浮丘。《春秋》:鲁公及莒人盟于浮来。即此。山畔有莒子陵。南北两峰正对。有古寺曰定林,即刘勰校释经、昙观送舍利处。有泉,下注西湖。寺内银杏一株,大十余围,清荫竟田,历年,无一朽枝。相传春秋前所植,为州之巨观。往来名公多迁道览赏,题咏甚富。"每当夕阳西下,浮来山树木参差,楼台亭榭与古寺佛塔在苍松翠柏之间若隐若现,景色灵秀俊逸、神韵悠长,因此,"浮来夕照"是莒县著名的外八景之一。

由于历史悠久,浮来山上有很多名胜古迹,其中浮来峰下的定林寺最负盛名。定林寺始建于南北朝时期,距今已经有1500多年的历史。全寺南北长95米,宽52米,总面积4940平方米。整个建筑分前、中、后三进院落,以"大雄宝殿"为主体,向前向后展开,东西两庑对称,依山势向后逐级升高。我国历史上著名的文艺理论批评家刘勰晚年校经藏书之地位于定林寺中院,门匾"校经楼"三字是郭沫若所题。

定林寺前院的中央屹立着一棵参天古树,这便是"天下银杏第一树"。树高24.7米、干粗15.7米,8人伸展双臂方能合围。据传此树为西周初年周公东征时所栽,《左传》所载的鲁公与莒子会盟便在此树下,如若属实,这棵银杏树在隐公八年(前715年)的时候就已经是一棵大树了。清顺治年间,莒州太守陈全国立碑曰此树"盖至今已三千余年"。据此推算,这树已有4000余年的树龄,是世界上最为古老的银杏树,已被列入"世界之最"和《世界吉尼斯大全》。虽然经历了四千多年的沧桑岁月，这棵银杏树仍然枝繁叶茂，硕果满枝。《重修莒志》载："浮来山银杏树传系春秋时物。围七八抱，荫覆数亩干形分张类比竹。腹裹石碑，微露半角。前人多所题咏。"

二　屋楼山

屋楼山，或名石牟山、石楼山、屋楼山。元于钦《齐乘》作"屋漏山"。《方舆纪要》卷 35 莒州"焦原山"条下：屋楼山"以重叠耸秀而名"。此山位于莒城东 11 公里处，海拔 473 米，占地面积 3 平方公里，属长城岭脉系，山石多沉积岩。其山由北大崮、中二崮、南三崮三座山峰南北相连而成。北麓有壁峰挺立，高十余米，峰壁底端岩隙中涌水成泉，清澈甘洌，终年不涸，下流成潭，俗称"神泉"。雍正《莒州志》载："屋楼山，在州东二十里。石径巉岩，望之如楼观然。一名石牟山，山椒建浮屠七级，高数十仞，陟其颠可眺海。佛殿翚飞，古柏婆娑。西俯沭水，如练如带。东瓦垄等崖，峻绝如削。州人于浴佛日登之，远近云集，列肆若市。又北曰影鸡山，曰荆林山。正东曰青山。"

相传上古时期有巢氏曾经居于此山。《庄子·盗跖》曰："古之禽兽多而人民少，于是人皆巢居以避之，昼拾橡栗，暮栖木上，故命之曰有巢氏之民。"相传远古人类"构木为巢，以避群害"起源于莒地。南宋罗泌《路史》载："古有巢氏治石牟山，即牟夷山，又名无娄。"《艺文类聚·有巢氏》亦曰："石楼山在琅琊，昔有巢氏治此山南。"可见，宋人已经认为屋楼山乃有巢氏起源之地。《山东通志》曰："有巢氏又曰大巢氏，伏羲之后，大庭氏十传为有巢氏，居石楼。"有巢氏便是栖居于屋楼一带的莒地先民。山因以得名屋楼山或屋楼崮。

屋楼山不仅是巢楼之制的故乡，还是测时纪历的起源地。1960 年，在莒县陵阳河遗址附近，考古人员发现了一个奇怪的灰陶尊。该器高 52 厘米，口径 30 厘米，壁厚 3 厘米左右，形似一枚炮弹。经专家鉴定，这个灰陶尊属于新石器时代大汶口文化中晚期使用的祭祀礼器。令人惊奇的是陶罐外壁上所刻的图形或曰符号：一座山上顶着一个类似云雾的东西，而云雾上则是一个不规则的圆形。这个奇怪的图案在后来的考古挖掘中多次出现。原莒县博物馆馆长苏兆庆先生发现，这一图案与莒地先民的测时纪历有关，而先民们"山头纪历"的测日点就在屋楼崮顶峰正中央，是用来区分春分与秋分的地点。可见，在五千多年前，莒地先民已经将屋楼山作为观天象定时令的坐标山峰。

屋楼山历史悠久，景色秀美，人文历史遗迹颇多。曾建有屋楼山寺。《重修莒志》云："屋楼山寺，明天启元年僧方宠募修。置地二十余亩，东至小屋楼崖，南至大安口，西至碌碡沟，北至草顶。知州杨湛然批准蠲除田赋，永为恩舍赡寺官田。乡绅刘璞、庄谦、杜其初、侯俸，勒石为记。遗碑尚存。"可惜，寺庙早已毁去。在屋楼寺的后面，原有一座七级佛塔，即《重修莒志》所云"山椒建浮屠七级，高数十仞，陟其颠，可眺海"的佛塔，现在也只剩下一个直径十余米的基座和断壁残垣了。后人在屋楼寺原址基础之上建了一座青云寺，规模比原寺小很多，为当地著名的旅游景点，每逢节假日有许多游人和善男信女前来游玩拜祭，十分热闹。

三　马鬐山

马鬐山，又称磨旗山、蟒旗山、马亓山，位于莒城东南27公里，是莒县与莒南县的界山，海拔662.2米，面积50平方公里。《重修莒志》载："马鬐山州南六十里，以形似名。"马鬐山山形险峻，气势雄伟，景色瑰丽。

马鬐山下的天湖，面积16平方公里，相当于三个杭州西湖的面积。这片自然水域辽阔宽广，水质清冽，风光秀美，吸引着大量的天鹅、仙鹤、鸳鸯、鸬鹚等珍禽栖息于此，是天然的野生动物保护区。

明代莒州举人刘璞曾考察过沿海的山川，很多以马为名，马鬐山的形状就很像一匹奔跑的烈马。根据《三齐记略》，传说秦始皇欲渡海观日出，有神人以鞭驱石，以造石桥，城阳的十一座巍峨的高山依次跟随，至今很多石头上还有鞭策的血痕。刘璞认为马鬐山为城阳十一山之一，因此他在《过马鬐山·有序》中曰"此秦皇观海驱石之遗迹也"。马鬐山是否为秦始皇观海之处无从考证，但为何以马为名，应当是有所依据的。南宋时期，金人占领北方，对百姓横征暴敛、百般欺压，山东、河北等地爆发了大规模的农民起义，因他们以穿红袄为标志，被称为"红袄军"。嘉定九年（1216年）红袄军领袖杨妙真、李全夫妇率领十万大军，以马鬐山为据点，抵抗金兵。时人称杨妙真为"四娘子"，至今山上仍有杨妙真亲笔书写的摩崖石刻大字"嘉定九年四娘子此山下寨"的石刻，这是列入史册的国家级重点文物。

马髻山大莲华山上有个山洞，相传宋代大儒杨光辅曾在此处设院讲经，传播儒家学说。雍正《莒州志》载："宋杨光辅，安丘人。居马髻山教授。……以国子监丞老于家。"可惜年代久远，书院和山洞早损毁于历次地震，踪迹全无。

马髻山因山势险峻、易守难攻，自晚清至抗战前期，屡屡为草莽英雄和豪强劣绅所盘踞，自抗战开始到解放战争时，此山及附近山区一直都是支援前线的民主根据地。

四　南凤凰山

南凤凰山，古称焦原山，《汉书·艺文志》称"峥嵘谷"，俗名青泥弄、莒地龙门或横门，位于莒县县城西南11.5公里，在刘家官庄镇南4公里处，为莒地名山。南凤凰山东临沭水，海拔140.1米，山顶面积约1.5平方公里，自东望西，地势险要。焦原，《汉语大词典》解释为"巨石名"。汉张衡《思玄赋》曰："原竭力以守谊兮，虽贫穷而不改。执雕虎而试象兮，阽焦原而跟趾。"旧注引《尸子》："莒国有石焦原者，广五十步，临百仞之溪，莒国莫敢近也。有以勇见莒子者，独却行齐踵焉，所以称于世。夫义之为焦原也亦高矣，贤者之于义，必且齐踵，此所以服一时也。"李善注："雕虎以喻贫，试象以喻竭力，焦原以喻义。"[①] 可见，在战国时期已经有了关于莒国焦原山的记载，而当时的焦原山是以险绝而闻名于诸侯。唐代大诗人李白在《梁甫吟》中提及"焦原"曰："手接飞猱搏雕虎，侧足焦原未言苦。"亦取其惊险奇绝之意。

《莒县地名志》载：焦原山在莒城西南十二余公里处。位于莒中平原的南端，雄峙于沭河西岸。沭水狂涛自东呼啸而至，直扑焦原东坡，波浪受阻，巨浪排空，咆哮之声如雷，声震数里。跌落的浪涛形成旋流后而急转南去，在山根处形成极深极阔之渊潭，碧蓝之中有深不可测之状。此渊，名山头渊。山体则成壁立千仞之峭壁雄立渊潭之上。雍正《莒州志》载："山头渊，州南四十里。在西山头，千仞壁立，其下大水汪洋，乘风

---

① 《文选》卷15。

鼓浪，俨若江海之波。秋时扑鱼，鼓罩扬竿，两岸之人，起伏不断。山头渊为沭水下流巨鱼所归。莒之深潭，此为第一。"山头渊之狂涛骇浪，其凶险不亚于狂风呼啸的海面。

站在焦原山的千尺悬崖之上，下临波涛汹涌的山头渊，听大浪拍石的巨响，任谁也会两腿发抖，止步不前，也难怪"临百仞之溪，莒国莫敢近也"。

五　碁山

碁山，位于莒城北35公里处，海拔435米，面积2平方公里，属长城岭脉。《水经注》称为"箕山"，有"沭水左与箕山之水合，水东出诸县西箕山"的记载；[①] 元代于钦《齐乘》称为"琪山"；清《山东通志》称为"碁山"；雍正《莒州志》称为"起山"。

雍正《莒州志》曰："起山，州北一百里。由东南山经十里方至山巅，东望三山，连麓并峙。南下有魏征坟，旁村有魏征川。北曰寨子山，四围突起如墙。寨断山经，可以避乱。中间一寺，寺西有石洞，约丈余。山南面与络山遥对，络之后峰，壁立千仞，俨若翠屏，寺前观之如画。"雍正《莒州志》所提及的寺就是净土寺，位于碁山南麓的山谷，始建于唐太和年间，距今有1200年的历史。从现存的残留碑文来看，净土寺为唐、元两朝的皇家寺庙。据清乾隆四十九年（1784年）碑文记载，明宁阳王朱翊鏾在此出家，并任住持，法号通彻禅师。在他圆寂后，其弟子云峰继任住持，其间，净土寺的规模有所扩大，香火旺盛。清代中叶之后，净土寺突然销声匿迹，往日人来人往的情形不再，只剩下一片断壁残垣。

净土寺被毁于1946年，现在只剩下几个大殿的遗址以及残存石碑9通。石碑包括元皇庆二年碑1通、明嘉靖十四年碑2通、清代碑4通、民国时期碑2通。各碑保存基本完好，特别是明碑，保存完整，字迹清晰。在残存的庙基前，两株千年银杏古树，一雌一雄，树干三围，枝繁叶茂，生机盎然，据传为唐太和年间建寺时所栽种，距今已有1200年。

[①]《水经注》卷26。

六　洛山

洛山，又名绛山，主峰在莒城以北16.5公里处，是原莒州的主要山脉。海拔281米，面积2平方公里，与北20公里的碁山遥相呼应。绛山北峰正对碁山的南面，站在碁山净土寺前望向绛山，"壁立千仞，俨若翠屏"[1]，风光秀美如画。《重修莒志·舆地志》载："绛山在城西北四十五里，吕清河发源于此。南北约十五六里，大小九十九峰，络绎不绝，故名绛。北峰下绛河，亦因山得名。北峰东西横列，余具斜直南下。峰势皆面东南，旧志谓为州之主山。北峰下有残碑，称葛仙翁与孝廉苗顗读书处，并言是仙翁化身处。峰下有葛公洞，今湮。南北峰上皆有古寺。"

关于起（碁）山和洛（绛）山名称的由来还有一个有趣的传说。相传从前碁山上有个和尚得了一棵宝参，让徒弟煮来吃，煮时香气四溢，徒弟按捺不住偷吃掉了，师傅只得将剩下的参汤喝光。徒弟吃了宝参，便驾云向南面逃跑了，气急败坏的师傅也驾云南追，但因只喝了参汤，法力不足，追了20公里之后，不得不落于脚下的一座山上，因此，他们起飞的地方叫起山，师傅落下的地方叫落山。

洛山多马尾松、刺槐，莒州八景之一的"洛山樵牧"，即指此处。洛山上有洛山寺，位于洛山北峰，现在洛山寺南坡只剩残碑，上刻"绛山佛爷殿碑"，碑上字迹大多已无法辨识。《重修莒志》载："绛山寺，在绛山上，有三教堂。"明嘉靖《青州府志》云："三教院，在州西北四十里绛山巅。"相传此寺建于明朝，后毁于台风，清乾隆年间于北山之阳重建，时称"下寺"。下寺于1950年前后被毁。

七　玉皇山

玉皇山位于莒城西北12公里，阎庄镇政府西北4公里处，海拔250.6米，面积2.5平方公里，山顶有平地约2500平方米，属洛山八峰之一。玉皇山顶有玉皇殿，又称"玄都观"，为唐代建筑，山以殿名，唐以前玉皇山没有单独的名称。

据《阎庄镇志》记：玉皇庙在玉皇山上，相传唐代初建，残碑有

---

[1] （清）雍正《莒州志》。

"唐太宗东征"字样，明清相继重修。清咸丰年间为避捻军，曾筑围墙。1949年后被毁，仅剩土垣断壁……老母殿建于元末，在裴泉之西北坡上。20世纪50年代尚存山门一间，正殿三间，东厢殿三间，南屋（厨房）二间，墙院齐全。三间大殿内塑泰山老母神像，称"泰山行宫"，后被毁坏。

山下原林业中学院内，有一座玉皇庙。"该庙为清代所建，坐北朝南，正殿三间，殿阔9.3米，深5.6米，高6.2米，砖木结构，灰瓦硬山顶，圆木檐柱，前出廊。"[1] 正中神龛原供奉玉皇大帝，现神像已无，今人在殿内塑有老母像，正殿西侧三间观音殿，东南侧有王令官殿。玉皇庙保存较好，成为莒县现存数量不多的历史建筑之一，1989年成为"莒县重点文物保护单位"。

除却这座清代的庙宇，原林业中学院内还有一眼泉，曰"裴泉"，相传原为明代御史裴氏花园园中之物，后因裴氏私开银矿，违犯法律，被满门抄斩，所有的富贵繁华都烟消云散，现在只剩下这眼泉水，四季水流不断，久旱不枯。

裴泉中有一种鱼，形似鲶鳝，身长尺许，两鳃长有一对鳍，像极了两只耳朵，非常奇特。据专家考证，这是一种食肉的古生鱼，学名"鳗鲡"，属鳗鱼科。因其罕见，当地人都叫它"龙"或"龙子"，也有人叫它"龙鱼"，为莒地一大盛景。每逢节假日，外地游客纷纷慕名而来，把肉或虫子撂进水里，龙鱼就从石洞里游出来吃食，十分有趣。

八 老营顶

老营顶，相传因蟒栖王曾设营于此山防守而得名，又称"严家崮"。老营顶位于莒城东南20公里，海拔531米，面积5平方公里，属长城岭脉。雍正《莒州志》载："严家崮，南四十里。峻极险绝，板跻无路，曲膝而上，止一线可通，莒山险阻第一。"老营顶有两个山峰，东面为"望海"，晴天登峰可以看到大海；西面为"虎崖"，因崖下巨石形似猛虎而得名。西坡有泉，溢水成溪，是小店河的发源地。相传南宋嘉定年间，李全红袄军中军大帐驻扎此处，现在山顶仍残存当时的城墙。

---

[1] 政协莒县委员会编：《莒地名胜》，中国文史出版社2016年版，第239页。

老营顶西面有一处悬崖，高数十丈，名为"皇姑岩"，崖顶有一块巨石，名为"皇姑墩"。相传明代崇祯皇帝的小妹妹曾流落于此，在巨石上眺望北方，怀念亲人。老营顶主峰背阴处，海拔500米，有泉常年溢出，寒冬之时，泉水在岩石头上结一层冰花，远远望去雪白一片，故名"白岩泉"。

九　公婆山

公婆山位于莒城西南10公里，海拔110米，面积0.5平方公里，在浮来山南，属于雪山山脉。相传公婆山所在村庄名为太平村，到了明朝才改为现在的名称。明朝洪武年间，太平镇有一户姓郭的人家，生有一儿一女，男孩取名郭永，成人后娶妻成家，妇贤子孝，一家人和和睦睦。后来郭永被征兵死在战场上，媳妇郭田氏为了孝敬公婆，发誓不再改嫁，小姑子亦发誓不嫁，与嫂子同甘共苦，侍奉父母。郭永的父母可怜儿媳、女儿，不愿意成为她们的累赘，就上吊自杀了，没想到儿媳和女儿也随即自杀。当地人把他们四人安葬在西面的山下，在山上的碧霞元君祠中为他们四人塑像，按时祭祀，为了纪念他们，将村名改为现在的名称。

十　峤山

峤山位于莒城东北13公里，海拔258米，面积1.5平方公里，属长城岭脉。东坡是峤山水库，建于1958年。峤山之上有数十道深沟大涧，涧壁几乎从山顶垂直而下，十分陡峭，似被鞭打而成。雍正《莒州志》载："峤山，东二十里。南近屋楼，而高半之。东坡有古庙，一洞一泉，颇有幽致。遍山大涧数十道，深一、二丈不等，相传秦皇驱石做桥观海，神人鞭石之痕，故俗呼作峤山。"

峤山东麓的峭壁下有天然洞穴，曰"吕洞宾洞"，宽约3米，高4米余，天然形成，有三洞窟组成，正中一洞稍阔，左侧洞深不见底，相传吕洞宾曾在此修行。雍正《莒州志》所谓"一洞"便是此洞，又称"峤山洞"。洞之左侧原有一寺庙，据考证为宋或者宋前所建，属道教，可惜寺庙已毁，只有庙基犹存。

十一　蟠龙山

蟠龙山位于莒县小店镇，因山的东部貌似龙头而得名，海拔 271 米。山上曾有关帝庙，现颓圮。山南阳坡有数十株古侧柏，有二百余年的历史，据传是当年寺庙中道人所植。

蟠龙山烈士陵园始建于 1944 年 9 月，除却原有的烈士纪念堂，还有新建的革命烈士纪念碑、革命烈士纪念馆以及王尽美、曹吉亭、王玉璞、李光义等烈士的纪念碑或纪念塔。现为省级爱国主义教育基地。

十二　雪山

雪山，又名"大仙山"。位于莒城西北 25 公里，海拔 371 米，面积 2.3 平方公里。雪山山脉是莒县除却长城岭山脉的第二大山脉，主要分布在沭水以西。《重修莒志》载："沭水之西，自西北及西南，皆雪山山脉。"雪山是莒县前果庄镇与沂水县交界处，山的西侧就是沂水县城。雪山风光秀丽、奇石众多，素有"雪山七十二美景"之说。雍正《莒州志》载："在州西北七十里。介在沂、沭，为西县主山。孤峰献秀，涧水声㳔，乔松阴森，怪石嶙峋。四月浴佛日，游人络绎不绝，亦一胜概也。"

雪山以南有炕子山，因其山巅有一天然石炕而得名。据孙再生先生散文《城阳锦绣话神奇》所描绘：炕子山上的炕石占地数百坪，虽为一块，却天然分为热区和凉区，凉热两区中间有一天然石壁相隔，又称为"热炕"和"凉炕"。人坐在凉炕上，虽炎炎夏日，仍觉凉风习习，身不流汗；坐在热炕上，虽数九隆冬，仍和暖熙熙，雪不久积。登此炕者，莫不啧啧称奇。可惜，"凉炕""热炕"以及同属于雪山七十二景的"压剑石""石棚""石人"等早已不在，今人只能凭借这些景点的位置来遥想当时的情形。

雪山山顶称"婴宁颠"，旁有怪石如老妇状，俗称"嬷嬷石"，相传为婴宁养母所化。《聊斋志异》中所记载的婴宁的故事就流传在雪山。蒲松龄游览雪山之时，将所听到的婴宁的故事收录到他的著作之中，并加以润色，这才成为了我们现在所看到的《婴宁》。

十三　檀特山

檀特山，又名"檀头山"，位于莒县西北24公里，雪山西南，海拔428.1米，面积2平方公里。西坡属沂水县，是雪山山脉的一个峰峦。《清一统志·沂州府一》载："檀特山，在莒州西北四十五里。《齐乘》谓之檀头山。旧志：洛水、黄华水皆发源于此。""洛水，在莒州西北四十里，出檀特山阴。《齐乘》：洛水出檀头山，流入于沭。"《重修莒志》："檀特山，在州西北六十里，《齐乘》谓之檀头山，即洛水、黄花水发源地。"因檀特山海拔高于雪山其他山脉，当地人也称之为"大山"。

历史上，檀特山的名气较大。莒城西郊大湖村人周兴南在《游檀特山记》一文中说"檀特山，莒名胜也"[1]。至于檀特山的得名原因及时间，应与佛教传说有关。依据佛陀本生故事，此山即须大拏太子修苦行之山。佛陀在前世为须大拏太子时，修菩萨行，将身边一切物悉皆施舍，并将妻和两个孩子施与婆罗门徒，乃达完全施舍行之境地。檀特山路口立有石碑，其碑文或许可以解释此山名称的来历："檀特者，特设祭坛之意也。每年六月六日上寺在雪山顶设坛，谓之'南坛'，九月九日下寺在刘家山顶设坛，谓之'北坛'。南坛祈求风调雨顺，五谷丰登，北坛歌颂太平盛世，丰收美景。后长贤之士，共同倡导二寺合设'檀特'，于年三月三日在雪山顶共同祈求连年丰收，国泰民安，古雪山又有檀特山之谓也。"[2]由此可知，檀特山应是佛教徒祭祀之圣地。

檀特山西麓，有善寂寺遗址，始建于北魏永熙（532—534年）年间，距今约有1480年的历史。善寂寺与浮来山之定林寺东西辉映，并为六朝之名刹。檀特山东北部山顶有老母殿、观音殿，至今香火不绝。

十四　梁甫山

梁甫山位于莒城东15公里，峤山镇与龙山镇交界处，面积3平方公里，属长城岭脉。其主峰"龙升顶"海拔569.5米，是莒东第二高峰。

---

[1]《民国重修莒志》卷54，《中国地方志集成·山东府县志辑》第62册，凤凰出版社2004年版，第484页上栏。

[2] 政协莒县委员会编：《莒地名胜》，中国文史出版社2016年版，第288页。

雍正《莒州志》载："梁父山，东三十五里，与屋楼山连麓并峙。"相传春秋时期齐莒两国交战，战死于莒地的齐国战士多葬此山，故名"梁甫山"。梁甫山风光秀美，主要景点有仙人洞、老牛窝、奇石等。

梁甫山东北角有块大石头，相传为当年姜太公钓鱼之处。山下曾有古庙慈堂院，建于南北朝时期，是佛教曹洞禅宗住锡寺院。

十五　北仙姑山

北仙姑山，雍正《莒州志》名"灵山"，位于莒城东北22公里处，海拔327.8米，面积4平方公里，属长城岭脉。相传山上尼姑庵中的尼姑为人治病，药到病除，人称"仙姑"，故而得名。雍正《莒州志》载："灵山，东北五十里。上有灵姑庵，日久倾圮，遗址犹存。北里许石崖上有梅一支，相传灵姑所画。阴则花径出现，日霁则隐，事亦灵异。后崇祯年间，一夕风雷大作，而崖遂隤，其梅即失去矣。正东为宝珠山，又东为幞头山，为两山，两山与幞头山仅隔一径，争峙竞秀，蜂腰一线，而形势迥别。"

十六　观山

观山，位于莒城东北20公里处，今有观山、院山，《重修莒志》只有观山，二山实为一山二峰。观山在北，海拔461米；院山在南，海拔540.9米。雍正《莒州志》载："观山，东五十里。岚峰陡立，巅绝处，名霞客顶。山前有庵，名正觉禅院，唐时所建，遗牌（碑）尚存，金大定四年奉敕重修，其文残阙。南北对峙者，凤凰垛（即凤凰山），叠起数峰，形势峻绝，中有石桥。迤南即桥子崖（即桥子山），延袤二十里，即可乐垛，东、西壁立万仞，亦山之岩岩者。"

观山上有霞客院，据说徐霞客游历天下之时曾到过此山，后人为纪念他而修建庙宇，称为"霞客院"，内供奉徐霞客的塑像。每逢农历初一、十五，便有人到山上拜祭。

十七　南金华山

南金华山位于莒城北21公里，海拔207.9米，面积2平方公里，呈南北走向，属雪山山脉。因山上有花呈金黄色而得名金花山，后为金华山。《重修莒志》曰："金华山在络山东北八里。孤峰特起，招提位于其上，其年已久。旁有严公作霖生祠。光绪中州人创修。"山上的招提寺始建于宋朝末年。据庙中遗碑记载，清雍正年间，道人段发恩化缘集资，重修此庙。正殿三间为老母殿；左边为招提道人殿；西厢三间为仙人祠，供奉仙姑塑像。此庙毁于1947年。

十八　横山

横山位于莒城南20公里处，小店镇东南4公里，海拔306.4米，面积5平方公里，属长城岭脉。此山东西横卧，故名"横山"。1939年至1945年抗日战争时期，横山是莒县抗日游击活动中心地带，山下上涧村是抗日民主政府的驻地。罗荣桓、萧华、黎玉、铁瑛、李振等领导人都曾在此战斗过。1938年8月，中共莒县县委就诞生在横山根据地内的岳家沟村西。1941年，日军发动了沂蒙山大扫荡，大众日报社印刷所被迫转移至横山根据地山坳中的张家草场，保证了《大众日报》在最艰难的岁月仍坚持出版发行。横山根据地还是当时重要的军工生产场地，这一地区仍保留有莒中兵工厂旧址和华东第五兵工厂所在地遗址。

第二节　星罗棋布的河流

莒地河流蜿蜒曲折，遍布整个地区。《重修莒志》曰："水之名者一百数，水以沭水为大，亦自西而东而南。绕县治而复西南，占本境之西一半。"沭河贯穿莒地南北，与潍河同为莒县两大水系。这两大水系及其支流，形成优良的灌溉网络，为莒县的农业生产提供了保障。除却沭河、潍河，莒县境内的主要河流尚有沭河支流绣珍河、茅埠河、袁公河、洛河等26条河流。这里重点介绍其中4条河流。

一　沭河

古称"沭水""术水"。《汉书·地理志》："术水南至下邳入泗。"唐颜师古注曰："术水即沭水也。"早在春秋时期就有关于沭水的记载。《逸周书·职方解》载："正东曰青州，其山镇曰沂山，其泽薮曰望诸，其川淮泗，其浸沂沭"。这里的"沂""沭"便是沂水和沭河。《汉书·地理志》也有"正东曰青州：其山曰沂，薮曰孟诸，川曰淮、泗，寖曰沂、沭"的记载，"寖"同"浸"，浸渍，灌溉之意。可见，在春秋时期，沭河和沂河已经是重要的农业灌溉水来源，这也证明了此一时期，这两条河流经地区的农业生产已经相当发达。

沭河源出沂山南麓，与沂河平行纵贯鲁南地区，向南流经沂水、莒县、莒南、临沂、临沭入江苏省境，全长300公里，是山东南部较大的河流。沭河支流繁多，河道如蛛丝盘结。由于河道复杂多支流，泄洪量不大，每到汛期就会洪水泛滥。中华人民共和国成立之后，通过治理，现在的沭河分为新、老沭河两个分支。老沭河沿故道，由山东临沂市大官庄往南，流经江苏省新沂市，至沭阳县口头汇入新沂河入海；新沭河沿大官庄向东，入江苏省石梁河水库，循东海县、赣榆县的大沙河故道至连云港市的临洪口入海州湾。

沭河自沂水县流入莒县天宝乡北陈庄西，受泰沂山脉、长城岭脉和雪山山脉的影响，蜿蜒曲折，向南流经碁山、安庄、招贤、洛河、墩头、阎庄、店子、城阳、陵阳、长岭、刘家官庄、小店等乡镇，自夏庄镇东南出境流入莒南县。境内全长76.5公里，流域面积1718.2平方公里，占全县总面积的88%，是莒县最为重要的灌溉河流。

二　潍河

潍河，古称"潍水"，在山东东部，是山东省最长、流域面积最广的河流。《汉书·地理志》中"潍水"又作"淮水""维水"或"惟水"。顾炎武《日知录》曰："潍水出琅邪郡箕屋山。《书·禹贡》'潍淄其道'，《左传·襄公十八年》：'晋师东侵及潍'是也。其字或省'水'作'维'，或省'糸'作'淮'，又或从'心'作'惟'，总是一字。《汉书·地理志》琅邪郡'朱虚'下、'箕'下作'维'，'灵门'下、'横'下、'折泉'下作'淮'，上文引《禹贡》：'惟甾其道'又作'惟'，一卷之中，异文三见。《通鉴·梁武帝纪》：'魏李叔仁击邢杲于惟水。'古人之文，或省或借。其旁并从'鸟隹'之'隹'则一尔。"可见，《汉书·地理志》所载"潍水"在朱虚县、箕县项下称"维水"，在灵门县、横县、折（析）泉县项下称"淮水"。在《禹贡》又写作"惟"河，其所指的都是潍河。① 时至今日，潍河上游沿岸百姓仍称潍河为"淮河"，诸城强奔水库岸边有南、北淮河村，潍河因而有上淮下潍之称。

潍河有着悠久的历史。《尚书·禹贡》就有"海岱惟青州。嵎夷既略，潍、淄其道"的记载，《说文解字·水部》也记载"《夏书》曰：'潍、淄其道'"，可见，先秦文献之中关于潍河的记载可以追溯到夏朝时期。作为山东省流域面积最广的河流，潍河流经临沂、日照、潍坊3市10个县（市、区），总长246公里，流域面积6493.2平方公里，至昌邑市渔尔堡流入渤海，是潍坊地区的主要河流。潍河在莒县境内长18公里，流域面积162平方公里，流经东莞镇后石崮至库山乡库山村前与其南源石河水汇合后，东南流入五莲县境。

潍河流域是东夷文化最为发达的地区之一。在这片土地上，曾经发现了距今七千年的新石器时代的石磨盘，代表了新石器时代较高的文明程度。历史上著名的"潍水之战"就发生在潍河之上。公元前204年，韩信在今天潍坊安丘的潍河一举击溃了齐楚联军。此役之后，楚汉战争发生了根本性的转折，为汉王朝夺取江山打下了基础，在当地留下了脍炙人口的传说。

三　茅埠河

茅埠河，沭河支流，又称"华水""魏征川"，发源于莒县北部碁山镇金华山，流经狮子门口、魏征川、珠山、夜珠泽等村庄，在招贤镇大河东村汇入沭河。《重修莒志》曰："华水出金华山东麓，南流至魏征川庄南……经茅埠集，于河东村北入沭。"因流经毛埠村，因以为名，流传至今。相传隋朝末年，魏征跟随唐王起事，对抗隋朝，曾经在此河边招兵买马，训练兵士，因此，才有了魏征川村。茅埠河从魏征川村东流过，与其支流魏征河在此汇合，向南流去。茅埠河长125.5公里，流域面积78.2平方公里，是一条中小型的河流。

四　袁公河

袁公河，沭河支流，发源于五莲县青山顶南打鱼场村东，自东部桑园

---

① 林绍志：《潍河名称由来及其含义》，《春秋论坛》2018年第5期。

镇东庄村入莒县境内,汇入小仕阳水库,长62公里,流域面积338平方公里。袁公河在莒境内长14公里,流域面积88平方公里,经招贤镇北大仕阳、峤山镇,汇道沟河水西南流入大石头河,至店子集镇徐家城子村西入沭河。

袁公河历史悠久,《水经注·沭水》曰:"袁公水东出清山,遵坤维而注沭。"《重修莒志》云:"袁公水在县东北二十里,源出青山。西过影鸡山,至天井汪。转过城崖,绕仕阳而南,经招贤集东,再下为徐家溇,土沟水入焉。又再下岔河水入焉,合流于沭。"关于袁公河名称的来历,历史文献未有记载。《莒地名胜》认为,南北朝之前,只有地位极高的人才能称"公",此公还必须与莒地有关联,遍览北魏之前的历史,只有一人符合这个条件,那就是东汉末年的袁绍。汉献帝曾经封袁绍为太尉兼大将军,位列"三公",因此史书亦称袁绍为"袁公"。此外,三国时期,袁绍的势力范围为青、幽、冀、并四州,大致相当于今天的山东、山西、河北、北京、天津等地区。莒县地处青州最南部,与徐州相接,而徐州刺史刘表与袁绍实力悬殊,处于两州之间的莒地在当时应该属于袁绍的势力范围。官渡之战后两年,袁绍病死,《献帝春秋》载:绍为人政宽,百姓德之。河北士女莫不伤怨,市巷挥泪,如或丧亲。可见,袁绍对待百姓宽厚仁爱,百姓都爱戴他,他死之后将当地的河流取名"袁公水"以纪念之,也合于情理了。[①]

第三节 丰富的物产

莒县历史悠久,地形多样,物产丰富,不仅有着种类繁多的动、植物资源,现已探明的矿产资源也有30多种,主要的金属矿藏有金、银、铜、铁、锰等,非金属类矿藏有水晶、石英石、重晶石等,能源矿主要是煤和地热。

一 矿产资源

莒县地处鲁东隆起地块和鲁西隆起的交会处,规模巨大的沂沭断裂带

[①] 政协莒县委员会编:《莒地名胜》,中国文史出版社2016年版,第380页。

从这里通过，矿产资源丰富。现已探明的矿产资源有35种，分为金属矿藏、非金属矿藏和地下能源矿。金属类有金、银、铜、铁、锰、铅、锌等，特别是钛铁矿资源丰富，初步探明储量达1.05亿吨，是目前山东省发现的最大钛铁矿。非金属类有重晶石、沸石、水晶、石英石、钾长石、萤石等，种类多，分布广，均有一定开采价值。尤以石灰岩、花岗岩、沙岩等储量丰富。莒县西部有一条储量丰富的石灰岩带，南起刘家官庄镇的珍珠山、公婆山，经浮来山至阎庄镇山沟，洛河镇的洛山、碁山、库山至东莞镇北的九鼎莲花山，长70公里，宽1~7公里不等，估计总储存量有24亿立方米。这里的石灰岩层厚、质纯、化学成分稳定，是长江以北品质最好、储量最丰富的石灰岩产区，具有极高的工业开采、加工价值。中部有一条长50公里的页岩黏土带，适宜发展砖瓦生产。东部一条25公里长的花岗石带，储量为68亿立方米，质地坚硬，品质优良，其光泽、密度、耐酸碱度均达到优质标准，是用于建筑外墙装饰、室内装潢、城镇石雕及园林建设艺术的优质材料。地下能源矿主要有煤和发热。

二 常见的动、植物资源

莒地野生和饲养的动物资源主要有猪、牛、羊、兔、鸡等，软体动物如田螺、蜗牛、蚌等9种，节肢动物如水蚤、虾、蟹、蝎、蝉等5纲14目177种，环节动物如蚯蚓、金线蛭等2纲2目7种，脊索动物门中的亚门脊椎动物如鲤、鲫、蟾蜍、蛙、壁虎、小游蛇、雉、刺猬、野兔、猫等5纲28目81种。植物资源大体分种子植物、单子叶植物、裸子植物三大门类。常见植物主要有小麦、水稻、玉米、地瓜、花生、苹果、梨、桃、银杏、板栗、杨树、刺槐和各种蔬菜等。

三 莒地特产

黄芩 黄芩味苦、性寒，有清热燥湿、泻火解毒、止血、安胎等功效。主治温热病、上呼吸道感染、肺热咳嗽、湿热黄疸、肺炎、痢疾、咳血、目赤、胎动不安、高血压、痈肿疔疮等症。黄芩的临床抗菌性比黄连好，而且不产生抗药性。莒县的库山乡、东莞镇、碁山镇、桑园镇、洛河镇、峤山镇、夏庄镇、寨里河镇、刘家官庄镇、龙山镇、长岭镇、陵阳街道、招贤镇、城阳街道、店子集街道等15个乡镇（街道）由于特殊的地理位置，均有优质黄芩出产。

丹参 又名赤参，紫丹参，红根等。为双子叶植物唇形科，有活血调经、祛瘀止痛、凉血消痈、清心除烦、养血安神之功效。莒县的库山乡、东莞镇、碁山镇、桑园镇、洛河镇、峤山镇、夏庄镇、寨里河镇、刘家官庄镇、龙山镇、长岭镇、陵阳街道、招贤镇、城阳街道、店子集街道等15个乡镇（街道）由于特殊的地理位置，是丹参的主要产地之一。

大姜 莒县大姜色金黄，皮薄块大，肉皮鲜嫩，粗纤维较少，辛辣适中，姜味浓郁，深受喜爱。莒县大姜种植历史悠久，县志记载"莒地产芌"的说法，说明莒县适宜种植生姜、薯蓣类的作物。莒县大姜主要分布在峤山、桑园、龙山、店子集、洛河、寨里河、碁山等山丘乡镇，常年种植面积5万亩，总产量15万吨。

绿芦笋 又名"石刁柏"，是世界十大名菜之一，在国际市场上享有"蔬菜之王"的美称。芦笋富含多种氨基酸、蛋白质和维生素，其含量均高于一般水果和蔬菜，具有防癌、防病、抗衰老功效。莒县绿芦笋常年种植面积3万亩，主要分布在小店、陵阳、洛河、峤山等乡镇。现在莒县已成为山东乃至全国重要的绿芦笋生产、加工、出口基地，速冻绿芦笋加工出口量占山东省总量的60%以上。

南涧小米 主要产区在莒县峤山镇。该镇地貌类型多样，东部丘陵，西部平原，土壤呈弱酸性，富含有机质、矿物质元素，极适宜小米生长。其所产南涧小米粒小饱满、色泽鲜黄、气味清香、绵软滑爽，素有"满园米相似，唯我香不同"的美誉。

招贤桂花 产于莒县招贤镇。桂花是中国传统十大名花之一，是集绿化、美化、香化于一体的观赏与实用兼备的优良园林树种。桂花清可绝尘，浓能远溢，堪称一绝。尤其是仲秋时节，丛桂怒放，夜静轮圆之际，把酒赏桂，陈香扑鼻，令人神清气爽。

浮来青 浮来青茶生长期长，既具"叶芽肥厚、栗香高、耐冲泡"等北方绿茶风味，又具"绿、香、醇、净"的独特特征。浮来青茶较多地保留了鲜叶的天然物质，其中茶多酚、咖啡碱保留达鲜叶的85%以上，叶绿素保留50%左右，维生素损失也较少，从而形成了绿茶"清汤绿叶，滋味收敛性强"的特点。山东浮来青茶厂位于莒县夏庄镇，前身为临沂地区茶叶研究试验站，始建于1978年6月，是长江以北唯一的茶叶研究机构。

银杏果 莒地由于特殊的地理环境和气候，银杏古树很多，其中浮来山银杏古树有四千多年的历史，其所产银杏果不仅为当地人所喜爱，亦成为莒地特产，畅销全国。

浮来山石砚 浮来山石产于浮来山南麓砚疃一带，另有洛山温砚、寨里龙尾砚等，统称浮来砚。其特点是：砚石理细而质润，手试如膏，似有油液渗透，与墨相亲，发墨如泛油，墨色相凝如漆。颜色有绀青、褐黄、沉绿等，石内布柑黄色大冰纹，构成天然而有规律的图案。浮来山石产量极少，是鲁砚中数量十分稀少的一个品种。

第 六 章

考古文化资源[*]

莒地历史悠久，源远流长，人文荟萃。据张学海先生《论莒地古文化古城古国》一文考证，"莒文化具有几十万年的文化根系，上万年的文明起步，五千余年的文明史"[①]。莒文化发展序列基本未曾间断，且"莒"名无改，这在全国实属罕见。[②]

莒文化同莱文化一样，是海岱区土著东夷文化的主要代表，是可以与齐、鲁文化相提并论的多元海岱古文化的重要组成部分，具有丰富的考古文化遗存。众多的古文化遗址、古城址、古墓葬是莒文化的象征，古莒地上地下文物浩如烟海，遗珍层出不穷，源源不断地充实馆藏。其中，仅莒县博物馆的各时期的石玉器、陶瓷器、青铜器、金银器、汉画像石、货币、钱范、玺印、书画等重要藏品多达12000件，其中三级文物200余件，不少属国家级精品，特别是陵阳河、大朱家村、杭头等遗址出土的刻有图像文化的灰陶尊、牛角形陶号、鸟形双鋬白陶鬶、筲状鬶等珍贵文物，均属中国新石器考古的重大发现，蜚声中外，均被收录在《中国文物精华大辞典》。莒地文物的丰富多彩，充分展示了莒之先民的聪明才智及其创造的人类早期文明。[③]

---

[*] 该章内容主要参考苏兆庆编著《莒县文物志》，齐鲁书社1993年版。
[①] 张学海：《试论莒地古文化古城古国》，《中国古都研究（第十六辑）——中国古都学会第十六届年会暨莒文化研讨会论文集》，1999年。
[②] 政协莒县委员会编：《莒地简史》，中国文史出版社2016年版，第2页。
[③] 政协莒县委员会编：《莒地考古》，中国文史出版社2016年版，第6页。

第一节　古文化遗址

20世纪80年代，考古专家在莒县东莞镇横山发掘出土了梅氏犀牛、河狸、熊、鹿、狗、鸡等动物化石，距今约五六十万年，和北京猿人时期的动物化石年代相一致；在杨家官庄、大官庄、中泉、坡子等村，先后发现了距今约一万年的细石器点4处；以城为中心，在沭河、陵阳河、鹤河、袁公河两岸共发现新石器时代遗址112处，其中大汶口文化遗址40处，龙山文化遗址62处，岳石文化遗址10处。这些都证明了5000年前，莒地早已是人类聚居、农业和手工业生产发达的地区。陵阳河、大朱家村、杭头等大汶口文化遗址出土了数量众多的大口尊等大型器皿。其中一件高领罐高71厘米，口径17厘米，可盛粮85斤。这些大型储粮罐和成套酿酒器的发现，标志着当时农业生产水平和畜牧业、手工业已相当发达。这些古文化遗址储存的文化信息，是阐述莒文化的最好例证。以下简要介绍几处重要文化遗址。

一　大汶口文化遗址之陵阳河遗址

陵阳河遗址位于莒城东南10公里的陵阳乡大寺村西侧、陵阳河南岸，南至厉家庄村北，西到集西头村。陵阳河自东而西穿过遗址北部注入沭河。遗址东西约1000米，南北约500米，总面积约50万平方米。

1962年夏天，陵阳河遗址出土石器、陶器，经专家确认为大汶口文化中晚期遗存，距今4800年左右。1963年秋，首次进行试掘，清理墓葬10座，出土文物150余件。1977年春，再次清理墓葬6座，出土了重要文物120余件。

自1979年4月3日开始，考古专家对以陵阳河遗址为中心的大朱家村、小朱家村等遗址联合进行大规模发掘，清理墓葬45座，随葬品2800余件。其中有大口尊、漏缸、瓮、高领罐、盆、鼎、豆、盉、壶、单耳杯、薄胎高柄杯等。在这些器物中，红陶所占比例下降，而黑陶所占比例明显增加，多数墓中都随葬了数量不同的猪下颌骨，同时，还有龙山文化的墓葬和岳石文化、周代文化遗存，其中的成套酿酒工具等几项重大发现，在我国原始社会考古发掘中尚属首见。

大口尊是大汶口文化时期祭祀礼器，又是实用器。夹砂灰陶，直口略侈，平沿，圆唇或方唇，深腹，有矢底和圈底两种。尤其值得注意的是大口尊腹上部均刻有图象文字。这些图像文字包含七种类型13个单字，经学者考证后认为，其可谓是迄今为止所见中国最早的文字，是汉字的祖型、源头。①

墓六（M6）和墓十七（M17）各出土了一套酿酒器。酿酒器由滤酒漏缸、瓮、尊和盆组成。同时出土的还有大量高柄杯、盉、鬹形壶等酒具。这从侧面反映出我国用谷物酿酒的历史早在5000年前就已经开始了。

在墓十九（M19）中出土了一件保存完好、制作精美的夹砂褐陶牛角形号，是目前大汶口文化考古中首次也是唯一一个军事类陶号发现。它不仅告诉我们墓主人是军事首领身份，更重要的是对研究原始社会末期氏族组织结构及其变化，具有其他任何器物所不曾有也不能代替的意义和价值。

陵阳河墓葬群规模不一，大墓均有原木组成的葬具，随葬品多寡不一，品质优劣有别，贫富分化明显。大中型墓集中在遗址北部，靠近河床处；小型墓在遗址中部或偏南处。墓六长4.5米，宽3.8米，有木椁，随葬品多达206件，而且器形大，质量可为同时期墓葬之冠。个别小墓长仅2米，宽0.8米，随葬品只有7件，且陶质粗劣。

陵阳河遗址还有多件玉砭石出土。其中最大者长6厘米，宽1厘米，呈黄绿色。玉质晶莹透亮，长方体。前尖锋利，中为方棱体，后部一圆铤。《内经》云："东方之域，天地所始生也，鱼盐之地，海滨傍水，其民食鱼而嗜咸，皆安其处，鱼者使热中，盐者胜血，故其民皆黑色疏理，其病皆痈疡，其治宜砭石，故砭石者，亦从东方来。"砭石的出土与《内经》记载互相印证，可知莒人早在5000年前就已开始用针灸治病。②

陵阳河遗址的发掘及其重大发现，对研究我国文字的起源、酿酒技术的发明与发展、针灸医术的发展与应用、军事集权首领的出现具有重大意义，为进一步探寻我国私有制的产生、文明的起源、氏族社会向国家转变都提供了珍贵的实物资料。陵阳河遗址1992年被公布为省级重点文物保

---

① 苏兆庆：《莒县文物志》，齐鲁书社1993年版，第240—241页。
② 政协莒县委员会编：《莒地考古》，中国文史出版社2016年版，第913页。

护单位。

二 大汶口文化遗址之大朱家村遗址

大朱家村遗址位于莒城东 8 公里店子乡大朱家村西侧，朱家村前河北岸。遗址东西约 300 米，南北约 200 米，总面积为 6 万平方米。该遗址 1963 年被发现。1979 年发掘大汶口文化晚期墓葬 31 座、东周墓葬 3 座、汉代瓮棺葬 1 座、时代不明墓 1 座，出土器物 700 余件。

这批墓葬没有叠压和打破关系，但随葬品数量多寡悬殊。彩陶盆、大口尊、骨柄等同出一墓，其中彩陶盆造型、图案均独特新颖，具有特殊意义。5 件刻画在大口尊上的图像文字，多数和陵阳河遗址发现的相同。

大朱家村遗址 2013 年被公布为全国重点文物保护单位。

三 大汶口文化遗址之杭头遗址

杭头遗址位于莒城东南 7.5 公里陵阳乡杭头村东 600 米处。发源于寺崮山的陵阳河大约在 1940 年以前曾流经遗址北侧，后以人工使河流改道。由于近年来的农田建设，原有堆积已被削去 1 米多，地表常见因堆积不同而暴露于外的灰坑或墓葬痕迹，并见有大汶口文化、龙山文化及商周和汉代陶片。遗址东西约 200 米，南北约 300 米，总面积约 6 万平方米。发现大汶口文化墓葬 3 座，周代墓葬 2 座，战国墓葬 1 座及部分龙山文化灰坑、汉代灰坑、灰沟、陶圈井等多种文化遗迹。

杭头遗址的文化内涵包括了大汶口文化、龙山文化、周代、战国、汉代等文化遗存。该遗址出土的大口尊及其上面所刻的图象文字弥足珍贵，是继陵阳河陶尊"图象文字"问世之后的又一重大发现。

杭头遗址 2013 年被公布为全国重点文物保护单位。

四 龙山文化遗址之段家河遗址

段家河遗址位于莒城东 25 公里，龙山镇段家河村西北 20 米处。遗址为平原高台地，东西约 1000 米，南北约 800 米，总面积约为 80 万平方米。

遗址于 1979 年被发现，地表上暴露文物较多。采集标本有：夹砂灰褐陶鬼脸鼎足、夹砂红褐陶鸡冠纽鼎足、夹砂黑陶罐口沿、残鬶足、残刮削器、夹砂黑陶器物盖等。该遗址面积大，遗存极为丰富，是典型的龙山文化遗址。

段家河遗址2013年被公布为省级重点文物保护单位。

五　岳石文化遗址之塘子遗址

塘子遗址在莒城东北3公里，城阳镇塘子村东300米处，为1988年春文物普查时发现，属平原高台地遗址，东西约300米，南北约500米，总面积为15万平方米。

从一条南北沟的东壁断面上发现一组器物，当是一残墓局部。豆6件，泥质灰陶浅盘，喇叭形圈足。有一件豆柄饰三角形镂孔，盘内饰凸弦纹；簋形器1件，泥质灰陶，子母口，器身饰凸弦纹；罐1件，为夹砂灰陶，素面。

从这些器物造型和陶质、陶色分析，这种完整的器物在莒县尚属首次发现，属岳石文化类型。据考古专家讲，这应属岳石文化的一种新类型，地方特色很突出。同时还采集到龙山、周代、汉代器物和陶片。该遗址内涵丰富，延续时间较长。

塘子遗址1992年被公布为省级重点文物保护单位。

六　商代文化遗址之后横山遗址

后横山遗址位于莒城东南25公里，小店镇后横山村东，北依磨石山，南屏横山，在群山环抱之中的小平原地上，泉子沟穿过遗址的北部。遗址东西约400米，南北约300米，总面积约为12万平方米。从群众挖土时看出有多处灰坑，但暴露遗物较少。采集的标本有：残石刀、泥质灰陶豆柄、豆盘、夹砂红褐陶罐口沿、鬲足等。该遗址面积大、内涵丰富，就器物造型和纹饰分析，是商代文化遗存。

七　周代文化遗址之钱家屯遗址

钱家屯遗址位于莒国故城西北角，南屏莒故城北外垣，西傍柳清河，在钱家屯和潘家屯两村之间，于1982年文物普查时发现，东西约250米，南北约300米，总面积为7.5万平方米。

1982年清理墓葬50座，出土器物300余件。出土器物有：夹砂灰陶绳纹瘪裆鬲、陶罍、陶罐、铜剑等。同时从几个龙山文化灰坑中出土了陶甗、豆、盆等器物。该遗址内涵丰富，延续时间长，有龙山文化、西周、东周等几个时期的遗存。

2009年，钱家屯遗址被公布为市级重点文物保护单位。

第二节　莒地出土文物

莒地曾是中国古代东方文明的重要地区之一，文化遗存极为丰富。据旧志载，自唐宋以来，重要文物屡有出土，如商代鱼觚、且辛剑，周代中驹敦、宰鼎、编钟、莒侯簠、曹公子戈等。众多青铜铭文器物，虽见于著录，但因历史变迁，几经转手，最后散失；地上文物遗迹，也多毁于自然或人为。近代又倍受商贾盗发倒卖，许多文物珍品严重流失。1949年以后，为了加强对文物古迹的保护，莒县人民政府逐步建立和充实了文物管理机构，1976年建立莒县文物管理所，1983年改为莒县博物馆，积极从事文物调查、征集和整理工作。馆藏各种文物12000余件。其中陵阳河、大朱家村、杭头等遗址出土的刻有图像文字的灰陶尊、牛角形陶号、鸟形双鋬白陶鬶等珍贵文物均属国家级精品，被收录在《中国文物精华大辞典》。这些文物为研究我国古代的政治、经济、军事、文化艺术的发展状况，提供了重要实物资料。

一　石器类

玉铲　大汶口文化时期生产工具或当时权杖象征物的钺。1979年陵阳河遗址出土青玉质、黄玉质、黑玉质三件玉铲。1959年仕阳出土青玉质玉铲一件。

石铲　1988年出土于仕阳遗址。白色变质灰岩质，平面长方形，正锋，弧刃，两边之薄近似刃部，顶部有一圆孔，对钻。通体磨光。长288厘米，顶宽15.4厘米，刃宽16.6厘米，孔径1.4厘米。

三弧刃石铲　1985年采集于大朱家村遗址前河床处。浅绿色变质灰岩质，器平，近方形，较厚，平顶，三连弧刃，正锋，两边圆滑，上部有一圆孔，双面钻。长18.6厘米，宽16.6厘米。

石斧　大汶口文化时期生产工具。1975年出土于大朱家村遗址。灰色花岗岩质,形制笨重,上窄下宽,略呈舌状,断面为椭圆形,弧刃,通体磨光。长28厘米,上宽7厘米,厚6厘米。

石凿 大汶口文化时期生产工具。1983年出土于杭头遗址。灰褐色页岩质,平面呈梯形,偏锋,平刃,通体磨制,角、楞分明,长6.8厘米,宽2.8—2.3厘米,厚1.1厘米。

石镰 大汶口文化时期生产工具。1978年出土于陵阳河遗址。褐色石质,半月形,单开刃,对钻双孔,一孔残,通体磨制,长19.8厘米,最宽5.5厘米。

石纺轮 大汶口文化时期纺纱捻线的原始工具。1983年出土于大朱家村遗址。青绿色石灰岩质,圆形,中间有孔,直径4.5厘米,厚0.8厘米。

石刀 大汶口文化时期的生产工具。1966年出土于大朱家村遗址,褐色岩质,呈月牙形,偏锋,弧形边圆滑,上有两孔,通体磨制,长16.5厘米,宽4.5厘米,厚1.2厘米。

石镞 大汶口文化时期狩猎工具,亦是兵器。1977年出土于陵阳河遗址。青石质,中间有脊,边薄,尖端锐利,有柳叶形和菱形两种,长6厘米。

石琮 大汶口文化时期祭祀礼器。1983年出土于杭头遗址。灰绿色角闪岩质,方形,中间为圆孔,四边圆滑,扁平,通体磨制,边长12.6厘米,厚0.8厘米,孔径6.5厘米。

玉琮 新石器时代祭祀之礼器。黄玉质,方筒形,中间有圆孔,饰数周凹弦纹,高7.2厘米,边长7厘米,孔径7厘米。

石璧 大汶口文化时期的礼器和装饰用器。1977年出土于陵阳河遗址。白色变质灰岩,圆形,扁平,中间有孔,边圆滑,直径16.5厘米,孔径6.6厘米,厚0.8厘米。

玉砭石 针刺治病之医器。1977年出土于陵阳河大汶口文化遗址。黄绿色玉石,长方形,方棱体,尖端锐利,长6厘米,宽1厘米。

双孔石刀 龙山文化时期的生产工具。1963年采集于马髻山鹰窝顶。黄褐色岩质,呈梯形,平背,刃由两面斜磨而成,背短刃长,上有两孔,单面钻,通体磨制,长26.9里米,宽6.5厘米,厚0.9厘米。

亚腰石斧 岳石文化时期生产工具。1966年出土于浮来山乡邢家庄遗址。棕色砂岩质，呈椭圆形，两端为弧形，中间有一束腰，长 16 厘米，周粗 18 厘米。

玉璧 汉代礼器。1985 年出土于涤纶厂东南角。青质玉石，圆形中间有孔，直径 22.2 厘米，孔径 4.8 厘米。

玉兰花碗 1977 年出土于肖家河村。玉质，为青色，高 11 厘米，口径 14 厘米。整个器形状似在花繁叶茂的玉兰枝干中托出一朵盛开的大玉兰花。器口呈椭圆形，兰花瓣状，花内凸雕一束花蕊婀娜向上，透雕玉兰枝叶于外壁，状极优雅，系唐代遗物。

玛瑙花形杯 1977 年出土于肖家河村。黄褐色。体作喇叭花形状，口沿镂刻鸟和松鼠相对，形态逼真，惟妙惟肖。周围镂雕枝叶攀于杯上，高 10 厘米，系唐代遗物。

玉觥 玉石呈青色，腹为椭圆形，前有流，后有鋬，底有圈足。兽头盖，镂雕兽形钮，鋬镂孔雕兽衔环。腹饰线刻蟠螭纹。高 11.5 厘米，宽 15.5 厘米，厚 4.3 厘米。据其雕刻纹饰而断为明代器，体态极为生动，堪称上乘之品。

玛瑙瓜形洗 黄褐色，体呈椭圆，敛口，似甜瓜形，整体镂雕，瓜秧瓜叶及两个小瓜绕于瓜周，构思巧妙，镂刻精细圆润，实为雕刻之精品。据其雕刻风格判断，为明代传世品。

翡篮形洗 底质大部为白色，局部有 6 块红色。长 11.2 厘米，高 7.8 厘米。体作篮形，浅浮雕。白色全刻卷云纹，篮把上刻一红太阳，其周刻 5 只形态各异的红蝙蝠。太阳和蝙蝠组合在一器物上的造型和纹饰图案，在古代很流行，俗称"五蝠（福）朝阳"。翡篮形洗为明代雕刻。

玉雕屏风 玉质，呈红、白、黑三色，体作长方形，高 21 厘米，宽 17.5 厘米。一面镂雕，玲珑剔透，构思巧妙，右角红色表现曙光初露，左部白色意在山巅照亮，下部沟壑深涧仍在朦胧晨曦之中，山下行人栩栩如生，可为雕刻品中的佳作。此物为清代遗物。

玛瑙三足炉 黄褐色，体为鼎形，子母口，盖上狮钮，肩两侧镂雕双兽首衔活动环耳，三蹄形足。通高 11 厘米，腹周 26 厘米。据其造型风格而断为清代乾隆年间传世品。

二 陶瓷类

陶器 有大口尊、滤酒缸、彩陶盆、双錾鬶、筲状鬶、羊乳形鬶、鼎、流口罐、斝、高柄杯、豆等。其中陵阳河、大朱家村遗址出土的大口尊、高领罐、滤酒缸等体态硕大的陶器,为同时期文化中之仅见,筲状鬶和牛角形陶号等均为稀世精品。

瓷器 有黄釉罐、长颈瓶、青釉罐、龙首壶、三彩罐、瓷注、绞胎罐、瓷盘等。

三 货币、钱范

贝币 古称贝化（货）,是夏、商、周三代重要的物品交换货币。包括骨贝和石贝。骨贝,1988年于东莞镇鞠家窑村西南出土。现藏20余枚,规格不一,但都以自然海贝实物货币为模本,正面中间刻一规矩正直的竖通直沟,竖沟两侧有齿,两端有孔,一般长2.3厘米,宽1.9厘米,厚0.7厘米。石贝。1993年于东莞镇大沈刘庄出土250余枚,均属用滑石刮磨钻制切割勾划而成。其仿之于海生贝,制作工巧,形体颇为相似,其一面凸起,钻有圆孔,一面平而有沟槽,槽沿有齿,每边9到11个,长2.9厘米,宽2.1厘米。

刀币 春秋战国时期流通于齐、莒、莱、燕、赵等国的一种铜币。其形制、文字较多,有"齐刀""燕刀""莒刀""安阳刀""节墨刀"等。

两汉时期钱范 两汉时期,莒为城阳国王都,乃是铸钱地之一。现已发现"榆荚半两钱范""半两钱范""五铢钱范"几种,有石范和铁范之分,为研究汉代城阳国的经济提供了重要实物资料。

四 石刻

石刻,就是在石头上雕刻文字、图画、纹饰或将石头雕琢成物象形状的艺术作品,莒地所存古代石刻数量多、内容丰富。

石刻艺术在汉朝达到鼎盛时期。目前在莒地已发现东汉时期77石81幅画面。这些图像一类是记载死者生前事迹,显示死者生前的豪华,祈求吉祥,愿死者死后过上同人间一样的生活。如图像中大量车马、出行、饮宴、乐舞、杂技、射猎、驯兽、亲吻等,反映出死者生前的一些活动。图像中的另一类是历史故事，如节烈孝义等故事，主要是表彰古代忠臣、孝子、义士、烈女、节妇等，是要后人由景仰到效法。它具体、生动、形象地反映出当时社会面貌及意识形态。其中1985年东莞镇沈刘庄出土的亲吻图画像石，世所罕见，说明中国古代就有亲吻之礼仪。

东汉佛教传入中国后，佛教题材的石刻艺术便逐渐扎根于中国古代艺术的园林中，并呈现出特有的格调和风采。莒地也应运而动，寺庙古刹遂布于四隅，刻石造像盛兴一时。至清代，千余年间，莒地的佛事经久不衰，有"泰安山神全，不如莒州庙全"之说。可谓佛光紫烟，古刹钟声。但历代兵燹战乱，古刹塔寺日益残破凋敝，碑碣墓志等亦多毁于自然和人为。

这些遗留下来的石刻，为研究莒地历史提供了珍贵资料。如大沈刘庄汉画像石、东莞镇的阙门、城阳镇塘子村画像石、慕家庄子画像石、城子后画像石、大湖画像石、西杨家庄画像石等，还有宁泰寺石佛、玄武庵隋代石佛、十六王子造像、状元邹惟新墓石雕像、徐家城子石雕像、季总兵墓石虎以及散布莒县各地的碑碣等。

五　青铜器

青铜器是人类文明的重要标志之一。莒地大量出土的商、周和春秋战国时期青铜器，造型美观而独特，既反映了明显的时代特征，也保存了浓厚的地域色彩。这些铜器主要有礼器、车马器、兵器等，多有铭文，不少堪称上品，如铜盘、铜罍、天井汪铜列鼎、铜鬲、铜敦、铜舟、铜鉴、匏壶等及名目繁多的铜镜。

青铜方鼎为莒国铜器之精品。《左传·昭公七年》记载"晋侯有间，赐子产莒之二方鼎"，晋侯将莒国的两个方鼎作为重礼赏赐给郑国的子产，说明莒国方鼎在当时是稀世珍宝。莒地出土的裸人方鼎被史学家认为"在青铜器中绝无仅有"[①]。

莒国的铜器铸造在当时应该是比较有名的。《左传·昭公二十三年》记："莒子庚舆虐而好剑。苟铸剑，必试诸人。国人患之。"但是莒的剑戟终没有吴越闻名，倒是铜鼎常见记载，不但在当时作为赠送别国的礼

---

① 苏兆庆：《莒县文物志·序》，齐鲁书社1993年版，第5页。

品，也成为后世行文中的用典。

《左传·昭公七年》："郑子产聘于晋。晋侯有疾，韩宣子逆客，私焉，曰：'寡君寝疾，于今三月矣，并走群望，有加无瘳。今梦黄熊入于寝门，其何厉鬼也？'对曰：'以君之明，子为大政，其何厉之有？昔尧殛鲧于羽山，其神化为黄熊，以入于羽渊，实为夏郊，三代祀之。晋为盟主，其或者未之祀也乎！'韩子祀夏郊，晋侯有间，赐子产莒之二方鼎。"杜预注："方鼎，莒所贡。"子产受鼎，事在公元前535年，莒鼎贡晋的时间已不可考。事又见《国语·晋语八》："（晋平）公见子产，赐之莒鼎。"汉刘向《说苑》卷18《辨物》所记略同："公见子产赐之莒鼎。"这大概就是后世"莒鼎"的出处。宋洪咨夔《送石士志推官赴调》曰"昂然凌霄姿，莒鼎独力扛"，《天工开物》自序亦有"枣梨之花未赏，而臆度楚萍；釜鬵之范鲜经，而侈谈莒鼎"的记载。

莒墓出土铜鼎甚多。传世铜器中有一件莒太史申鼎（又称莒鼎），现藏南京大学考古与艺术博物馆。腹内壁刻有32字铭文，是研究莒国史的重要依据。该鼎高22.6厘米，口径35.3厘米，平折沿，敞口，深腹圜底，两耳已失，三蹄足下段残缺，从缺口部分可见足内中空。上腹部近口沿处饰蟠螭纹带一圈，足上端饰有兽面纹，短扉棱。腹内壁铭文："隹正月初吉辛亥，郜安之孙莒大史申作其造鼎十，用征以迮以御宾客，子孙是若。"① 著录者将该器的年代定为春秋晚期。莒鼎原耳所在的口沿处有较大残缺，根据缺口情况可判断为立耳，与天井汪村出土的圜底立耳鼎属一种类型，因此该器出于莒地无疑。由于加盖的需要，立耳器在春秋晚期已不多用，而且春秋晚期很少用较长的铭文，但其字体瘦长，笔画纤细，又明显为春秋风格。

莒太史申鼎铭最早见于吴大澂《愙斋集古录》（1896年），名"莒鼎"，拓片颇不精良，铭刻漫漶不清。吴氏所录，每于铭拓右侧注"××藏器"，或有"愙斋自藏"字样，莒鼎铭拓则未注出处，藏家不明。1888年，美国传教士福开森（John Calvin Ferguson）来华传教，在南京创办汇文书院，并重金购藏中国古物。数十年间，收藏颇为可观，且多精珍之物。1934年郭沫若作《两周金文辞大系图录》，于目录表"莒太史申鼎"

---

① 洪银兴、蒋赞初：《南京大学文物珍品图录》，科学出版社2002年版，第26页。

下注明"器形福开森氏影赠",说明该鼎已为福氏所藏。1934年福氏将所藏文物近千件捐赠给他曾任首任校长的南京金陵大学,筹建古物陈列馆。由于当时条件所限,金陵大学"无适当保存地点,特商由北平古物陈列所代为保管,并公开展览"。经过筹划,1935年7月1日在故宫文华殿"福氏古物馆"正式展出①。1935年7月30日《大公报》刊登徐中舒《福氏所藏中国古铜器》,所述铜礼器之"小鼎"当即莒鼎,"此鼎特小,其形制颇似寺伯鼎,当为春秋前期之物"。

六 古生物化石

恐龙肢骨化石 1965年于小店镇岳家沟村开山起石时发现。长35.3厘米,最宽10.5厘米,厚9厘米。1987年和1991年分别经中国科学院古脊椎动物与古人类研究所尤玉柱与侯连海先生鉴定,为恐龙肢骨,属中生代。

鱼化石 1980年,大埠堤村赵明录送交县文化馆鱼化石两块。其一鱼身长10.5厘米,宽25厘米;其二鱼身长10厘米,宽2.5厘米。

七 莒乐器

莒地是山东考古乐器最早的发现地之一。商周时期莒国乐器至今未见出土,详情不得而知。但现已出土的春秋时期莒国乐器非常多,而且是成套出土,非常珍贵。如莒南大店春秋两墓出土的乐器。

其中一号墓出土乐器10件:

镈一件。钲间篆带饰两头兽纹,两鼓面及舞顶饰蟠螭纹,均内填勾连雷纹,高38.5厘米。

钮钟9件。形式相同,大小相次,部分残破。钲间篆带饰兽形纹,两鼓面及舞顶饰蟠虺纹,均内填勾连雷纹。钮钟尺寸最高为4.1厘米,最小为2.8厘米。

二号墓出土乐器21件:

铜钮钟9件。长方形钮,螺状枚,钲间篆带与舞顶皆饰蟠虺纹,两鼓面饰蟠螭纹,内填重环纹和麻点纹。9件钟的正面钲间和两侧均铸铭文,

---

① 《大公报》1935年6月30日。

有"子子孙孙永保用之"之语。钮钟形制相同，大小相次，最大者高 5.1 厘米，最小者高 2.7 厘米。

石编磬。残存 12 枚，可复原 5 枚，石灰石。形制相同，大小相次。最大的下边长 58 厘米，最小的长 32 厘米。①

沂水刘家店子春秋莒国一号墓出土乐器 38 件。编钟 29 件。其中 19 件为甬钟。钟体扁椭，弧形口，柱形枚，依纹饰可分三组，各组形制相同，大小相次。甲组 9 件，钲间篆带饰夔纹。乙组 7 件，钲间篆带饰变异夔纹。丙组 3 件，枚细高，素面。

铃钟 9 件。形制相同，大小相次。扁椭体，弧形口，绹索状钮。通体饰蟠螭纹。栾和鼓面有铭："陈大丧史中高作铃钟，用祈眉寿无疆，子子孙孙永宝用之。"

编镈 6 件。形制相同，大小相次。扁椭体，平口，泡形枚，扁钮。钲间篆带饰夔纹。

錞于两件。形制相同。圜首，顶部有绹索状环钮，平口外撇作长椭圆形，圆肩，无盘，束腰，素面。其一通高 49 厘米，钮 4.5 厘米，下口长 26 厘米，宽 19 厘米。

钲一件。甬中有方穿，钲体短阔扁椭，弧形口。通高 28 厘米，甬长 9 厘米，铣间 19.3 厘米，鼓间 12.7 厘米，舞修 11.5 厘米，舞广 8 厘米。②

这些考古出土的莒国乐器数量多，制作精细。有的乐器如錞于，已被学术界承认其发源地是山东，然后由山东传播到其他地方。錞于源于山东的东夷族，这已为考古发掘的资料所证实。据统计，迄今所见近百件錞于，绝大部分属于战国中期以后，早于这一时期的寥寥无几。安徽宿州芦古城子出土的一件錞于，以及莒县刘家店子所出的两件錞于，是时代最早的。而从形制看，刘家店子出土的錞于较芦古城子更原始些，时代更早些。而且在山东的东夷古国中，就有一个淳于国。淳于即錞于。淳于故城在今安丘县东。淳于，本炎帝后姜姓国。之所以称"淳于"，当以最早发明乐器和以制作錞于而著称，因此名之。说明乐器錞于的最早发源地在山

---

① 吴文祺、张其海：《莒南大店春秋时期莒国殉人墓》，《考古学报》1978 年第 3 期。
② 罗勋章：《山东沂水刘家店子春秋墓发掘简报》，《文物》1984 年第 9 期。

东。这些大量的成批的乐器在莒国出土，充分反映了莒国音乐文化的发达。

第三节　古墓葬群

莒县全境有大小墓葬、墓群 181 处，主要分布在城阳、陵阳、刘家官庄、浮来、墩头、招贤、洛河、二十里堡等几个距莒城较近的乡镇，形成一个庞大的墓群。这些古代墓葬，多为西周、春秋、战国和汉代国君、公侯的墓葬，其中有见于记载和传说的有名墓，也有无从稽考的无名冢。遗存封土大小不等，有的高大如山，有的状若小丘。这些大大小小的古冢，是莒县文物的重要组成部分，是祖国宝贵的历史文化遗产。

1977 年至 1992 年，山东省人民政府将"天井汪墓群""齐家庄汉墓群""城阳王墓""刘章墓"等公布为省级重点文物保护单位。

一　莒子墓

位于莒城西 10 公里，二十里堡乡辛庄村西，墓高约 55 米，东西 155 米，南北 150 米。墓呈正方形，形若山状，为层层夯土筑成。莒国是西周的封国之一，计 30 传，此不知为第几代莒子墓。清嘉庆年间《莒州志》载："莒子墓，在州西二十里浮来山。"

莒子墓在浮来山东北，是浮来山八景之一。邑人张竹溪诗云："孤冢萧萧峙涧阿，那寻荆棘问铜驼。苔生残鼎无香火，鹤倚古松想玉柯。城阙烟凝寒翠远，旌旗影落碧云多，景王祠宇常邻近，一样销沈感逝波。" 1978 年莒子墓被列为市级重点文物保护单位。

二　于家沟殉人墓

位于莒城东南 25 公里，中楼镇于家沟村北 250 米，北距横山 600 米，南濒浔河。墓坐落在依山傍水的山坳内，1988 年冬被发现。墓圹南北长 6.5 米，东西残宽 4.2 米，深 1.5 米。墓室在墓中偏北处，是土圹木椁墓。

此墓发现殉人 2 具，在墓主椁外北端和东侧，墓坑长 1.8 米，宽 0.39 米，无殉葬品，可能是杀殉奴隶。另有殉狗坑 1 个，长 1.2 米，宽

0.69 米。其他动物骨坑 1 个，长 1.65 米，残宽 1.5 米。出土器物 21 件，其中陶器 6 件，铜鼎、盘、匏壶、舟、敦各 1 件，镞 8 件，钁 1 件，凿 1 件。匏壶颈上刻有铭文 28 字："籲大叔出孝子平乍其盥□壶用征以□□以□岁子子孙孙永保用之"。根据出土器物组合、器形特征、铭文风格及纹饰判断，其年代属春秋时期。从墓葬规模、随葬品数量和殉人情况分析，墓主是一贵族。

殉人墓的发掘，为研究莒国的历史、经济、文化和阶级关系，提供了一批重要的实物资料。

三　城阳王刘章墓

位于莒城东南 10 公里，陵阳街道接家岭最高处。封土高 60 米，东西 145 米，南北 145 米，占地约 21000 平方米。墓呈正方形，封土高大，如山突兀，当地群众称为"王坟"，夯土层明显，雄伟壮观。曾出土石磨、陶盆、陶罐等一批汉代器物。《重修莒志》载："早年，盗墓贼发现有数件瓷马……。"应为殉葬物品。

刘章，汉高祖刘邦之孙，齐王刘肥之次子。吕后称制，汉朝大权逐渐落在吕产、吕禄手中。吕后崩，吕氏想篡夺汉家大权，刘章和周勃等诛诸吕，功大。文帝元年（前 179 年）益封朱虚侯刘章二千户。《汉书·高五王传》："始诛诸吕时，朱虚侯章功尤大，大臣许尽以赵地王章。及文帝立，闻朱虚、东牟之初欲立齐王，故黜其功。"二年封朱虚侯刘章为城阳王，章意"自以失职夺功。岁余，章薨……"。刘章墓是省级重点文物保护单位。

在刘章墓西亦有一封土大墓，两墓相距 500 米，东西对峙。墓高 52 米，东西 105 米，南北 92 米，总面积约 9600 平方米。相传是莒子墓，无考。

四　城阳王墓

位于莒城西北 13 公里的阎庄镇，海拔 232 米的玉皇山之阳，三面环山，山上遍植树木，城阳王墓就坐落在山巅之上。墓封土高 25 米，东西 65 米，南北 50 米，面积约 3200 平方米。黄土堆积，夯土筑成。嘉庆年间《莒州志》载："城阳王墓在玉皇岭。"

五　大沈刘庄汉画像石墓

在莒城北 60 公里，东莞镇大沈刘庄村西岭上，当地群众称为"坟石地"。封土早年被夷平，墓室已遭破坏，部分画像石被群众移作石桥板用。1980 年文物普查时将 4 块画像石运回莒县博物馆。为搞清画像石出土位置，博物馆派人员又作了详细调查，得知残基依然存在，便进行抢救发掘，并将全部墓石运回博物馆复原展出。

该墓共发现画像石 21 块，画像 28 幅，其中刻在一方立柱下格的亲吻图在山东地区尚属首次发现，可谓弥足珍贵。从出土的釉陶器和陶器的造型风格及五铢钱来分析，该墓大体年代属东汉晚期。[①]

[①] 苏兆庆、张安礼：《山东莒县沈刘庄汉画像石墓》，《考古》1988 年第 9 期。

第七章

历史文化资源[*]

作为"一种非物质形态的社会存在",文化是一种取之不尽、用之不竭的资源。莒国深厚的历史文化积淀为莒文化开发提供了丰富的资源。莒县文化遗产丰厚,据史载,仅六朝时,莒人文著,册以百计,其中臧严之《栖凤春秋》、臧荣绪之《晋书》、刘勰之《文心雕龙》地位颇高,历代相传。明、清之交,莒人文著再掀高潮,涌现出卢纯、于学谧、管廷献、李继芳等文人,著作达200余卷。

莒地还是中国汉字的发源地,这已被大量考古文物所证实。自20世纪60年代以来,在陵阳河遗址等发现了陶尊文字、刻画图像,这一重要发现在我国田野考古史上具有划时代的意义。

第一节 莒国故城

莒为三代古国故都。夏代城邑初见端倪,商为莒方国,周为莒国,降至两汉为城阳国都治。

一 莒国故城

莒国故城是三代古国京华所在地,位于今莒县城区。故城由大小城组成,面积约25平方公里。大段城垣还巍然屹立,城内冶铁、炼铜、铸钱、制陶等作坊遗址犹在。另外,见于经史且可考的已知莒国城邑还有介根、兹、牟娄、渠丘、郓、姑幕、箕、向、东莞、析泉等汉代以前的侯国

---

[*] 该章内容主要参考苏兆庆编著《莒县文物志》,齐鲁书社1993年版。

都城。

莒国为部落方国时代的大国，周初实行五等分封制，周武王封少昊后裔兹与期于莒，初都计斤（介根），春秋初年迁于莒。莒为土著国，是山东沿海地区林立小国中的佼佼者，地处齐鲁两大国之间，经常与齐鲁争雄，多次参与征战会盟，十分活跃。莒国在我国历史上经历了西周、春秋、战国（初期）三个历史阶段，莒故城曾长期作为其都城。

莒故城规模宏大，自春秋初年由计斤迁都于此，至公元前431年楚灭莒为止，莒为都城长达近300年。《左传》隐公二年孔颖达《疏》引《（氏族）谱》云："莒，嬴姓，少昊之后。周武王封兹与于莒。初都计，后徙莒，今城阳莒县是也。"莒从受封于周至迁莒，疆域超出原有封疆50里的数倍，所属城邑见于《左传》者有：介根、郲、且于、郓、密、纪章、向、渠邱、兹、郓、寿舒、寿馀、大庞、蒲侯氏、常仪靡、防等邑。战国为齐邑，名城阳；秦为县治；西汉时，孝文帝二年置莒地为城阳国，封刘章为城阳王，都城莒。此后至汉末多为王都，绵延200余年。再后仍为郡、州、县治所，至今名未易，地未改。

春秋时的莒国，国力强盛，好战喜功，多次参与列国间的会盟和战争，鲸吞了不少周围小国。《春秋》记载："隐公八年，九月辛卯，公及莒人盟于浮来。"莒国不但经常盟于邻国或大国，而且参与调节平衡国与国之间的关系，俨然以强国自居，因此，莒附近国家贵族或国君常奔之避难。鲁庄公八年，齐鲍叔牙奉公子小白（齐桓公）奔莒；庄公十年，齐师灭谭，谭子奔莒，并终老于莒；鲁闵公二年，鲁公子庆父奔莒……这都反映了当时莒国的强盛。而莒城作为都城，无疑是古代中国东部的一个政治、经济和文化中心。

莒国故城始建于周代，是延续时间长、保护较好的一座古城，众多的文物古迹见证了我国悠久的历史和古老的文明，对研究我国历史的发展有着重要价值。1977年古莒城被列为省级重点文物保护单位。

城池　莒国故城由内城、外郭两部分组成。外郭南北5.5千米，东西4.5千米，是官吏平民及商人居住之郭城；内城筑在郭城中，南北近2千米，东西1.5千米，是国君所居之地。外郭周长19千米，内城周长7千米，总面积达24.75平方千米。《吴越春秋》云，我国古代城建有所谓"三里之城，七里之郭"的惯例或规定，而莒故城的形制规模有所突破，正反映了春秋莒国逞强争雄，国力强盛。

城墙 城墙全部用土夯筑而成，虽依自然地势而筑，但四周较为规整。外郭西北角前城子后村西南，尚有长250米、高2~3米、宽25米的残垣。《水经注·沭水》记：其城三重，并悉崇峻，唯南开一门；内城方十二里，郭周四十许里。至元代又缩一子城，明代砌之以砖，故有"莒城三重""三尊莒州"之说。现存断垣1650米，从断面分析大体是西周、春秋和汉代三个时期故迹。内城东南角至西南角（纸板厂到南关土产仓库）尚存断续残垣700米，内城东北角（水利局院内）有残垣700米。古护城河至今长年流水涓涓。

城门 据相传和局部勘探，韩家菜园村东地名曰"东口子"的地方，路土层较厚，应为一城门；在前城子后村西南的两段残垣之间有一大缺口，当地群众称之"城子口"，传为城门；内城南垣的中间，即刘家菜园村东北角，有一大缺口，垣外缺口南有桥曰"刘大桥"，拆毁于"文化大革命"时期，古道犹存，此应为内城之南门；西南角两段城垣之间，有一通道，又有一门，古今呼之为"且于门"。

且于门故址 在今内城西南角偏北处。且于门多次被载入史籍。公元前550年，齐庄公伐晋未成，遂袭莒，齐将杞梁攻打头阵，在且于门外与莒人展开激战，杞梁战死在且于门。噩耗传到齐临淄，其妻孟姜女，痛不欲生，哭夫十日，致临淄城墙崩塌，孟姜女投淄水而死。传说这便是"孟姜女哭夫"的由来。《左传》记载："襄公二十三年，齐侯还自晋不入，遂袭莒，门于且于，伤股而退。"可见当时莒国国力强盛，常与其他诸侯国发生战争。

二 东莞故城

东莞故城位于莒城北部46公里，今东莞镇东莞村，潍河从城南滔滔向东，东北山巅之上又有齐长城，是易守难攻的好地方。

自西晋始（太康十年）有东莞郡，历史上以东莞为郡县之称较多。南北朝、隋唐多为县之治所。《重修莒志》载："东莞为东莞县治所从南朝刘宋开始。"东莞发现的隋唐石刻有石狮子、东门之门枕石等，还有隋代十六王子造像碑，系宇泰寺之遗物，至今保存完好。两晋以后，城邑风行建寺造像，这些实物的发现，说明东莞也和其他城邑一样，有建塔寺、造佛像的传统。

三 箕城故城

箕城故城位于莒县北部 47 公里,东莞镇大沈刘庄村。古箕城在齐长城之阳,程陵关东南,系城阳国之西北门户。《太平寰宇记》云:"箕,汉宣帝封城阳荒王子文为侯,即此邑。后汉省,并东莞。"①

1988 年,考古学家在箕城故城址南发现有龙山文化遗址 1 处,从村西发现一处约为东汉中晚期的画像石墓和一处摩崖石刻。五山上有"三清三官庙",现存有清代碑 8 通。

四 茶城故城

茶城故城位于莒城西北 24 公里,果庄乡茶城村前的小平原上。前有果庄河,河前有大汶口文化遗址 1 处。雍正《莒州志》云:"州西北十七里,果庄集后一土城,垣墉完固,高五七尺,南北两门,四围方正,城内平坦。"故城呈方形,南北两门,边长约 400 米,占地面积 16 万平方米。今故城东南角尚有长 25 米、高 5 米的残垣,西南角有长 30 米、高 6 米的残垣。城墙是夯筑而成,城周点将台和烽火台犹存。故城周围曾出土一些东周时期的陶豆残片,据判断是春秋故城。

五 曹公城故城

曹公城故城位于莒城南 10 公里,刘家官庄镇五花营村,东临沭河西岸,在丘陵洼地之上。雍正《莒州志》载:"汉献帝初平四年,兖州刺史曹操,攻陶谦于徐州,过此筑城,今城南五花营是。"故城垣已不复存,当年之"令旗墩""卸甲墩"尚存。有村名曰"车辋沟",可能是当年存车之处。

六 析泉故城

析泉故城位于莒城北 50 公里,库山乡上、下石城村。据《重修莒志·古迹》云:"汉县,属琅琊郡,在今县治东北九十五里,源河乡上下

---

① 《太平寰宇记》卷二四。

石城村，其故址也。"根据遗址周围出土的器物残片和城子岭石城残迹判断，析泉故城应是春秋故城，早于县志记载。

1988年发现下石城村前有周代文化遗址1处，总面积2.25万平方米，出土遗物有泥质褐陶盆口沿、泥质灰陶罐底、泥质褐陶绳纹鬲足等。

七　莒国其他城邑

且于故城　雍正《莒州志》载："且于为莒邑"。《重修莒志》云："《左传》'襄公二十三年，齐侯还自晋，不入，遂袭莒，门于且于，伤股而退'。在县西北六十七里。"1988年文物普查时，在天宝乡西杨家庄村西发现大量周代绳纹陶片、砖瓦等。遗址东西约300米，南北约200米，总面积为6万平方米。该遗址面积大，内涵丰富，它和记载相符，可能是莒国的且于城。

向城　雍正《莒州志》云："向，姜姓，炎帝之后，附庸之国。莒子娶于向，向姜不安于莒而归。莒人入向，灭其国。"《一统志》曰："向城在莒南七十三里。《寰宇记》云：夜头水，一名向水，经汉稢城南入海。"向城在莒县南，其地邻莒、鲁。鲁隐公二年"莒人入向"；鲁桓公十六年，"城向"；鲁宣公十一年，"伐莒取向"，则向属莒矣。顾炎武引《齐乘》"以为今沂州之向城镇近之"。[①] 据调查，向城在今莒南县大店镇西南。

诸邑　雍正《莒州志》载："诸即城阳诸县。文公十二年，'季孙行父城诸及郓'。《诸志》诸为鲁、莒之地，后为鲁所并。古诸在石屋山东北地名王顿城东，壁依河南岸。古诸北阙即河北普庆顿。"诸邑在今诸城市西南。

郓邑　雍正《莒州志》云："郓，莒鲁所争者。城阳姑幕县有员亭，即郓也。今按郓故城，在沂水东，即莒州沂水县，此东郓也。成元年'楚公子婴齐伐莒，入郓。'十二年，'季孙宿救台，遂入郓'，入莒郓也。昭元年，'取郓，叔公疆郓田。'皆东郓。鲁别有西郓在东平。即昭公出孙所居。"郓邑在今沂水县北。

渠邱城　据《中国历史地图集》载："渠邱位于莒城东南，其路程约

---

① 顾炎武：《日知录》卷31。

五十里。"1988年文物普查时，在龙山镇涝坡村发现周代遗址1处，面积2.25万平方米。出土器物有泥质灰陶绳纹器物口沿、器物底、板瓦。1959年在相距不远的王家山村出土西周时期铜鬲1件。在涝坡村和王家山两遗址间有一村名曰"邱家庄"，和关于古渠邱的记载相吻合，可能是渠邱城址。

纪障城 雍正《莒州志》载："杜预曰：纪障，地名（有二）。赣榆县西北有故纪城，城址四门，尚宛然。《春秋》'杞''纪'通用。《述野记》云：考平王二十一年，杞武公迁于莒之南，《左传》鲁庄公二十二年，杞公自莒南迁城阳之北。再考桓五年，齐侯、郑伯如纪城祝邱，《左传》：齐、郑朝纪，欲袭之。后，齐高发伐莒，莒共公开西门而去。齐师入纪。岂既迁之后，遗于莒而仍以纪障名与，但不知武公从何而迁莒。或以为其旧都陈留，桓六年迁都淳于，则与平王时迁莒南者不合。况隐四年，莒伐杞，取牟娄。牟娄在莒北，是未迁城阳之先而莒即北伐之。不可解也。余观纪城荒湿不堪久居。或不待庄公时而迁于北与？史未可尽凭矣。按纪障，汉立为县。王莽更为就信。"纪障城在今江苏省赣榆县东北。

防邑、兹邑 防邑、兹邑均系故莒国之城邑。雍正《莒州志》载："莒牟夷以防娄来奔"。平昌西南有防亭。《水经》考在诸城；一云在诸县治东北柴沟社。杜预曰："姑幕县东北有兹亭"①。兹邑在今诸城市东北。

防邑有南防北防之说，据《中国历史地图集》和《中国古今地名大辞典》云，"南防在今山东费县东北六十里之华城"。1981年费县出土一批青铜器，以青铜器的铭文和纹饰分析，应属莒国之器，故可认为此防邑也应属莒。确否待考。

牟娄邑 原属莒国城邑。雍正《莒州志》云："莒伐杞，所取者。后汉北海郡平昌有娄乡，南界乎莒，未详。"杜预以为，杞在陈留。又以为在城阳诸县西南有娄亭。《路史》云："古有巢氏治石牟山，即牟夷也。又名无娄。本牟夷国，后属杞，今密之诸城有娄乡城，隋因置牟山县。今杞旧城在安丘东北三十里。牟娄，即安丘西南，隋设牟山县者近是。"牟娄邑在今诸城市西南。

---

① 《春秋释例》卷6。

计斤城 春秋时属莒国之城。雍正《莒州志》云："胶州南五里,春秋之介根(即介葛卢之国)。汉计斤县,语音有轻重耳。莒子初都此,后徙莒。今有两塔对立曰东西计斤。《汉志》曰:'黔陬侯国,故属琅琊,有介亭。'杜预曰:'计斤城号介国(此或莒迁之后仍以国名)。'"计斤城在今胶州市西南。

八 手工业作坊遗址

故城郭城以内发现周代铸铜、铸钱、制陶和汉代铸钱遗址各一处。

铸铜遗址 在郭城东墙西一带,今慕家庄子村西南 30 米处,东关三街东北,东西约 100 米,南北约 120 米。从一大灰坑内发现有炉渣、铜镂范和一些无名范。从这些实物看,应是春秋时期铸铜遗址。《左传·昭公七年》载"晋侯有间,赐子产莒之二方鼎",可见当时莒国铸铜技术之高超。

铸钱遗址一 在内城南垣之阳,南距刘家菜园村 50 米,北部压在汉代加固城垣之下。遗址东西约 150 米,南北约 50 米。1984 年发现一钱范窖和一灰坑,出土莒刀范 91 块,还有炉渣、坩埚等。从钱范正文、背范分析,属春秋时期。这些钱范的发现,对研究莒国政治、经济等方面的发展极为重要。

铸钱遗址二 在郭城东北隅,东关五街北,东距慕家庄子 200 米。遗址东西约 150 米,南北约 200 米。1980 年出土五铢钱范和半两范百余块,青灰色石质,质料较松软,从钱范的铭文判断,属西汉中期。

制陶作坊遗址 位于城西南部,东西约 400 米,南北约 200 米,总面积为 8 万平方米。这是城内制陶作坊遗址中规模最大、遗物最丰富的一处。出土了大量的制陶工具、泥质灰陶绳纹罐、质灰陶双兽纹、卷云纹半瓦当、陶龟模、陶鱼、陶网坠、陶轮等。这处制陶作坊遗址,反映了当时莒城制陶业之发达。

第二节 齐长城遗址

齐长城始建于春秋时期,完成于战国时期,历时 170 多年筑成,迄今已有 2600 多年的历史,是目前中国现存有准确遗迹可考、保存状况较好、年代最早的古长城，被誉为"长城之父"。由于齐长城多依山势而筑，山岭之地又多筑在峰顶处，故又有"长城岭"之称。最早的齐长城为齐桓公所建，用于防御鲁国的攻击，《管子·轻重》有"长城之阳，鲁也。长城之阴，齐也"的记载。到了齐威王、齐宣王时，齐国国力达到鼎盛，齐楚争霸，修筑长城也成为了国家的一项重要工程。《史记·楚世家》："还盖长城以为防，朝射东莒，夕发浿丘。"张守节《正义》引《齐记》云："齐宣王乘山岭之上筑长城，东至海，西至济州千余里，以备楚。"

齐长城西起济南市平阴县，古济水河东岸，从大峰山山顶通过，蜿蜒千里，直达青岛市黄岛区东于家河村北入海，历经平阴、济南市长清区、肥城、泰安市泰山区、泰安郊区、济南历城区、济南章丘区、济南莱芜区、淄博市博山区、淄博市淄川区、沂源、临朐、沂水、安丘、莒县、五莲、诸城、胶南、青岛市黄岛区共19个县市区的94个乡镇街道办事处，全长618.9公里，蜿蜒起伏在1518座山峰上，建筑由城墙、关塞、防门、烽火台组成。1987年齐长城被联合国教科文组织列入《世界文化遗产名录》。

齐国是春秋时期最早开始修筑长城的国家，比秦长城修筑至少早了400年。据王献唐先生考证："齐长城从春秋时期开始修筑西段，在鲁襄公十八年早已完成；战国齐又向东展修一段，齐宣王时复向东修至海滨，全部完工，使一千多里的长城，衔接起来，作为齐国南境国防线。"[①] 蒋至静先生也指出："我国古代修筑长城……只能起源于春秋中叶的齐国。"[②] 春秋中叶以前齐长城已完成了西段修筑，即当时齐鲁两国交界地段。东段的齐长城主要修筑于齐威王和齐宣王时期。《太平寰宇记》记载："齐宣王筑长城于此，西起齐州，东抵海，犹有遗址。"又据《水经注》卷1"大岘山"条载："县北偏东百五里，上有穆陵关；关之南北为沂朐分界处，齐宣王筑长城于此。"长城在齐国的军事防御中起到了重要作用，《韩非子·初见秦》中，韩非子在说秦王的时候就认为"齐之清济浊河，足以为限；长城巨防，足以为塞"。

目前国内现存有准确遗迹可考、保存状况良好、年代最早的齐长城位

---

① 王献唐：《山东周代的齐国长城》，《社会科学战线》1979年第4期。
② 蒋至静：《先秦长城简考》，《先秦军事研究》，金盾出版社1990年版。

于莒县境内，皆是齐威王、宣王时期所修筑。《山东考古录》考楚境及齐长城条云："大约齐之边境，青州以南则守在大岘，济南以南则守在泰山，是以宣王筑长城，沿河，经泰山，千余里至琅邪台入海。"又考杞梁妻条亦云："……长城筑于宣王之时，去庄公百有余年，而齐之长城又非秦所筑之长城也。"战国初期齐威王时接博山段长城，始向东续修，齐宣王时方将长城修至黄海海滨，最后完成数条长城修筑。东段长城共修筑了七十余年（前356—前284年）。此一时期，齐长城的主要防御对象是楚国。《重修莒志》载："齐记，宣王乘山岭筑长城。西起齐州，东至海，以备楚。长城之入莒者，自穆陵东历太平山四十里，接高柘之岭，转而南，绝浯水，过卧牛城，又南傍高华岭，入诸城界。"齐长城的修筑使齐国在春秋战国称雄争霸的战争中立于不败之地，这一浩大的工程也体现了当时齐国国力之强盛。

齐长城莒县段位于东莞镇东莞村北4公里处的光光山上，全长14.6公里，高1.3—4米，底宽11米，历经杨廷官庄、北山、贾家庄子、魏家庄子、东山、大店子、小店子、后发牛、玄武庵、苏家官庄、大王坡、陡沟12个村庄，其中有遗迹段总长8.33公里，占境内长城总长度的57%。1977年，山东省公布齐长城为省级重点文物保护单位。2001年，齐长城被国务院公布为第五批国家重点文物保护单位。

第三节　其他历史文化遗存

一　古文字

文字的出现是人类社会由野蛮时代进入文明时代的标志之一。从最早的汉字形体分析，它是从原始的图画发展而来的，早在甲骨文时代就已摆脱了单纯图画的性质而形成了特殊的符号。从甲骨文来看汉字的发展过程，应当先有象形字，再有会意字，后有形声字。象形字是按照事物的实体绘出相像的图形，用物的本来名称确定象形字的读音，这是汉字最初阶段的字体结构。甲骨文中的象形字虽经过较长时间的发展变化，但它仍保留着较原始的结构。在西安半坡、临潼姜寨、青海民和马厂源、乐都柳湾以及上海崧泽、马桥等新石器时代遗址中，发现了一些刻划在陶器上的符号，引起国内外学者的关注，但这些符号是否与汉字的发展有关，学界观点不一。

1960年出土于山东莒县陵阳河大汶口文化遗址的灰陶尊，其外部所刻图像文字，轰动了中外学界。此后相继在莒县大朱家村、杭头等大汶口文化遗址中又出土了这种图像文字20余单字。许多学者认为这是迄今所见中国最早的文字，因为它们与汉字有着直接的发展演变的关系，是汉字的祖型、汉字的源头。

就现有甲骨文、金文中所见，莒于商代即已立国，但由于文献失载，殷商时期的莒国历史少人涉及。随着甲骨文、金文的发现以及有关专项研究工作的深入开展，人们逐渐开始留意商代莒史。1981年秋，北京市文物工作队从北京铜厂拣选出传为山东费县出土的28件商代青铜器，其中带铭文的16件。据调查研究，文物的出土地点即在莒故地的城邑南防附近。近年来，在莒国故地，即今莒县、莒南、沂水、蒙阴及诸城等境内各有明确出土地点的青铜器铭文、莒刀币与莒刀币范铭文，均证为西周至春秋、战国时期的器物，秦汉以后的陶文、印玺等，莒地也多有出土。

我国自产生文字以来，在其长期的发展过程中，无论是字的形体、意义、读音等，都发生过若干次的变化，而发现于莒地的诸多古文字（包括图象文字）证实了这种发展变化的过程。

二　定林寺

浮来山位于莒县境内，是国家AAAA级旅游区，是山东省四大地质公园之一，主要景观有千年古刹定林寺、天下银杏第一树、刘勰校经楼、千年古观——朝阳观、世界之最檀根王、文心亭、清泉峡、怪石峪、救生泉、卧龙泉、莒子墓等。其中定林寺是山东省现存最古老的寺院之一，也是中国最早的文学评论家《文心雕龙》作者刘勰的故居，属省级重点文物保护单位。距今4000多年的银杏树，为天下银杏第一树。

据史料记载，定林寺始建于晋，距今已有1500多年的历史。开山祖僧是竺法汰和僧远。据传过去在浮来山的东山口曾有一座过路牌坊，前后两面的楹联就是对这一历史掌故的记载与诠释。牌坊正面的楹联是："浮丘公驾鹤来山曰浮来乡人尽信，竺法汰传禅定寺名定林远客鲜知。"其背面的对联是："鲁公莒子会盟处，法汰僧远坐禅山。"由此可见，竺法汰和另一位叫僧远的禅师就是定林寺的最早住持。据《重修莒志》卷46，坛庙下篇记载：从竺法汰和僧远往后，能见之经传并有所建树的住持还有：隋代仁寿中岁奉敕自长安送舍利于莒州定林寺的昙观长老，南朝萧梁时从南定林寺回祖籍莒地浮来山隐居校经的慧地刘勰，宋代靖康年间修造三门石柱的僧道英建，嘉靖年间铸造十九尊铁佛、新建毗庐阁的名僧了初，清康熙年间募修天王殿重修泰山行宫、为碧霞元君再塑金身的宏恪，重修地藏王祠的继荣，还有清同治年间的定林寺住持隆济等。莒地僧侣，皆为禅宗临济派别支。据传，同治初年，定林寺遭到严重破坏，亟待修复而又缺少钱款。同治二年，一位在兰山、沂州剿杀幅、捻的干员长庚（旗人）兼任莒州正堂。《重修莒志》卷48长庚亲笔写的碑记中有"余于同治甲子五月间，署兰山令兼摄莒篆"的记载。1864年五月长庚到定林寺参禅拜佛，隆济住持不失时机向他提出了拨款修庙之请求，长庚借故推辞。可是当这位渴望升官的长庚听说定林寺香火特别灵验后，就当着众僧之面向神佛起誓许愿："如果佛祖显灵，能叫我升为省官，我长某保证大修定林寺。"结果事有凑巧，不足一年，长庚果然被提升为山东省按察使。但他却没能及时还愿。隆济就坐在省布政司门前敲木鱼化缘，力促长庚"还愿"。长庚惧怕神威，只好拨银五千两，命当任知州陈兆庆负责监管，于同治十三年重新修复了定林寺。[①]

位于校经楼后的三教堂，是定林寺的第三进院落，是院内的主体建筑。三教是指儒、道、佛三教。殿堂内原供有孔子、老子和释迦牟尼像，现辟为《文心雕龙》学术讨论专题陈列室。千年古刹定林寺，为文学评论家刘勰晚年北归藏书校经之处。

三 碁山净土寺

净土一词，梵音意为西方极乐世界，不受污染的清净之地。《碁山镇志》记载，碁山净土寺始建于唐太和年间，距今1200年，隐藏在碁山南麓山坳中。民国之前，莒州多寺庙，皆以晨钟暮鼓报时，而只有碁山净土寺是早击鼓、暮撞钟。

元代皇庆二年净土寺奉敕重修，立蟠龙碑。蟠龙碑帽雕有两条蟠龙，碑文因风雨剥蚀，大部已难辨认，但从两条蟠龙利爪间捧出的"碁山净

[①] 参见《重修莒志》。

土寺"五个大字以及碑文引见之"皇帝万岁，太后千秋，金枝玉叶""天眷宫妃，暇时前来"等字句可以看出，此寺是皇室成员佛门修行的替身寺庙，是皇家寺庙。此次重修，使净土寺逐渐成为莒州名寺之一。重修后，由于钟鼓之声别具一格，净土寺被列为莒州外八景之一——山寺晚钟。

元代以前，净土寺院的建筑规模，史书并未有记载。从现存的12通碑文来看，就在这东西20米、南北约25米、共约500平方米的遗址上，净土寺从元代皇庆二年开始到清光绪年间，曾有三次大规模的重修和一次重建。

净土寺在明嘉靖年间两次重修后，成为莒北一带的领袖之寺，是当地百姓作法事、祈雨、禳灾之地。净土寺的庙田和山林数千亩，东、西陈家尚庄、碁山寺等村，多为种庙田的佃户。旺盛香火中的诵经声，一直吟诵到清王朝。清初，明皇族朱氏后裔宁阳王朱翊鏑逃到此处出家，更使寺名远播。据碑文记载，明宁阳王在净土寺出家，法号通彻禅师。其圆寂后，大徒弟云峰继住持之位。在云峰住持期间，是净土寺鼎盛时期，据考证，最多的时候来往僧侣达二百多人。

清代中期后，昔日香烟缭绕的净土寺销声匿迹，僧人四散，佛殿倾圮。是何原因使净土寺遭此灭顶之灾？史籍及碑文无载。光绪初年虽重建，但净土寺的辉煌至此成为不可复制的历史。直至1946年，经历千年风霜的净土寺被毁。

四　乐毅垒

在莒城东南约1.5公里处，原有一堆像小山似的巨石，名为"乐毅垒"。相传公元前284年，燕昭王采纳了乐毅的建议，联合五国（楚、韩、赵、魏、燕）兵力，以乐毅为大将攻打齐国。五国兵精将锐，连克齐七十余城，包括齐都临淄，却唯独攻不下莒和即墨二城。因齐湣王只身到莒避难，乐毅便率大军团团包围了莒城，并在城东南方用巨石垒筑高台以侦察城内情况。由此，历代相传称此台为"乐毅垒"。《战国策·齐策》载："燕攻齐，取七十余城，唯莒、即墨不下。"[1] 即记载乐毅攻齐之事。

---

[1] 《战国策·齐策》。

五 状元林

状元林位于莒县城东南3公里、邹家庄子村东北，石刻林立，雄伟壮观，是莒县有名的名胜古迹之一，元代状元邹惟新葬于此。据清末翰林庄陔兰主编的《重修莒志》记载：邹惟新（约1287—?），元代延祐二年考中进士第一，后曾任潍州州同、沂州知州、亚中大夫同佥礼仪院事。清嘉庆所修《莒州志》载："元亚中大夫邹惟新墓在城南五里邹家庄。"墓地南北长约92米，东西宽约60米，西侧中间距离神道约20米处，有一石柱形界桩，高1.1米，顶部雕仰莲。邹惟新墓居于墓地北首正中，原存封土高约3米，经恢复后现封土高约8米，长方形，周长约90米。墓前为宽8米、长70米的神道。神道两侧由南向北依次为石坊（神道门）、石香炉、石供桌、神道碑。神道外围，东侧有小型墓碑4通，西侧有3通，作扇形分布。其所遗存石刻有墓表、石虎、石羊、翁仲、石坊、香炉供桌、神道碑、小碑等。

为加强古代遗迹保护，1979年莒县人民政府将状元林定为县级重点文物保护单位。

六 红袄军驻地马鬐山

马鬐山又名磨旗山，位于莒南县东北方与莒县交界处。马鬐山海拔600多米，绵亘数十里，因状如奔马而得名，是南宋嘉定年间（1211年）反金起义军杨安儿之妹杨妙真驻军之地。起义军在马鬐山安营扎寨，构筑城池，建立抗金根据地，并成为金人进攻南宋的障碍之一。该山雄伟壮丽，名胜古迹颇多。"斩将台"位于山西坡，浔河东岸，城子村前。《重修莒志·文献志》载："马鬐山有巨石，俗称斩将台，迤南摩崖，上刻有'斩大将王仙处'，字径五寸，每逢阴雨，石色殷赤似血，历久不灭。"山的东南端略为隆起，有一巨石，呈马口形，称马口石，名称源于神话传说：王仙被杀后，其马脱缰狂奔至此巅，西眺主人死处，悲嘶不止，死而化石，形如烈马昂首，故名。马鬐山岩洞颇多，著名者有仙人洞、老母洞和寿星洞三处。仙人洞位于南坡，相传是红袄军军师王敏居处。他因料事如神，有活神仙之称，故其洞称为仙人洞。寿星洞，相传当年李全供南极仙翁于此。《重修莒志》载："'杨四娘子此山下寨'在寿星洞路西石柱上。"

从1215年年初到1217年年末，红袄军在马鬐山上抗金两年多。他们在马鬐山上修山城，扎营寨，在山下开商埠，收薄税，治水修堤，种作物蔬菜，实行自给自足，给当地百姓带来了福祉。红袄军处在宋、金、元三者之间，民族矛盾与阶级矛盾交织，斗争非常艰巨，但他们仍坚持反金抗元斗争。红袄军虽然未能推翻金朝政权，但却导致了金人在山东统治的最后瓦解。

李全、杨妙真领导的轰轰烈烈的农民起义历经了半个世纪，最终没有走出被灭的宿命，但红袄军的英勇壮举在山东一带，尤其是莒县一带却传诵至今。

第四节　莒地历史名人

莒地虽绝对地域不大，但可谓历史久远、文脉不断，其文化史不断被创造书写，一代又一代勤劳勇敢、不懈努力的莒地人民中，涌现出灿若繁星、代有才出的历史文化名人。他们发挥着各自不同的对历史的推动甚至是引领作用。像远古的盘古、伏羲、有巢氏、蚩尤、少昊、尧、舜、禹、伯益等，他们虽相隔年代久远，有些还是传说人物，但都和莒地的历史有着千丝万缕的联系，现在还有当地很多遗址和考古资料可以佐证。[①] 夏商以来，莒地出现的历史名人更是承文立德，薪火相传，史不绝书。

吕尚　姓姜名尚，字子牙，又称姜太公。商王武乙十二年（前1135年）农历八月初三，出生于莒国的东吕。《史记》称他是东海人，《吕氏春秋》说他是东夷之士。中国历史上著名的政治家、军事家，既是周王朝的开国功臣，又是齐国的奠基人。姜太公一生足智多谋，长于用兵，工于奇计，历代兵家皆尊为鼻祖。他著有兵书《六韬》66卷、《阴谋》3卷、《阴符铃录》1卷、《馀匮》2卷。唐肃宗上元二年（760年），追封姜太公为王爵，谥号"武成"，称为武成王。姜太公成为流芳千古的武圣人。

荀子　名况，又称荀卿，战国晚期赵国（今山西省安泽县）人，杰

---

① 参见政协莒县委员会编《莒地考古》，中国文史出版社2016年版，第973—1023页。

出的思想家和教育家。幼曾游学到齐国，又去秦国，后入楚国。公元前255年，楚国的春申君任命他为兰陵（今兰陵县）令，遂定居于此。这里属莒文化范围，荀子深受莒文化熏陶，大器晚成。荀子面对当时"诸侯异政，百家异说"和战国七雄纷争的局面，秉笔直书，发前人之未发，论世人之未论，使莒文化再次大放光彩。

曾参 字子舆，春秋末鲁国南武城（今山东平邑）人。孔子弟子，七十二贤人之一，后尊称为曾子、"宗圣"，以孝著称。他提出"吾日三省吾身"的修养方法，认为"忠恕"是孔子"一以贯之"的思想，又提出"慎终追远""民德追厚"和"犯而不校"等主张。曾参曾任职于莒，得到三秉粟的俸禄。仕莒期间，莒国出现大治的景象，曾参由此声名远播，许多大国争相奉迎。曾参在莒国建讲堂，宣讲孔子的儒学理论和教习六艺。曾参讲堂成为莒地最早的书院雏形。这一措施使莒国文明之风大兴。战国时期孟子游于莒，听说莒有曾子书院，孟子登堂弹琴，二三子和之，莒父老说，久矣，不闻此音也，圣人之徒也。曾子书院是莒城八景之一，有书院夜颂之美谈，至今广为流传。

项橐 春秋时期莒国人，有"神童"之称，七岁时三难孔子，孔子以他为师，向他请教，后世尊项橐为圣公。现在岚山有圣公山。《三字经》云："昔仲尼，师项橐，古圣贤，尚勤学。"孔子曾学习东夷文化，师郯子（郯国国君），对东夷仁孝文化和"以鸟名官"的管理体制非常认可，感叹道"天子失官，学在四夷"，并以东夷特别是莒文化中的仁孝思想为核心创立了儒家学说。

王蠋 战国时期画邑（今山东莒县）人。他才能出众，有谋略。田齐湣王时，国事混乱，他进谏湣王，外御列强，内修明政，未被采纳，于是归隐故里，自耕自食。

燕、赵、楚、魏、秦五国联军大败齐军之后，占领了齐国。主帅乐毅得知画邑人王蠋是齐国有名望的贤士，就命令军队包围画邑，距三十里而不入，请王蠋出来做事，进行战后的安抚、善后、重建和管理等工作。但王蠋拒绝了，不愿意为敌国做事。燕国的使者就威胁他："你不出来做事，我们就对画邑进行大屠杀！"。这可是一个两难的选择：你不是贤士吗？你不是受到老百姓的推崇和爱戴吗？那么现在看是你的个人节操重要呢，还是老百姓的性命重要。然而王蠋思想十分坚定，他说："忠臣不事二君，烈女不更二夫。齐王不采纳我的谏言，所以我辞官归隐了。现在国破君亡，敌国又以屠杀民众来威胁我出去做事，我与其不义而生，不如全义而死！"于是自尽身亡。王蠋确实是个十分注重个人节操、追求道德完美的人。

刘章 祖父刘邦，父刘肥。汉高祖六年（前201年），刘肥受封齐王，即齐悼惠王。刘章乃刘肥次子，先封朱虚侯，再封城阳王。其国都即今莒城，其墓位于莒城东南10公里的今陵阳镇接家岭上。

汉高后元年（前187年），刘章到长安入宿卫，被吕后封为朱虚侯，并以吕禄之女妻之。朝中大权握在吕氏家族手中。青年时期的刘章则愤恨刘氏不得职权。吕后病逝后，吕氏族欲夺刘氏政权。因刘章妻乃吕禄之女，了解吕氏阴谋，于是刘章暗地里派人到齐国报告齐王，要求发兵长安以诛诸吕。刘章在长安与东牟侯刘兴居及各大臣为内应，终除诸吕，夺回刘氏天下。诸大臣议立高祖刘邦之子代王刘恒为帝，是为孝文皇帝。文帝即位后，因朱虚侯刘章诛吕有功，封朱虚侯，户二千，银千两。文帝二年（前178年），割其兄齐地封刘章城阳王，都莒城。刘章以大功不得赏，愤恚不已，就国一年后便死去。谥曰景。历史上称为城阳景王。

刘章仕莒不到两年，留给人们瞻仰的文物仅有两件，即古槐和古墓。城阳景王手植槐在今莒县浮来路中段，因影响交通，"文革"期间被伐，现民间仍呼此处为"老槐树底"。另一件即其墓，在今莒县陵阳镇驻地东北两公里处，当地呼为"大王坟"。现墓封土高60米，东西、南北各145米，占地2.1万平方米。1992年6月12日，被山东省人民政府公布为省级文物保护单位。

刘洪 字元卓，号会稽，东汉蒙阴人，是我国古代杰出的天文学家和数学家。刘洪自幼勤奋好学，知识渊博，年轻时就成为宫廷内臣。刘洪在汉桓帝延熹（158—166年）年间，为官数载，清正廉洁。因此，在汉灵帝光和年间，由太史蔡邕推荐，调回京师，专门从事历法研究。他把多年研究成果汇集写成《乾象历》《七曜术》和《九章算术》等专著。刘洪的乾象历创新颇多，不但使传统历法面貌为之一新，而且对后世历法产生巨大影响。至此，中国古代历法体系最后形成。刘洪的另一重要成就是和蔡邕一起补续了《汉书·律历记》。刘洪还是珠算之父，被尊称为"算圣"。东汉魏人徐岳所著的《数术记遗》书中说："刘会稽，博学多闻，偏于数学……隶首注术，仍有多种，其一珠算。"这里的刘会稽就是刘洪。

臧荣绪　东莞莒（今莒县）人，南朝齐著名历史学家，著有《晋书》110卷，另著有《嫡寝论》《拜五经序论》《绪洞记》。

臧荣绪出身文化世家，祖父臧奉先曾任建陵（今江苏泰县）令，父臧庸民曾任国子学助教。臧荣绪在青年时嗜读"五经"，埋头典籍。他与朋友关康云一起隐居在京口（今江苏镇江市），著书立说，以教授弟子为业，被尊称为"二隐"。又因经常身穿黑色长袍，自号"被褐先生"。他一生躬自灌园，以供祭祀，隐居以终，后有"灌园叟"别号。

臧荣绪出生于晋安帝义熙年间，一生经历了三个朝代。他虽博学多才，但从不愿为官，数次征辟从不就任。臧荣绪主要活动在刘宋王朝时期。刘宋王朝前后50余年，天下诸侯纷生夺权异心。萧道成以政变夺取政权后，建立萧齐王朝，即齐高帝。齐高帝派人全国访贤，欲授臧荣绪秘阁（管图书）之职。但臧荣绪透过诏书，看到背后隐藏的朝廷内部的腐朽没落与尔虞我诈，再次拒绝朝廷的征用。

臧荣绪在60岁后，写成110卷的鸿篇巨著《晋书》。臧荣绪之前已有17家《晋史》，但或失于太略，或非全史，都不能反映两晋时期的历史现实。臧荣绪的《晋书》首次囊括了两晋历史，起于宣帝创业，终于刘裕代晋，有纪、录、志、传共110卷，体例完备，内容详尽。时人称"赞论虽无逸才，亦足弥纶一代"。史学家评论说：臧荣绪著110卷的《晋书》，是较为完善的一部史书。齐高帝永明六年（488年），臧荣绪无病而终，享年74岁。

第五节　刘勰及其作品

刘勰（约465—520年），字彦和，生于京口（今江苏镇江市），祖籍山东莒县东莞镇大沈庄（今山东省莒县大沈刘庄），是中国历史上著名的文学理论家、文学批评家。

他曾官县令、步兵校尉、宫中通事舍人，颇有清名。晚年居于浮来山定林寺。刘勰其名不以官显，却以文彰，一部《文心雕龙》奠定了他在中国文学批评史上的地位。

刘勰少孤，从父亲去世到20岁左右，他在发愤读书中度过了自己从少年至青年的这段时光。公元479年四月，宋顺帝被迫禅位于萧道成，是为齐高帝，历史进入了齐代。萧道成即位后重用长于经礼的王俭，自此儒学大振。建元四年（482年）正月，齐高帝设立国学，"精选儒官，广延国胄"①，崇儒重学之风大兴。齐武帝即位后，更是承继高帝之风，对儒学发展推波助澜，一时形成所谓"家寻孔教，人诵儒书，执卷欣欣"②的盛况。

刘勰20岁左右时，母亲也去世了。为母亲守孝的三年时间里，适逢齐竟陵王萧子良大开西邸，招集儒、佛和文学之士会聚鸡笼山，所谓"道俗之盛，江左未有也"③。西邸盛会不仅把崇儒重佛之风再次推向高潮，而且使永明文学盛极一时。萧衍、沈约、谢朓、王融、萧琛、范云、任昉、陆倕等"竟陵八友"，或品味山水，或探讨声律，音声唱和，成为齐梁时代的文学奇葩。

居丧中的刘勰时时关注这些时风变化，《文心雕龙》中也强调"贵乎时""待时而动"，这正是刘勰从世事浮沉、家庭变故中所得到的深刻体验，也是他一生的写照。永明八年（490年）前后，刘勰来到钟山名刹定林寺。《梁书·刘勰传》载："依沙门僧祐，与之居处，积十余年，遂博通经论因区别部类，录而序之。今定林寺所藏，勰所定也。""积十余年"，意味着刘勰的青春时光都是在定林寺度过的，而沙门僧祐则成为这一时期与刘勰关系最为密切的人。僧祐竭诚奉事法达，为佛家律学名僧。

刘勰跟随僧祐十余年，作为僧祐的得力助手，帮助整理佛经，厘定文献，区别部类，"或专日遗餐，或通夜继烛：短力共尺波争驰，浅识与寸阴竞晷"④，使刘勰成为"博通经论"的佛学专家，但他内心真正崇拜的是儒家创始人孔子。

刘勰身居佛寺十余年，却并未出家，说明他内心仍渴望入世出仕。刘勰说，人类超过了天地之间的万物，乃是宇宙之精灵，可是，人的肉体比

---

① 百衲本二十四史《南齐书·高帝纪下》。
② 百衲本二十四史《南齐书·刘瓛陆澄传论》。
③ 百衲本二十四史《南齐书·竟陵王萧子良传》。
④ 僧祐《法集总目·序》。

草木又能坚硬多少呢？"人生寄一世，奄忽若飘尘""人生非金石，岂能长寿考"①，真正流传久远的只有名声了。古人说，君子之处世，"大上有立德，其次有立功，其次有立言：虽久不废，此之谓不朽"②。对刘勰而言亦是如此，他笃志著书立说以"树德建言"。

至于著书立说的具体方向，《文心雕龙·序志》有云："敷赞圣旨，莫若注经；而马、郑诸儒，弘之已精，就有深解，未足立家。唯文章之用，实经典枝条。五礼资之以成，六典因之致用；君臣所以炳焕，军国所以昭明；详其本源，莫非经典。而去圣久远，文体解散。辞人爱奇，言贵浮诡；饰羽尚画，文绣鞶帨，离本弥甚，将遂讹滥。……于是搦笔和墨，乃始论文。"

刘勰以为，儒家经典为后世文章树立了最好的榜样，为经书作注当然是阐明圣人思想的最好途径，但同样，"论文"之途亦可以通向儒家经典。因此从建武五年（29年）至南齐和帝中兴二年（502年）三月，刘勰兀兀穷年，历时四载，写出了自己的论文之作《文心雕龙》，以儒家思想论古今文体，全书分10卷50篇，计37000余字，是我国古代文学理论与文学批评的巨著，被西方称为东方美学和文艺理论的代表作。该书系统广泛地评述了历代的作家作品，分析其成败得失，总结其经验。全书包括总论、文体论、创作论、批评论四个主要部分。总论五篇，论"文之枢纽"，是全书理论的基础。"文体论二十篇，每篇分论一种或两三种文体，对主要文体都做到'原始以表末，释名以章义，选文以定篇，敷理以举统'。其分体的详细，论述的系统周密，远远超过曹丕和陆机。创作论十九篇，分论创作过程、作家个性风格、文质关系、写作技巧、文辞声律等类的问题。其详密深刻，也远远超过陆机。批评论五篇，从不同角度对过去时代的文风、作家的成就提出批评，并对批评方法作了专门探讨，也是全书的精彩部分。最后一篇《序志》说明自己的创作目的和全书的部署意图。这部书内容虽然分为四个方面，但理论观点首尾一贯，各部分之间又互相照应，正像他《附会篇》说的'众理虽繁，而无倒置之乖；群言

---

① 《昭明文选·杂诗·古诗十九首》。
② 《左传·襄公二十四年》。

虽多，而无棼丝之乱。'其体大思精，在古代文学批评著作中是空前绝后的。"①

此书成稿后，受到文人学士的赞赏和推崇，刘勰由此声名大振。他做过步兵校尉兼东宫通事舍人。但宦海茫茫，仕途坎坷，做官之路走得并不顺畅。晚年他看破红尘，遁入空门，法号慧地。晚年返籍，他在浮来山创建寺院，仍定名为"定林寺"。晨钟暮鼓之余，埋头校经，不久病卒，埋骨塔林。

据传《刘子》也是刘勰所作。《刘子》在隋唐时期是一部颇为盛行的书，是当时社会上读书人的一般理论读物，并且受到唐太宗和武则天的推崇。在唐太宗为太子李治撰写的《帝范》和武则天为臣民撰写的《臣规》中，均有大量征引。皇家把它看成是治国安邦的必读之书，佛教和道教也都引为同调，这使《刘子》影响远播，乃至海外，日本刊刻《刘子》的时间早于《文心雕龙》，历代刊刻的版本众多。

刘勰的思想在中国历史上产生了广泛的影响，历代王朝对他的著作一再刻印，他的言论一再被引用。《文心雕龙》今已译成日文、英文、意大利文、捷克文、韩文、德文、法文传往世界各地。自1983年中国《文心雕龙》学会成立以来，刘勰研究由自发研究走向了有组织的自觉研究，先后在中国、日本、美国等多次举行《文心雕龙》国际学术研讨会。据不完全统计，从1907年至今，研究《文心雕龙》的论文已公开发表的7000余篇，出版专著400余部。"文心雕龙学"已成为世界显学。②

为了纪念刘勰，人们在刘勰祖籍地山东莒县建有他的大型立身石雕像，莒县城内的一条东西大街被命名为"文心路"，山东省设有"刘勰文学评论奖"，莒县设有"刘勰文艺奖"，北京有校园文学委员会设有校园文学大赛"文心雕龙杯"，江苏省镇江市建有"文苑"，镇江市图书馆设立了中国《文心雕龙》研究资料中心。刘勰正在从学者的书斋走向人民大众，为更多的人所熟知。

---

① 游国恩、萧涤非等主编：《中国文学史》（第一册），人民文学出版社1963年版，第56页。

② 政协莒县委员会编：《莒地简史》，中国文史出版社2016年版，第399页。

第八章

民俗文化资源

第一节　莒地民风与民俗

一　宗教信仰

山东古有谚语云"泰安神多,莒州庙全",意思是说泰安供奉的神多,莒州营建的庙全。莒地庙宇繁多,如城隍庙、火神庙、龙王庙、观音庙、朝元宫、关帝庙、魁星阁、文昌阁、三官庙、东岳庙、菩萨殿、玉皇阁等,由此构成了丰富多样的民间信仰。清末民初,莒县有寺庙360多处,其中城关有庙宇37座,庙中供奉不同神主。神多庙全则香火必旺,形成了众多祭祀和交流活动。

莒州城隍庙位于老槐树的西北,门前广场可容千余人,场之南端有戏楼一座,楼后就是漏卮湖所在。在古代,凡是州县以上衙门所在的城市都有城隍庙,供奉着与当地地方官员同级、掌管当地阴曹地府的城隍爷。后来,城隍爷逐渐演变成无所不能的"灵应侯",遇旱求雨,逢汛泄洪,防病避瘟,甚至捉奸防盗。莒地每年春秋两季要举办城隍庙会,每季各三天,阴历三月十三至十五为春季庙会,十月初一至初三为秋季庙会。庙会期间,要抬城隍像出巡,届时鸣锣开道,甚是热闹。[1]

在莒地,凡村庄必有土地庙。土地神包括土地老爷和地母娘娘。土地老爷是专管土地的神,地母娘娘是保佑一方丰收的神。一个村不能设两个土地庙。土地庙一般建在村子的西南角,必须坐北朝南,且不能坐落在高

---

[1]　政协莒县委员会编:《莒地经贸纪略》,中国文史出版社2016年版,第272—273、278页。

处。庙很小，宽不过一米，长和高不过两米。庙前有影壁墙，墙上有石碑，碑上是村民捐款功德箱、操办人姓名及建庙年、月等。每年的大年初一这天，村民要到庙前烧香、磕头，祈求新的一年土地老爷赐福。每年二月二，是土地老爷生日，各家要到庙前摆放供品。

莒地的人们信奉儒、释、道三教合流。浮来山千年古刹定林寺内，专设"三教堂"。殿前一株"唐银杏"，标志着此殿堂年代的久远。道教尊崇"三元"，即天官、地官和水官。莒城东郊、北关等地均设有三官庙，每当旱灾，官府便在庙前设坛祈雨。其中，洛河镇的三官庙所在村，村名就叫"三官庙"，可见莒人信奉"三元"由来已久。[①]

二 礼仪风俗

在莒地城乡，熟人、亲朋相见或告别，一律互道问候，拱手为礼，彼此都体现出礼貌和热情。有客人至，主人要出门相迎，若对方携带礼品，需先谦让一番，然后双手接过以示尊敬。客人进屋后，礼让客人坐上首（以东侧为上），自己坐下首作陪，沏茶、递烟、交谈。若设宴待客，主人须先举筷让菜。

"邻里盖屋，邻帮相助"。旧时百姓建房，亲朋乡邻皆能倾情相助。有的送几块檩条；有的送百斤麦秸（坯屋顶用）；有人实在拿不出什么东西，便以"帮工"的形式出力帮助。新房"上梁"之日，邻居也要送鸡蛋、瓜果菜蔬，并主动热情帮厨，庆贺新房落成。

逢婚嫁喜事，有送催妆、看喜、吃小饭、送大饭的礼仪习俗。

婴儿出生是家里的大喜事，莒地人生了孩子，为了向亲朋好友报喜，要在大门口屋檐下挑红、挂弓箭。若是男孩，用树条制作一个弓箭，红秫秸做弓箭杆，下挂红布，两下角各栓两枚铜钱，寓意盼望男孩长大成为一名英勇善战的武士。若是女孩，则不制弓箭，只挂红布，两下角各栓一枚铜钱。[②]

对于比较娇贵的男孩，父母怕养不住，就拜"石婆婆"为干娘作为依靠。"石婆婆"就是泰山石敢当，在她的庇护下，邪魔外道都会被抵

[①] 政协莒县委员会编：《莒地民俗风情》，中国文史出版社2016年版，第100页。

[②] 同上书，第149—150页。

挡，小孩子也会茁壮成长。认干娘时，给石敢当蒙上一块红布，俗称"挑红"，摆上供品、酒，焚香，烧纸，孩子磕头喊"娘"。逢年过节均如此敬干娘，春节要给"干娘"拜年。①

婴儿出生，其父要携带鸡蛋、饽饽（馒头）到岳父家报喜。如生男孩，鸡蛋染深红，饽饽上的红点在顶；若生女孩，蛋染浅红，饽饽上的点须偏离当顶。数日后亲戚要"送粥米"，礼品一般为鸡蛋、红糖、大米、首饰及一块花布（男孩2尺，女孩3尺）。三日中午吃面条，送一碗给有来往的邻居，谓之"长寿面"。邻居则回赠几个生鸡蛋，叫作"不空碗"，也是民间常说的"邻居碗换碗，亲戚筐换筐"。亲朋邻舍在月内都会前往"送粥米"，喜主则回赠染红的熟鸡蛋，以示共同庆贺。

丧葬白事，邻居们则到场表示哀悼并送钱和烧纸。

有一首久已流传的民谣《拉大锯》，既表现莒地人热情好客的传统，又表达着民间亲邻和睦的愿望。"拉大锯，解大板，做张桌子摆花碗。请您姑，请您姨，请您姥姥来坐席。爷爷到，奶奶到，叔叔伯伯都到齐。吃猪肉，吃粉皮，大盘鸡蛋加海米。羊肉丝，大肥鸡，还有好菜海蜇皮。大带鱼，大红鲤，大小黄花都上席。你也吃，我也吃，大家吃得饱饱的。"

三 节令风俗

悠久的文明，孕育了莒地丰富多彩的节日和独特的节日文化。节庆不仅丰富了莒地的文化，也从不同角度反映出当地人们的社会生活状态，表达出鲜明的地方色彩。

春节、辞灶与迎灶节 莒地从"忙年"到过年，往往长达一个多月。进入腊月，过了腊月初八，家家开始忙年，做新衣，办年货。新添碗筷，寓意增添人口，人丁兴旺；羹肴必备鸡、鱼，意求年年大吉，连年有余；必蒸年糕，做豆腐，以借"年高""都福"之谐音，祈求"年年高"，全家福；家家蒸饽饽，饽饽上插大红枣，名曰"枣山"；户户烙足煎饼，要够全家人吃一个正月。自腊月十六日开始，要择晴日进行大扫除，俗称"扫屋"，以示辞旧迎新。旧时贫穷人家无伙房卧室之分，且多用泥土抹壁，故扫屋后需要"光墙"，即取细白塘土搅成粥状，刷于四壁，以掩盖

---

① 政协莒县委员会编：《莒地民俗风情》，中国文史出版社2016年版，第318页。

烟熏火燎之色，使屋内焕然一新。

腊月二十三日是"小年"或曰"辞灶"，但有些村庄辞灶时间是腊月二十四，如碑廓镇一带就有"官辞三，民辞四"一说。辞灶晚饭前供水饺、麦芽糖瓜，祈求灶王"上天言好事"，故有歇后语"腊月二十三灶王爷伸手——稳拿糖瓜"。次日取下灶王像，以待除夕正式张贴。

腊月二十九日下午，各家要将居室内外最后清扫一遍，边扫边唱歌谣："里扫金，外扫银，扫得骡马一大群。"除夕早晨，用盆盛半熟米饭，饭上插九双红色新筷，筷子间隙以放进一个大枣为宜，也有用双筷串几页豆腐插在米饭碗上，再摆到天地桌上，称"供隔年饭"。当天贴春联、年画。

莒县及东港区三庄镇一带，还要在门楣上贴"过门笺"。渔民则在船上贴对联，将"招财进宝"四字合为一体贴在船头。五桅风船的桅杆上，分别贴"大将军八面威风""二将军日行千里""三将军随后听令""四将军一路太平""五将军马到成功"，船舱则贴"满载而归"。沿海一带人家，院内竖立青竹一棵，上系拴线红布，称为"摇钱树"，寓意财源不断。

除夕下午家家祭祀祖坟。深夜放一炮仗（鞭炮），并在大门口放一拦门棍，意在将邪魔鬼祟拒之门外。拦门之后，院内忌泼水。是夜，合家团聚，吃团圆饭。饭后围坐在一起包水饺，并在水饺中包入几枚制钱（铜钱），称作"包元宝"。放钱数目因人口而定，一般为五、六、九枚不等，寓"五子登科""六六大顺""九九长远"之意。整个除夕夜，家家秉烛焚香，灯火通明，彻夜不眠，称为"守岁"。据说此时百神下界，不能得罪，故不能说不吉利的话如"完了""没了""不够了"等。

夜半子时，新的一年开始，发纸马，明灯高照，鞭炮齐鸣。家家院中设香案，祭神。儿童走街串巷抢炮仗，主妇煮水饺，全家吃团圆饺子。饭后拜年，先拜本家长辈，后拜邻里，互道"过年好""磕头了"或"恭喜发财"等吉利话。

莒地老城区的拜年风俗与乡下有所不同。据传早时城里人大都做生意，腊月三十那天要走东串西收齐一年的"陈账"，故大年之夜不拜年，大年初一也闭门不出，叫作"歇年"，直到正月初二才开门拜新年。

正月初二，放鞭炮谓"开市"，男女劳作不再禁忌，开始带上礼品走亲戚。时称"正月礼，薄如纸"。走亲戚有"初二姥娘初三姑，初四初五看丈母"之俗，后演变为"初二初三先丈母，初四初五再看姑"。这些年走亲戚之风年胜一年。

正月初三，拿去拦门棍。各种民间文艺活动开始上演，俗称"耍故事"，主要有高跷、舞狮、旱船、秧歌等。文艺队伍走街串巷，娱及远村近邻，热烈又隆重。

正月初五为财神日。早晨家家户户炒黄豆、瓜子、花生等，谓之"炒蚂蚁"，借五的谐音寓意当年"无害虫"和"五谷丰登"。

正月初六，因为这天灶王要从天上归来，家家都一大早包水饺、放鞭炮、烧纸、供香，接灶王爷"下界保平安"。初六过后，春节即算结束，但喜庆之气氛，一直延续到正月底。

元宵节　农历正月十五为元宵节。过节时兴吃元宵。元宵大都用糯米面或黏高粱面制作成球状，象征举家团圆。元宵节又称"灯节"。正月十四至十六晚上，家家点灯笼，沿街彩灯辉煌，县城则举办灯会，人们扶老携幼而出，赏月观灯。民间杂耍如彩龙、旱船、高跷、跑驴等纷纷街头献技，伴有放花（焰火），大街小巷火树银花，五彩缤纷，热闹非凡，叫作"闹元宵"。乡村多燃放自制焰火，如"滴滴金""垛垛花"等，还有照灯习惯。所谓"照灯"，就是打着灯笼把屋里屋外、旮旮旯旯都照个遍，不让害虫有藏身之处。大人们还要提着灯笼照孩子们的五官和屁股，说是年内不招虫叮咬，不生疮。照灯笼时一般要说："照毛虫，照毛虫，照得毛虫害腔疼。针锥扎，麻线缝，看你逞能不逞能"，"照旮旯，照旮旯，长虫蝎子都憋煞"。

二月二　俗称"龙抬头日"，又谓之"土地爷生日"。一则意为万物复苏，适宜耕作；二则龙主雨水，祈求雨足年丰。是日晨，农家户户用簸箕盛草木灰沿屋撒一圈，再在院内撒大小不一、形为囤状的圈，圈外撒成"梯子"，圈内堆以五谷杂粮，称为"打囤子"，意求五谷丰登。

二月二这天家家炒花生、豆子，称为"炒虫子"，寓当年无害虫之意。

还有一种说法，当年武则天篡夺大唐江山，自称大周武皇帝，触怒玉帝，玉帝下令四海龙王三年内不得向人间降雨。管天河的玉龙眼见人间久旱不雨要断绝生路，便喝足天河水并张口行雨。玉帝勃然大怒，让太白金星把玉龙打下凡间，压在一座大山下，山上立通碑写道："玉龙降雨犯天规，当受人间千秋罪。若想重登灵霄阁，金豆开花方可归。"人们看了碑文，方知玉龙为救百姓而违反天条，所以到处寻找金豆花，但却百寻不得。第二年二月初二，一个老婆婆背一袋黄豆到集上去卖，不小心撒了一地。那金黄的豆粒使人心头一亮："这黄豆就是金豆子，炒炒不就开花了吗？"于是，这天家家争相炒黄豆。太白金星看见人间炒的黄豆误以为是金豆开花，便拿去了压在玉龙身上的拂尘，玉龙终于得见天日，重上灵霄。后来，每年二月二人们便很早起床炒黄豆，边炒边唱："二月二，龙抬头，大仓满，小仓流。"

二月二这天，莒地境内的三庄、黄墩一带还有"闹春牛"的习俗。养牛户事先要把牛全身刷洗干净，牛角上拴红布，牛头上扎红绸戴红花，早饭后将牛牵到平坦而又开阔的大田里。村里男女老幼会集而来，随着噼里啪啦的鞭炮声，牛在大田里随意奔跑，乡亲们共同欣赏着经过一冬休养而膘肥体壮的耕牛。也有的村庄在二月二这天将牛套上耕地一圈，称为"试耕"。

清明节 清明前两日是"添坟土"的日子，称为"春祭"。清明前一日为"寒食节"，旧时此日多食冷饭，以纪念春秋时晋国的介子推。清明节饮食比较简单。莒地涛雒以南大多农家早上吃煎饼、面饼一类食物，谓之"清明吃煎饼，骡马一天井；清明吃饼子，男女戴顶子（官帽）"。清明节家家门插柳条、松柏枝，闺女、媳妇头戴柳枝、松枝结伴郊游，谓之"踏青"，以求一年不得脚疾。孩子则在大人陪伴下放风筝，沿海忌言"风筝"而称"鹞子""八卦"等。旧时官宦、富有人家的少女在清明时节荡秋千，以求"春风得意"。

端午节 又称"端阳节"。早饭吃粽子。粽子多以糯米、黍米、黏高粱米为原料，用桲萝叶包裹，呈枕头状，一包为一盖，两卷为一捆。少数用苇叶或竹笋皮包成三角状。端午节包粽子吃粽子的原因，一说是为了纪念楚国诗人屈原，二说是"吃了端午粽，一夏不生病"。旧时，这天家家门悬香艾、菖蒲，节后收作药材，传说药效优于他日所采。在端午日出前，儿童手腕、足踝都要系上五色花线捻成的绳，称为"配五絮"，在节后下头场雨时剪掉投入河中就可变为"长虫"，意使孩子避见有害蛇虫。"配五絮"时，还将拌好的雄黄抹于儿童鼻孔间，寄寓"虫蛇不敢近身"

之意。

中秋节 俗称"八月十五",是民间传统大节之一,有"八月十五过小年"之说。过"中秋节"也有庆贺一年丰收之意,每户每家都希望过节时合家团圆,故又称"团圆节"。节前,城乡居民以月饼馈送亲友,互祝团圆。节日晚上,家人围坐一起饮酒赏月,称为"圆月"。露天对月设供,用瓜果梨枣和月饼等"敬天地"。

重阳节 农历九月初九为重阳节,也是收获的大好季节。节日晚餐,大部分人家吃大米干饭,故有"九月九,大米干饭堵着口"之谚。民间还有以重阳日阴晴占卜年成的习俗,叫"九九无雨盼十三,十三无雨一冬干"。是日,文人学士结伴携酒,或登高揽胜,或赏菊赋诗。

四 居住风俗

莒人聚村而居。莒地村庄,随着历史变迁,几经兴衰。今天莒地村庄1200多个,考其建村史,多在明、清以降。

莒地村庄选址时一般依地势而建。村庄的名字有的以主要姓氏为名,例如左家宅子、张家抱虎、李家抱虎等;有的村庄以地理环境命名,如大河东、吕家崮西、河圈等;有的以历史人物或历史遗迹命名,如招贤街、龙尾、五花营、魏征川等;还有村庄以特色植物命名,如黄草坡、黄花沟、大林茂、柿子园、栗林等;有的村庄以某些村民的职业特色取名,如茶棚、刘家菜园、锢炉子官庄等。

莒地农村院落一般以平房为主,鲜少楼房。院落一般坐北朝南,有东西厢房。院子长方形或正方形,忌前宽后窄,否则家庭容易贫困。院内布局,北面三间或五间主堂屋,很少有四间或六间的主堂屋,一般只有庙宇才可四间或六间。大门要设在东南或西南方向,不能在正中,只有寺庙才能门居正中。堂屋门口有月台,一般高出地面20厘米。莒地堂屋大多三间,中间留一门,东为主,父母居住,西住子女。新农村建设后,有的是四间堂屋。20世纪50年代以前的房子,石头墙基、土墙、茅草顶。建造房屋时,从选址、铺地基、上梁、封顶,都要选取黄道吉日。

同村同街的同一排房屋,墙基平台可以有高有低,但堂屋屋脊必须统一高度,否则低的人家会不高兴,因为矮人一截。同街的各排住户,堂屋屋脊高度,前后排可以同高,后排也可略高于前排,但前排决不能高于后排，否则叫作"压阴"。

传统莒地村落保存较好的有东莞镇的赵家石河村。该村在东莞镇驻地西南 7 公里，地处三市四县交界处，是全国第五批传统村落、山东省第四批传统村落、山东省美丽乡村建设示范村和日照市美丽乡村建设重点示范村。村子占地 90 余亩，90% 以上房屋由当地石灰石垒砌而成，属鲁东南罕见的石头村落之一，所存最早的古院落距今已有 200 余年。

五 饮食风俗

莒地饮食习俗属北方类型。莒地人的主食中最贴近人们生活的要数煎饼了。在柴烟弥漫的厨房里，在煎饼鏊子旁，等待母亲摊出喷香的新煎饼，是多少莒人童年最美好温暖的记忆。煎饼分为很多种，按照成分分类有麦子煎饼、高粱煎饼、小米煎饼、地瓜煎饼、鸡蛋煎饼、糠煎饼、面煎饼，按照制作方法区分有答煎饼、刮箆子煎饼、轮箆子煎饼、滚煎饼，普通煎饼再加工有熘煎饼、塌煎饼。煎饼的制作工序非常复杂：除小麦外，其他粮食头天晚上放入水里浸泡，半夜起来"磨糊子"（也叫"推磨"），天亮磨好后，放到鏊子上烙煎饼。最常见的麦子煎饼是把小麦磨成"麦子糊子"后烙成，很有韧性，湿的筋软，干的香酥，吃到嘴里绵绵劲劲、滑滑溜溜。20 世纪 80 年代前麦子煎饼非常稀罕，只有逢年过节或小麦丰收时才能吃上几顿。

摊煎饼的工具包括鏊子、劈子、油布子等。鏊子面积有大有小，最大直径 73 厘米，圆拱形，三条短腿，生铁铸就。烙时，三条腿下面分别垫上石块，约 2 寸高，后边稍高些。劈子由竹子制成，用它来摊煎饼。"油布子"由几层口袋片合成，用来擦鏊子，使煎饼好揭。每次摊出的第一个煎饼叫"滑塌子"，因上次烙完后，为保养鏊子而擦了很多的油，故第一个煎饼便多油。巧妇摊煎饼，不穿随身衣，换上工作衣，放倒鏊子，点着柴火，先用油布子擦干净尘土，用竹劈子沾点涮劈子水，试试鏊子温度，然后左手持劈子，从右向左转着圈摊，很快鏊子上出现一片白云，把剩下的糊子从鏊子上刮进盆中，不洒不漏，接着往鏊子底下续柴火，火苗不紧不慢，等蒸汽全无，用刮子翘起一边，两手揭下来，放到板子上，干净麻利快，如同制作一件艺术品。十斤粮食的煎饼一两个小时便摊出来了。摊煎饼极为讲究技术性：鏊子温度要适中，太热，煎饼厚，容易滑而不沾，摊不成个儿；太凉，则煎饼扒在鏊子上揭不下来。火太大，摊出的煎饼生熟不匀；火太小，则煎饼不好揭，而且后几个也不好摊。擦鏊时，油多，出"滑塌子"；油少，煎饼揭不下来。另外，柴火的好坏和干湿也决定着煎饼的质量。

莒地有"找好媳妇，吃一辈子好煎饼"的说法，所以姑娘们六七岁时就需要学习摊煎饼的技能。摊煎饼是个非常辛苦的活儿，烟熏火燎夏热冬寒，一般都是妇女担当，很少有男人干这活儿。煎饼是农家主食，但一般不用来待客。即使是最好的煎饼，招待客人也觉得"太单薄了"。从前白面稀少，十分珍贵，平日自己不舍得吃，来客人时才做面饭，如烙油饼、擀单饼、包水饺、烙塌饼等。①清末，莒州知州周仁寿曾命州衙大厨特制三合一（小麦、小米、黄豆）煎饼。如今南关集贸市场挂牌经营的"周家香煎饼"，即是百年老煎饼铺的传人。②

此外，糊涂和豆沫子也是比较常吃的主食。糊涂以小米粉煮成糊状，加绿豆、爬豆、大麦仁者，称为押（压）糊涂，老人落齿者喜食。③豆沫子也叫小豆腐，原料即黄豆和蔬菜。制作时提前将黄豆泡好，上磨磨成糊，然后下锅，蔬菜洗净切碎，锅里的豆糊烧开，把菜放上搅拌几下，烧开，香喷喷鲜嫩嫩的小豆腐就做成了。它不要什么佐料，只要放上适量的盐就成了。黄豆随和性很强，干菜、鲜菜、白菜、野菜都能适应。特别是地瓜秧子切碎晒干做出来的小豆腐更是美味可口，头一顿吃不完，以后越炒越香。④

夏天入伏后，吃山羊最为适宜。暑天羊肉肥而不腻，瘦而不柴，肥瘦适中，解暑养胃。因为羊吃百草，故羊肉有"百草方"之美誉。多喝羊肉汤食欲好。做羊肉汤，采用当年山羊，羊肉连骨剁成大块，一起煮全羊，煮成后肉香、汤美、营养高，再加芫荽、食醋增鲜去膻。吃全羊，自然离不开莒州大饼。莒城传统美食店"任记全羊馆"的全羊肉，至今名扬齐鲁，吸引八方食客。⑤

---

① 政协莒县委员会编：《莒地民俗风情》，中国文史出版社2016年版，第234—237页。
② 同上书，第280—281页。
③ 同上书，第271页。
④ 同上书，第237—238页。
⑤ 同上书，第240页。

此外，浮来青茶值得写进莒县历史。1966年莒县南茶北引试种成功。1972年9月16日的《人民日报》登载山东省"南茶北引"成功的报道。地处夏庄镇的临沂地区茶叶研究试验站，始建于1978年6月，是长江以北唯一的茶叶研究机构，后因行政地域变更移交给莒县管理。

浮来青茶生长期长，具有"叶芽肥厚、栗香高、耐冲泡"等北方绿茶的独特风味，"绿、香、醇、净"是其主要特征。浮来青茶曾荣获"中茶杯"全国名优茶评比一等奖，第二届中国国际茶博览交易会国际名茶金奖，第二届中国农业博览会金奖，第四、五届中国国际农业博览会名牌产品。

六　山会风俗

浮来山福寿山会　浮来山福寿山会历史久远，每年农历正月十六日在浮来山隆重举行，规模宏大，盛况可观。这一天，浮来山周围两市（日照、临沂）、三县（莒县、沂南、沂水）、四十余村的居民，不分男女老少，云集浮来山"赶山会"。因整个活动以定林寺为中心，故也称"赶庙会"。会上，除常有的贸易、游览、娱乐等活动，突出特点是人们虔诚地祈福禳灾。定林寺、朝阳观、青云庵内，香烟萦绕，木鱼声声，善男信女们在古银杏木雕制的老寿星像前，顶礼膜拜，祈福求寿。庙会期间，诸如"麻姑献寿""福寿双全""松鹤延年""岁岁平安"等绘画、剪纸作品深受游客青睐，"金棒槌""陶碌碡""吉祥如意""四季发财"等民间工艺品最为抢手，莒地周姑戏连场演出，众多民间艺人登台献艺……

浮来山历来有正月十六举办福寿山会的习俗。据传刘勰驻锡定林寺的第二年正月十六日，便在银杏树下搭起彩台，亲自登台讲经作法，为百姓祈福禳灾。当天晚上，定林寺内外张灯结彩，四里八乡的居民纷纷赶来，很多老年人让儿子用木轮车推了来，姑娘媳妇有骑驴的、坐轿的，也有乘上小木船顺沭河而下，到城东上岸，再步行十几里到浮来山的。定林寺内人山人海，来晚了的靠不了前，有些年轻人便找两段木棍，用绳子绑在脚下，提高体位，以求看得见，听得清，这就是后来每年山会上少不了的"踩高跷"节目。这活动一直持续了三天三夜，盛况传遍大半个山东。

之后，浮来山福寿山会便增添了新内容。游乐队伍中，人们为纪念刘勰《文心雕龙》成书，特地扎制一条五彩巨龙，由二十几人挑起，沿途起舞，这便是流传至今的"耍龙灯"。有人跋山穿谷前往定林寺，害怕路上虎豹侵扰，就做一只张牙舞爪的狮子画皮蒙在身上，又扑又跳，这就是流传至今的"玩狮包"。因为当时远处来赶山会有骑驴的、坐船的、坐轿的，所以至今山会上还有"跑驴""耍旱船""抬花轿"等传统节目。传说当时城东姜庄有姜姓老两口，去浮来山赶山会的路上，老婆婆累得走不动了，老头儿便背着她走，这就是后来庙会上最受欢迎的"姜老儿背姜婆"节目的由来。

自明清至民国期间，每年的浮来山福寿山会还有城隍出巡的祭典活动，由知州主持，礼房主办。届时，知州率文武官弁、居城绅老，在城隍庙做完隆重的祭典仪式后，再将判官、鬼吏分别请出，由道士端牌位，将城隍木像请人八抬大轿，伴以旗牌伞扇仪仗队导引，知州随后，两侧集全州道士数百，奏击管乐，伴队缓行，直奔浮来山而去。此时，神轿之前，常有数十名披发跣足、脸抹油灰、身戴桎梏镣铐的人，低首前行。这些化妆游行的人们，是为亲人替罪还愿，祈福求寿的。对这些还愿者，礼房予以登记留名，会后招待食宿，并作"孝贤"褒奖。

1949年后，浮来山福寿山会规模更大，人数更多，但对那些驱鬼祭神的迷信活动一概取缔，而商贸、游乐等健康向上的赛社活动则更加活跃。

从2003年起，在办好福寿山会的基础上，每年10月2日在浮来山都要举办一次福寿文化节，作为福寿山会的延伸和补充。2006年中国（日照）第四届浮来山福寿文化节开幕式上，为浮来山风景区新建成的福寿碑举行了隆重的揭幕仪式。此碑基座高6米，为四面体。主碑高21米，为八面体，分别镌刻百个福、禄、寿、禧。碑顶为8.8米可旋转老寿星，意为八方送福。基座四周分布十二生肖，游客可选对应属相方位祈告福寿吉祥。

屋楼崮庙会 据传洪武元年，赵麟奉朝廷之命挂御史官衔来莒州安民。赵来到莒城，见城郊处处皆是战乱创伤，想来山乡民生定是贫困不堪，四月初八，便在屋楼崮山坡私访六村，将民间疾苦一一记录下来。

申牌时分，他们在大官庄吃完饭，令书童备驴回衙。正当书童收拾东西时，赵麟抬头往东一看，只见屋楼崮山坡上人山人海，并有炊烟飘飘，再细看，像赶集一样的人流从四面八方纷纷向屋楼佛塔涌来。他觉得奇怪，便问店房主人："屋楼山怎么这般时辰逢集？"店主人愕然不知如何回答，抬头向赵麟指的方向一看，惊讶地说："客官有福，这是六十年一度的神集。"赵麟与书童听了，异口同声道："啊？神集！"赵麟为弄个明白，决定赶个神集。他骑上小毛驴，书童紧赶，直奔屋楼崮而去。

屋楼崮越近，那夜市的实况越看得清楚：挑担的，挎篮的，赶毛驴的……在这熙熙攘攘的人群中，多是破衣烂衫的乡民，偶尔也有穿红着绿的村姑。再近山坡，集头的汤锅、食案等都清晰可辨。按理说，在这相隔不到三十丈远的山坡上，既然能看清一切，却为啥听不见集上的喧嚷声？赵麟贪看集景，没料到那小毛驴忽失前蹄，险些把他摔下山沟。他把毛驴拉起，又向东望，只见从东南方向跑来三匹烈马，马上各骑着锦衣纨绔公子，一群持棍弄棒的随从正拼命地追赶一位红衣村姑。那横冲直撞的烈马眼看碰倒了三四个行人，而骑马人毫不理睬，继续狂追。刹那间，三个暴徒把村姑团团围住，四五个恶奴蜂拥而上，七手八脚将那女子按倒在地。赵麟眼见此景，不由火冒三丈，连喊："住手，还有大明的王法吗？"当赵麟下得驴来，眼前的几丛树木挡住了他的视线，他急忙穿过树丛，来到出事地点，只见月亮清清楚楚地照在山坡上，静静的塔影躺在月光下，除此之外什么都不见了。这时，赵麟才如梦醒来，明白了店主人的说法。

赵麟回衙后，想到莒州百姓生活困苦，市场萧条，就和地方商议，在四月初八前后三天，开办夜间庙会，定名"神集"。时至今日，四月初八庙会已由夜间转为白天。每年逢集时总是人山人海。莒县及周边日照、五莲、诸城、沂水、沂南、莒南等地的商旅，于四月初八前几日便纷纷赶到，筑庐结棚。货物大到生活用品，小到针头线脑，物资百科，琳琅满目，应有尽有。庙会当日，一大早人们便争先恐后从四面八方云集而至，或买卖，或游览，热闹非凡。

凤凰山庙会　凤凰山原名焦原山，在县城南15公里处，东濒沭水，自东西望，地势险要。山上有玉皇庙，故碑犹存。山上的银杏树枝荣叶茂，树高约20米，粗约一围，年代无考。《庄子》记载："伯昏瞀人登焦原之山，射蛟百仞之渊，而目不瞬。"

每年正月十五，凤凰山庙会开会。这一天，沭河两岸村庄的男女老幼，沿山前、山后、河边几个方向涌到山上赶庙会。山上古庙香烟袅袅，香火不断。从前山到后山，有卖农具的、卖玩具的、卖吃喝的、卖花布的各种摊位，人们在春节即将结束的时候，到山上来集会，购买物品，迎接新的一年。

第二节　莒县非物质文化遗产

一　飘扬在蓬门曈曈日的彩色喜悦：过门笺

在莒地，在农家的木门、篱笆门上，每逢春节，就会飘扬起彩色的喜悦，那就是过门笺。大年初一，当拜年的人们推开木门，五颜六色、鲜艳明媚的过门笺飘扬在头上，人间喜悦，流年似锦。过门笺又叫吊钱、活门钱、花纸、挂千等，是莒地剪纸艺术的代表作。春节贴"过门笺"是莒地流传久远的古老习俗。2007年，莒县过门笺被列入第一批山东省非物质文化遗产名录；2008年被列入国家级非物质文化遗产名录；2009年9月，莒县过门笺被联合国教科文组织公布为人类非物质文化遗产。

过门笺，顾名思义，是贴在门楣上的像信笺一样的装饰刻纸，也有的贴在窗户上、影壁墙上和橱门、粮囤、井台、牲口槽、手推车、纺线车、织布机、大农具、柱子、大树上等，但这些地方一般只贴一张。过门笺在除夕下午和春联一起张贴。贴过门笺是有讲究的，贴在大门、二门、堂屋门楣上的一般为六至八张，俗称"一门"。五色门笺通常为大红、绿、黄、粉红、蓝紫，称"三红加黄绿"。贴过门笺时，五色的排列次序因地而异，通常是"头红二绿黄当央"，粉红第四，蓝紫第五。

莒县过门笺的制作从明代开始流行。当时来氏先祖自浙江萧山县移民莒县，带来"过门添子"，过年贴于门楣，既好看又吉祥，很快传遍了四周。至清代中期，莒县过门笺的刻制工艺成为比较固定的模式，即按过门笺的尺寸设计出图案，刻模板，做蜡盘，把模板放在裁好的彩纸上，最后再在蜡盘上用各种刀具刻制，也有的是用木槌敲击刀具砸刻。过门笺的加工工艺有单色、多色套色法。套色法就是将各色彩纸叠在一起，放在蜡盘上刻制，刻完后换纸的颜色、纹样、位置进行"换膛子"，实型填补虚型，背面用纸片粘贴住，色彩更加丰富。莒地过门笺的尺寸式样繁多，题材广泛，构图美观，色彩鲜明，贴近生活，用象征、谐音等手法，表达人们对新年美好生活的向往。①

过门笺的尺寸大小式样繁多,一般按照实际需要自行设计,约长16—29厘米,宽8—19厘米。过门笺中间为镂空的字或图案,周围分别是万字纹、鱼鳞纹、水波纹、花瓣纹、菱形纹等牵丝组成,千姿百态,异彩纷呈。

过门笺的形成、发展,充分体现出劳动人民的聪明才智和审美情趣,它融剪纸、木刻、国画于一体,用象征、谐音、寓意等手法表现人民对美好生活的追求和向往。

过门笺所反映的内容受时代影响不断演变。比如,1949年前多是"子孙满堂""人财两旺""五福齐来""年年有余"等;1949年后,20世纪五六十年代,则是"毛主席万岁""共产党万岁""读毛主席的书""和平世界""劳动光荣""为人民服务""农业学大寨"等,体现了社会主义国家里人民热爱共产党、热爱领袖、热爱劳动的情感;到了现在,过门笺的内容则是"迎新春""恭喜发财""红梅迎春""万事如意"等。

过门笺是莒地劳动人民在长期的生活实践和独特的文化历史环境中形成的颇具特色的剪纸艺术。它的题材、内容、艺术形式都是适应农民和农村居住特点而产生,具有浓厚的乡土气息和地方特色,是一种独特的民间艺术形式,承载着诸多历史文化信息,对于研究当地社会发展和民俗风情,具有重要的历史文化参考价值。

当下莒地过门笺的传承人有于红、来立军等。

二 关于忠诚、热烈、不屈的千红一哭:孟姜女的传说

冬至以后进入严寒,莒地有为先人送寒衣的习俗,这源自孟姜女的传说。

据《左传》记载,周灵王二十二年(齐庄公四年,前550年)秋,齐庄公出兵进攻晋国,大败而归。齐军未回齐,转而袭莒,派大将杞梁战于且于门。情势危急,莒国国君犁比公亲临前线击鼓助阵,杞梁战死。杞梁战死的地方就在且于门,即春秋时期莒国都城的西南门(今莒城西南角,俗称七里门)。对此,清光绪十年曾立碑以志,上书"且于门故址"

---

① 政协莒县委员会编:《莒地民俗风情》,中国文史出版社2016年版,第15—17页。

五个大字。碑高79厘米，宽54厘米，厚1.5厘米，现存于莒县博物馆。

孟姜女正是齐将杞梁之妻。杞梁战死，孟姜女扶棺大哭，不饮不食，涕泪俱尽，齐城忽然崩陷数尺。这是哀恸所致，精诚所感。《东周列国志》载："后世传秦人范杞梁修筑长城而死，其妻孟姜女送寒衣至城下，闻君死痛哭，城为之崩，盖即齐将杞梁之事，而误传之耳。"

民国24年（1935年）的《重修莒志》，记载了"且于门"以及孟姜女的传说故事。从史实可见，孟姜女传说的真正源头离不开莒城。

由于时代的发展，信息传播途径的变化，原来靠口口相传的孟姜女传说正面临失传的危险，莒县县委县政府做了大量挽救工作，2009年新建成的莒州博物馆里，设立了"且于门之战"展厅，将孟姜女传说放进历史画卷中，使得这一传说故事有了一个崭新的传承载体。2011年莒县图书馆设立了孟姜女陈列室，建立了文本、图片和视频资料档案，使孟姜女传说得以传承和保护。

2006年，孟姜女传说经国务院批准列入第一批国家级非物质文化遗产名录。

另外，在莒县东莞一带流传着另一版本，即杨廷妻为修长城的丈夫送寒衣的故事。齐长城遗址旁有一村庄名曰"杨廷官庄"。春秋战国时期，莒地城子岭上住着一户姓杨的人家，这家有一独生子叫杨廷，年方二十，与本村姜氏女成婚。不料，齐宣王下令修长城，杨廷便随大批被征调民工离开城子岭，开启了这项漫长而艰苦的工程。很快他成为队伍中非常得民心的领导，人称"杨将军"。寒冬腊月，妻子姜氏来工地为他送寒衣，但没见着杨廷，就把棉衣送给了一个年老的民工。由于工程不得征调女子筑城，她便女扮男装留在工地上，白天帮民工烧水做饭，晚上帮大家缝补衣衫。直到有一次，杨廷和姜氏打了照面，才认出是自己的妻子。经过三年奋战，山上的城墙如期完工。齐宣王到此巡视，发现山上的松树没砍，山下的河沟未填平，随即传旨将杨廷斩立决。就在杨廷被行刑的当天，姜氏也投涧自杀。后来人们为了纪念杨廷，就把他领修长城的这座山取名杨廷山，把山下筑城民工的宿营地叫作杨廷官庄。明初，当地百姓还在杨廷官庄村内修建一座杨将军庙，香火不断。从此，冬至为仙逝的亲人送寒衣便成为莒地的习俗。人们用五色纸糊制冥衣，上坟时在坟前焚烧。离家遥远的则在十字路口连同香纸一同烧化。①

2019年11月,《国家级非物质文化遗产代表性项目保护单位名单》发布,济南市文化馆、莒县文化馆、秦皇岛市山海关区文化馆、淄博市淄川区文化馆获得"孟姜女传说"项目保护单位资格。

三 被拒而不改的乡情:秃尾巴老李的传说

莒县寨里河乡有个村庄,名叫龙尾。每逢七月,当从东北来的狂风骤起,黑云压顶,倾盆大雨将至时,当地人便会边往家跑边不住地喊着:秃尾巴老李祭母来了!"秃尾巴老李,连风夹雨"的传说在当地流传已久。

传说村里有一对李氏夫妇,人到中年膝下无子。一日,夫妇二人在田里耕作时忽遇倾盆大雨,避之不及。妇人没几日便怀孕了,并于农历五月十三生下一条青黑色的蛇,随即死去。丈夫大骇,挥起锄头把攀缘在房梁上的黑蛇尾巴劈掉。只见黑蛇腾空而起直上云天。农夫第二天把妻子埋葬,一连三日大雾不止,啼哭呜咽声回荡在四周。三日后坟墓便成了一座小山,周围像被碌碡滚过一样,鼻涕泪水一大堆。于是有老人说:"农妇生下的不是蛇,而是一条黑龙。它感生育之恩,为娘守坟三天。"因为它没有尾巴,又降生在李家,因此被唤作"秃尾巴老李"。最初它被安排在山东,保障当地降雨。它不改莒人本色,勤于职守,让山东大地风调雨顺。后来,秃尾巴老李被调配到东北白龙江。但当时镇守在当地的白龙作恶多端,不肯与其调换,于是双方引发恶战。当地人久仰秃尾巴老李的品德,便在大战之时帮助秃尾巴老李。最终黑龙获胜,那条江从此易名为"黑龙江"。秃尾巴老李想念家乡,对山东人特别好。过往船只中只要有山东人,江面便风平浪静;如果没有,就会浪涌船翻。渐渐地,开船的船工都知道了这其中的缘由,若坐船的没有山东人,就坚决不开船,若有山东人在船上,开船时船工喊一句"秃尾巴老李……",船就会平稳地驶过江。至今,船过黑龙江时,很多人仍默念着秃尾巴老李的名字。

白龙调到山东后视百姓为仇人,十年九旱,秃尾巴老李颇为无奈,只好从东海为龙尾村的父老乡亲通了一处海眼,并置两尊石龙把守。此海眼至今仍在村东侧,不管天有多旱,海眼永不干涸。每年农历五月十三,黑

---

① 政协莒县委员会编:《莒地民俗风情》,中国文史出版社2016年版,第110—113页。

龙都会回山东莒县老家为母亲上坟，每次都哭得泪雨涟涟，于是当地普降甘霖。尽管人们并没有为秃尾巴老李修建庙宇，但他的故事在莒县却无人不知。这一传说始于清初的莒地，后盛行于山东全省乃至东北三省，见证了勤劳朴实的山东人"闯关东"的历史事件。龙尾村至今保留着龙母坟、海眼泉、龙尾石、龙母泉、龙泉等景观。莒地人把秃尾巴老李的诞生日即农历五月十三定为"祈雨节"。这一天，莒县东南各乡村民都要到龙尾村为他庆贺生日，于龙眼泉畔举行祈雨大典，祈求神龙保佑，风调雨顺。所有在场人员一律不准带雨具，这是祈雨的规矩。[1]

四 中国传统文学中对日常生活的叙写之打捞：周姑戏

在莒地，冬天的场院里，夏天的村外，几个乡民，一把月琴，琴声一响，身段一摆，就吸引了锅灶上的老太太、淘气的小孩、年轻的妇女，月亮底下，表演的、观看的，都是熟人。演的内容都是身边的故事，妯娌矛盾、地头风波、家长里短，所以人们能很快进入一种共情状态。这就是周姑戏，是从深厚的莒地生长出的戏剧。

周姑戏，也叫"肘鼓子""拉魂腔""拴老婆橛子""盘凳子"。山东其他一些地方戏曲，比如南路的柳琴戏、东路的茂腔、西路的五音戏，都与周姑戏有着密切的亲缘关系。最初，周姑调只是乞讨者作为"唱门子"要饭的帮腔：有的肩背布袋，手抱月琴，自弹自唱；有的两人搭档，一人操琴伴奏，一人打板行腔。这种说唱形式，无角色可言。后来，这一形式逐渐演变为由几人搭档成班，分担角色，作半营业性质的演出，其报酬多是由请戏的村凑钱或凑粮付给。戏的内容多反映男女爱情、家庭伦理等生活片段，颇得群众特别是农村妇女的喜爱。莒县境内有一民谣云："周姑戏，娘们（儿）的事，男人不屑听，老婆抹上蜜（儿）"。

周姑戏传统剧目有 300 多个，但无笔录剧本，皆以师承关系腹本传授，因此多数剧目皆已失传，现仅存《砸蛮船》《四宝山》《卖宝童》《双楼记》《劝嫁》五个残缺剧本。

周姑戏流传至莒地是在咸丰年间，由迁入小店乡杨家崮西村的刘光明最早引入莒地，组成周姑戏班。伴奏乐器由单一的击鼓发展到二胡、扬

---

[1] 政协莒县委员会编：《莒地民俗风情》，中国文史出版社 2016 年版，第 81—89 页。

琴、月琴等。此后，民间或以家庭成员为主，或搭档凑班组成戏班，扩大演出范围，成为半职业性的小剧团。

周姑戏的得名，据说是清朝乾隆年间，莒县北有一周姓村姑，因不满父母包办的婚姻而出走，沿途以乞讨为生，每到一家就哭诉自己的身世。人们便把她的哭诉腔调称为"周姑调"。后来被乞讨者沿用为讨饭的腔调。

周姑戏的传播，东港区还俗尼姑丁氏一家做出了贡献。丁氏的三个女儿都是唱周姑戏的好手。她们在日照、五莲诸城等地演唱，深受欢迎。后来，丁氏一家在诸城落户。她的二女儿嫁到五莲的叩关乡，从此，周姑戏在五莲扎根。

1951年，莒县文化馆成立后，于1952年成立了农村剧团联合会，农村剧团快速发展。1962年，全县剧团138个。村村都有剧团或演唱队。

1995年，夏庄镇党委、政府在原小店周姑剧团的基础上，重新组建了夏庄镇周姑剧团，常年活跃在四市八县乃至鲁东南地区。

周姑戏代表性传承人有徐庆余、胡剑夫。前者可以演唱50余部传统剧目；后者创作了13部反映计划生育、邻里和睦等内容的现代周姑戏，巡回演出1000余场，受到广泛好评。

值得注意的是，这些现代题材的周姑戏，所表达的主题与传统剧目已经有很大不同，但不变的是它们依然贴近最广大农村群众的生活，所以有了旺盛的生命力，在群众的叫好声中实现了对群众的教育。

周姑戏对基层广大人民的抚慰，对莒文化的传承与认同，就在这田间地头的口口相传与粗陋的道具戏衣中，得到了体现。它的一招一式、一腔一调中，流淌的都是绵延不断的莒文化。

五　尚武遗风：狮子舞

碁山镇的传统狮子舞，在莒北各地广泛流传，其中尤以碁山镇珠山村为主要发源地。狮子舞，俗称"耍狮包"，是我国传统的民间舞蹈，也是节日庆典及春节前后群众文化生活中不可缺少的内容。

相传清代同治年间，碁山镇爱好狮子舞者专门外出学艺，后逐步传开，并流传至今。莒北一带舞狮艺人皆师从碁山舞狮人。表演狮子舞的时候，先来一段开场锣鼓，然后大小狮子依次出场，表演者两人一前一后，共披一张狮子皮。前者双手举狮头,双腿足做狮的前腿蹄(穿狮腿蹄),后者抱前者的臀部,双腿足做狮的后腿蹄。有一人或两人身着黄衣扮作驯狮的武士,手捧绣球,在前撩逗狮子表演,故有"狮子滚绣球"之别称。出场先以"文狮"吸引观众,然后以"武狮"令表演达到高潮,最后在锣鼓声中徐徐退场。

表演所用的狮子,头部用竹子、木料、布、油漆做成,狮身、狮尾以布、麻、毛等做成。在舞蹈过程中,为了突出狮子舞的效果,配有一定的鼓乐。鼓乐主要以锣、钹、鼓等打击乐器伴奏,激昂有力的舞蹈动作配上铿锵雄浑的音乐,给人以欢快、雄壮之感。越到表演高潮时,鼓乐节奏越明显迅疾,观者也跟着变得心跳加快,视觉及听觉感受相当强烈。

狮子舞者多在冬季农闲时节开始练习,春节前后到各村镇巡回义演。每到一处,一般都由村镇或单位给予不定数额的赏钱和喜庆食品等,不论多少,从不计较。

在表演狮子舞的同时,一般会添加一对"旱船"、两个"姜姥",伴之快书、笑话或者高跷等。碰上夜晚演出,在汽灯、"保险灯"的照耀下,更是显得色彩斑斓,为狮子舞表演增色不少,很受群众欢迎。

六 莒人的飞扬:秋千节

清明时节,莒县北境的秋千盛会独具特色,即转秋千。莒北碁山附近三十多个村庄,热衷打转秋千的不下万人。

碁山镇境内,早在新石器时代即有东夷先民在此繁衍生息。春秋时期,此镇地处莒国,境内有莒国军事重邑且于城,战国时期属齐国,具有丰厚的文化底蕴。长城岭下秋千之戏的渊源,最早见于《事物纪原》。此书记载:"齐桓公北伐山戎,将秋千之戏,传之于齐"。此地区处齐长城之阳,居穆陵关之门户,或是秋千传入的最早地域。

另一说谓:金元之交,莒地战乱,民不堪命,每当春月饥寒,常有迫于徭役、饥饿悬梁缢树之民。村里遭此惨事,乡老里胥为禳灾祈福,必去屋山请道士前往建醮作法。屋山道士长于武术,善杂技,作法时,必在坛场竖起百尺高杆,作飞千表演,临空抛符、豆,撒纸钱,名曰"驱缢鬼"。礼成后告之施主,须还三年秋千神愿。至还愿时,道士往往因应法事过多,人不敷用,不得已将秋千技艺教授给村上的善男信女,助其完成法事，而承飞千之技。邻村百姓为避灾驱邪如法仿效，后相沿成俗，逐渐嬗变为乡里盛会。

莒、沂边境箕屋山之阴，明代前杨家庄进士杨光溥有"东风吹醒梨花梦，月在秋千别院西"的诗句。以此可证，明代莒北秋千之戏业已称盛。

每年春分次日，家家在院中或门前空地上搭起秋千架，让家人悠荡，以示人丁兴旺。本地人荡秋千叫"打悠千"，取"（越）打（越）有钱"的谐音。

这里的孩子从六七岁就敢在丈余高杆上系绳摆荡；青年男女则通过秋千盛会，相互交往；年过八旬的老翁，仍能攀杆献艺。

每年的莒北秋千节自寒食前一天至清明节黄昏，为时三天。碁山周围举办盛会的东道村，每年不下十几个，尤以大林茂、狮子门口、山旺等村的表演最为叫绝。

热心秋千的长者应时率领村上青年，在村头数百平方米的宽敞空地，先用木棒和铁丝扎成一个约一米高的四方底座，再把一根七八米高的中柱斜靠在底座上，中柱上方有八个榫孔，底下的人把八根横桁也就是吊棒送上去，有人顺杆爬上去，将其插到孔里，砸结实使得梁柱对位，再用绳索固定。对接完成以后，众人合力，前推后拉，十几个青壮年一点一点把中柱竖起来，对准地下的转孔，四个方向同时拉绳子，同时不断调整令柱子垂直，然后将绳子捆到四面的树干或电线杆上。此时秋千便已见雏形，就像一柄巨大的雨伞骨架。然后每根吊棒末端各拴 5 米许双股绳索两条，下连一个"牛锁头"作为千板，这样，一个八座的土法秋千就算完工了。固定干杆的多条斜拉绳索上下装有五颜六色的小旗，远远望去，像一座五彩缤纷的彩楼。

秋千搭好后的第二天一大早，东道村的主持人先到秋千架旁为秋千开光，率众焚香烧纸，对着秋千跪拜，口中念道："悠千神，悠千神，光打悠千别跌人。"祈求秋千神灵保佑人玩耍时的安全。然后一青年登上秋千高台撒糖果，引得架下大人小孩争先恐后地哄抢。之后大家便可上千练习。

村练五六天后，选出高手参加联村盛大的秋千节。举行秋千盛会的早晨，身着节日盛装的男女老少，从四面八方赶来。9 点以后，会场上即已观众如云,摊贩密集,叫卖声不绝于耳,热闹的场面胜过传统的庙会、社戏。各路秋千高手争相表演"凤凰单展翅""天女散花""倒挂金钩""壁虎倒爬""鹞子翻身""麒麟送子""喜鹊登枝""老虎登山""霸王观阵""太公钓鱼"等节目,各有妙趣,美不胜收。

　　如今,东莞镇赵家石河村保留有完整的秋千会习俗。于河边,于院前,人们劳作归来,上架荡一把,高高的秋千上,疲惫消散,笑声四扬。明戏曲家、诗人李开先留有摩崖诗云:"彩架过长河,女郎笑且歌。身轻如飞燕,手捷如撂梭。村落人烟少,秋千名目多。从旁观者惧,仕路今如何。"

第九章

革命文化资源

第一节　莒县红色革命历史

从莒县党组织成立到中华人民共和国成立的21年里，是莒文化持续传承发展的重要环节。莒县党组织带领全县人民，在不同的历史阶段，前赴后继，顽强斗争，为中华民族的独立和中国人民的解放事业做出了不可磨灭的贡献。历史永远铭记，莒县共产党人和人民群众为取得革命胜利所付出的巨大贡献和牺牲。先烈们的光辉业绩与永不屈服、永远前进的革命精神光照千秋，是留给后人和历史的宝贵财富，是无比珍贵的红色革命文化资源。

一　莒县的行政区划与历史格局变迁

切实厘清莒县与沂蒙根据地、莒县与滨海根据地、滨海根据地与沂蒙根据地的关系，整合莒县独特的红色文化资源，对不忘初心继续前行、对经济社会发展具有重要的文化价值与贡献。

（一）莒县的行政区划界定

莒，春秋时为莒国，自秦朝始为县，是中国历史上最古老的县份之一，之后或为郡、或为州、或为县，始终是鲁东南沿海一带政治、经济、文化中心。海曲，历世属莒，东汉时期，为莒之日照镇。金朝时，设日照县，属莒州，元、明、清都属莒州。抗日战争时期，莒县、日照县都属于滨海地委管辖。1949年中华人民共和国成立后，莒县属临沂地区管辖。1992年在行政上划归地级市日照，是日照市下辖两县之一。

据《莒县志》记载，1913年3月，分全县为36个区；1929年划全县为10个区；1931年全县划10区为332个乡镇，2585个村。①

随着抗日战争的爆发，莒县区域发生了重大变化。《中国共产党莒县历史》记载，从1939年到1945年，在莒境与周边先后诞生了莒南、莒北、莒中、莒临边（后改为莒临县）、莒沂边（后改为莒沂县）、莒诸边县。1942年9月，莒中县、莒南县、临沂县边邻部分区域划为莒临边县（后改为莒临县），1945年9月，莒临县撤销。1943年7月，莒境西北部与沂北县接壤部建立莒沂边县，1949年7月，莒沂县和沂北县合并，仍称莒沂县，1953年8月，莒沂县撤销。1943年9月，莒境北部与诸城县边连部建立了莒诸边县，1945年10月，莒诸边县撤销。1945年7月，莒中县更名为莒县。1949年12月底，全县共辖14个区142个乡。②

（二）莒县的革命历程

在中国共产党的创建以及大革命时期，党的创始人之一——莒县北杏村（今属诸城市）人王尽美在齐鲁大地播撒了革命的火种，他发展带动了宋寿田等莒县进步青年投身革命洪流。土地革命时期建立的中共莒县特支等，虽屡遭破坏，但共产党人坚持在"白色恐怖"中斗争，点燃了莒县革命燎原之火。

抗日战争时期，莒县成为鲁东南抗日根据地即滨海根据地的发祥地和核心区，莒县横山根据地成为滨海根据地中最牢不可破的核心区域。中共莒县县委是抗战初期鲁东南地区成立的第一个县委，鲁东南特委即后来的临沂市委。莒县随之成为鲁东南特委及山东第一区党政军指挥中心和抗战腹地。《中共滨海区党史大事记》记载，"滨海区（抗战初期称为鲁东南地区）位于山东东南沿海，是山东抗日根据地五大战略区之一……所处地理位置，既是华北、华中两地区的结合部，又是山东、江苏两省交接处，南北可分别控制陇海、胶济两铁路以及连云港、青岛两市，东可控制沿海各海口，西可控制鲁南重镇临沂，战略位置十分重要"③。

解放战争时期，莒县党组织带领全县人民积极参军参战，发展生产，踊跃支前，先后有6657名优秀儿女奔赴前线，近200名干部南下开辟新

---

① 莒县地方史志编纂委员会：《莒县志》，中华书局2016年版，第67页。
② 莒县县委党史研究室：《中国共产党莒县历史》，中共党史出版社2006年版，第312页。
③ 临沂地委党史委：《中共滨海区党史大事记》，山东人民出版社1988年版，第9页。

解放区，32万余人次民兵、民工支前，2000余人为国捐躯，为全国解放事业做出了巨大的牺牲和贡献。

在长期的革命斗争中，莒县人民在中国共产党的领导下，不畏艰险、不怕牺牲、前赴后继、奋斗不息，涌现出无数可歌可泣的事迹，谱写了光辉灿烂的篇章，创造了弥足珍贵的历史经验，是革命先辈留给后人的无价的精神财富。历史永远铭记，莒县共产党人和莒县人民为赢得革命胜利付出的巨大代价，创造的卓著功绩。

（三）滨海革命根据地

"在我们祖国的东端，有这样一块富庶而美丽的地区，它南起横贯大半个中国的陇海铁路，北至山东半岛的大动脉——胶济铁路，东滨白浪滔天的黄海，西界沂河，东西约400华里，南北约600华里，这里有古代名城莒国（即莒县），也有天然良港青岛、连云港、石臼所、岚山头"[1]。1937年7月7日，卢沟桥事变后，抗日战争爆发，莒县各地纷纷成立抗日队伍，抗击入侵日军。莒县党组织领导人民建立抗日武装和民主政权，开辟了抗日根据地，并在深入开展敌后游击战中发展壮大。《临沂地区志》中记载："从1941年春起，山东党、政、军首脑机关就长期驻在滨海区。滨海根据地因此成为山东革命斗争的中心根据地"[2]。

滨海根据地的发端地是莒县小店镇，也就是横山根据地，横山根据地是滨海根据地最危难最艰险时也没有丢失的根据地。《滨海八年》记载的1944年的滨海军区地图，与古莒文化圈的范畴，无论向南、向东、向西、向北的辐射范围几乎完全一样。

滨海根据地最初是沭河边的一个村庄，只有一支小部队，伴随着莒县县委的成立和鲁东南特委的成立，滨海根据地得以不断发展。它的形成经历了这样几个阶段。第一，建立政权。由抗战爆发至1939年底，近两年的时间里，尚未建立起稳定、有效的根据地政权和各级地方组织、机构。根据地的各项工作以党组织为中心开展，党政一体。第二，抗日民主政权的初创阶段。1940年3月，最先只在滨海根据地的核心地莒县、日照建

---

[1] 山东解放军滨海军区政治部编：《滨海八年》，临沂地委党史资料征集办公室，1946年7月，第12页。

[2] 临沂市地方史志办公室：《临沂地区志》，中华书局2001年版，第895页。

立了县级政权,创建了鲁南专署第一行署、莒日临赣四县联合办事处及部分县、区、乡政权。1941年1月至1943年3月,是滨海区抗日民主政权的发展阶段,建立了完整的滨海区政权组织机构,组建滨海地委、滨海专员公署、滨海区参议会和滨海独立军分区及莒南、莒中、日照、沭水、赣榆、临沭、郯城、海陵等县级政权,实行小区制,撤销乡,区直接领导行政村。第三,抗日民主政权的巩固与完善阶段。1943年3月至抗战胜利,这是滨海区抗日民主政权的巩固与完善阶段。以开始实行党的一元化领导为界线,建立起比较稳定的组织、机构模式,由原属中共山东分局直辖的滨海专区升格为滨海区,组建滨海区党委、行署、军区,辖莒北、诸城、日照、莒南、莒中、赣榆、临沭、郯城等15个县级政权。

在八年抗战中,山东抗日根据地有鲁中、鲁南、滨海、渤海、胶东五个战略区,2.5万余个村庄,847.7万人口。其中,鲁中的范围是南迄峄县,北至博山、临朐,东起沂水,西到莱芜、泗水。鲁南则是泗水、滕县等地区。渤海区在河北省东南部、山东省北部交界处,东临渤海,西枕津浦铁路,北至天津,南跨胶济铁路。而胶东位于山东半岛的胶莱河以东地区,三面环海。滨海在抗日战争初期称鲁东南地区,它北起胶济铁路,南至陇海铁路,东临黄海,西界沂河,包括16个县、市、区。《中共山东地方史》中对滨海区的介绍是:"鲁东南,即后来的滨海区,位于胶济铁路以南,陇海铁路以北,东临黄海,西界沂河和台潍(台儿庄潍坊)公路"[①]。

在滨海抗日根据地各级政权的建设过程中,各级抗日民主政权在严酷的抗战形势下,一边发动群众,一边完善机构、提升执政能力。由于抗战形势的错综复杂,滨海抗日根据地各级政权的组织形式及其辖控范围经常变动,滨海区一级的政权机构经历了莒日临赣四县联合办事处、滨海专员公署、滨海行政公署等不同发展过程,并由最初分别隶属于鲁中、鲁南区发展成为独立的战略区。下属各级政权机构的隶属关系逐渐明晰,并最终形成了滨北、滨中、滨南三个专署及15个县级抗日民主政权,建立完善了由区到行政村的基层政权。在军队建设方面,八年抗战中,滨海部队发展到3.6万人,民兵发展到4.8万人,自卫团发展到11万人,滨海部队

---

① 陈建国:《中共山东地方史》,山东人民出版社1998年版,第22页。

歼日伪军4.8万余人。建立了3个专员公署、22个县级抗日政权,人口约500万人,面积约为5.3万平方公里。中共党员则发展到了2万多人。

1945年8月,山东省政府成立时下辖5个行政公署,分别是胶东、渤海、鲁南、鲁中、滨海行政公署。滨海根据地还承担着一个重要的功能,它是1940年之后山东党政军首脑机关所在地,对山东抗战的胜利做出了巨大贡献。

(四)沂蒙革命根据地

1948年7月17日,中共华东中央局决定将滨海、鲁中、鲁南地区合并为大鲁中南区。鲁中、鲁南、滨海根据地合并成统一的鲁中南解放区。这就是后来沂蒙根据地的范围。滨海、鲁中、鲁南三大根据地,构成了山东根据地的核心区。其中,长期驻扎山东党政军机关的滨海根据地更是山东根据地的内核。中华人民共和国成立后,人们习惯用"沂蒙老区"来指称革命战争时期的滨海、鲁中、鲁南地区。广义沂蒙老区的范围大致包括:临沂市的全部,日照、青岛、潍坊、淄博、济南、泰安、莱芜、济宁、枣庄的全部或部分区域。1949年后,这些地方的核心区域统称为沂蒙老区。沂蒙老区的核心区在临沂市,也包括周边地市的部分县区,这是无可置疑的。在2011年国务院办公厅下发的《关于山东沂蒙革命老区参照执行中部地区有关政策的通知》中,将淄博的沂源、潍坊的临朐、济宁的泗水、泰安的新泰、日照的五莲和莒县列入沂蒙革命老区中。加上临沂的12个县区,共18个沂蒙革命老区县。

滨海根据地是1948年形成的大沂蒙根据地的重要构成部分。当时山东党政军领导人黎玉的回忆文章《沂蒙山区抗日根据地》以"沂蒙根据地"来指称滨海、鲁中、鲁南三个根据地。滨海根据地在整个抗战时期,作为一个战略区与独立的根据地,是单独存在的,它是山东五大根据地之一;而此时,在解放战争时期和1949年后响彻全国的大沂蒙根据地并不存在。此时的沂蒙只是鲁中根据地的第二专署,管辖范围狭小。到解放战争时期,滨海根据地才与鲁中、鲁南根据地一起合并成大鲁中南区,成为大沂蒙的一部分。从1938年鲁东南特委在莒县成立,到1948年滨海区撤销,整整十年间,党政军机构一直驻守在鲁东南根据地也就是滨海根据地,因此,在中国共产党历史上,滨海根据地有着独特鲜明的特色,为中国革命与抗战做出了巨大的贡献,尽管长期被湮没,但应当被厘清并铭记。

（五）莒县与沂蒙、莒南

沂蒙既是一个地域概念，也是一个革命历史称谓，是中国共产主义革命的产物。学界对"沂蒙"这一称谓的理解有广义与狭义之分。广义的沂蒙，指的是山东抗日根据地的滨海、鲁中、鲁南三大战略区；狭义的沂蒙专指抗日战争时期鲁中根据地的第二专署，又称为"沂蒙专署"。

莒县作为滨海根据地的发端地和核心区，不仅属于沂蒙革命根据地，而且是其中重要的组成部分，为中国革命的胜利做出了巨大贡献。

莒南，在莒县南部，是从莒县南部分离出去的。《红色莒南》序言第一句是："莒南地属古莒，几千年来深受莒文化滋养"[1]。1939年6月日军侵莒后，逼迫大量劳工为其突击施工，沿泰石公路两侧挖壕沟，修筑据点，切断了莒县的南北联系。中共鲁东南特委根据形势发展，为便于开展斗争，决定撤销中共莒县县委（县委书记郭有邻已于4月调往胶县工委任书记），以莒日公路为界，将原莒县划分为莒南、莒北两部分。1940年12月，经山东省战工会和鲁中区党委批准，五地委决定，以大店南浔河为界，将原莒南部分划分为莒南县和莒中县。1939年划分的莒南县与1940年划分的莒南县，是不一样的。前者是以莒日公路为界，后者是以大店镇的南浔河为界。1939年的莒南比今天的莒南县面积大，事实上还包括今天莒县很多地方；而1940年划分的莒南范围，就是今天莒南县的范围。抗战时期，一切为了胜利，一切都可以牺牲，改换地名本是寻常事情，只是，千年古县莒县，从此不再是原来完整意义上的管辖范围了。1945年10月，莒中县改为莒县。此莒县面积仅包括原莒县的北部，大店南浔河以北，不包括南浔河以南的区域，那里已经是莒南。1949年后，莒县、莒南同归临沂地区管辖。1992年莒县划归地级市日照，莒南归地级市临沂管辖。沂蒙精神因山东人民在抗战时期、解放战争时期所做出的特殊贡献，而被一再传唱，然而与此同时，滨海根据地在整个抗战时期、绝大部分解放战争时期作为一个独立根据地所做出的巨大贡献，则长期被遮蔽在沂蒙的光辉之下。同样，在抗战、解放战争中，莒县作为滨海根据地发端地与核心区的巨大贡献和耀眼光芒，在很大意义上被从它南部分离

---

[1] 红色莒南编委会：《红色莒南》，中国言实出版社2010年版，第6页。

出去的莒南县替代。

（六）莒县与山东八路军、第四野战军、38军

莒县与山东八路军 1937年7月山东八路军数量为零，1938年12月为2.45万人，1940年10月为12.4万人，1945年8月则达到27万人、8个师、12个警备旅。八年时间，山东歼敌数量占共产党歼敌总数的30.9%，山东八路军占共产党部队总数的22.5%。抗战胜利后，山东八路军又对全国解放做出了巨大而特殊的贡献。这支部队根据中央"向北发展，向南防御"的战略方针，由罗荣桓率领6万多名八路军和6000多名干部开赴东北。去东北的第一支部队就是万毅的东北挺进纵队。这个纵队本来是滨海支队。此外，滨海主力梁兴初、梁必业的第一师，还有罗华生、刘兴元的第二师，先后开赴东北战场，编入东北民主联军。

莒县与第四野战军 梁兴初、梁必业的第一师的第三团，就是以莒县时称"马营"的部队为主改编而成的。这个团，一直到后来的抗美援朝战场上，都是响当当的铁军。留在山东的部队还有40多个团，20余万人，被编入新四军、山东军区序列，成为华东野战军的主力，参加了莱芜战役和著名的孟良崮战役、淮海战役、渡江战役，解放了华东广大地区。1945年8月底，随着日本的投降，国共两党的目光都投向了东北。此时，国民党军队主力集结在西南地区，那里与东北相距遥远，而中国共产党的军队在根据地里，最近距东北南部仅百公里，山东半岛上的山东根据地与东北仅仅隔一个渤海，于是，毛泽东发出这样的心情急迫的电报："山东应出之兵，请分别陆行、海运，下月必须出完，并全部到辽宁省，那边需用至急，愈快愈好。"① 接到电报后，山东部队立刻反应，其中有滨海支队支队长万毅率领的3500人，师长梁兴初率领的第一师7500人，师长罗华生率领的第二师7500人等，以及山东军区司令员兼政治委员罗荣桓和山东军区政治部主任肖华分别率领的军区机关和直属部队4000人。这些从海路与陆路到达东北的部队，就构成了日后被称为中国人民解放军第四野战军的最初基础。

莒县与38军 1945年8月，山东军区将第六团、13团与滨海军区独立第三团合编为山东解放军第一师，即38军112师前身。第六团长期在

---

① 陈建国：《中共山东地方史》，山东人民出版社1998年版，第548页。

莒县作战，战士大多以莒县人为主，也就是莒县老党员熟知的"老六团"。滨海军区独立第三团的政治部主任是莒县人曹吉亭。山东解放军第二师的构成是：第四团、23团、滨海军区独立第一团。这就是38军113师前身。38军114师也与莒县有莫大的渊源。114师的前身是东北军111师，1942年8月3日，在莒县甲子山起义，万毅任师长，1944年10月，改称山东军区滨海支队。1945年9月，山东解放军第一师、第二师、东北挺进纵队开赴东北，不久，山东解放军第一师、第二师分别改称东北民主联军直属第一师、第二师，东北挺进纵队改称东北民主联军第七纵队。在后来抗美援朝战场上，已经成为第38军军长的梁兴初，指挥的还是这支曾经长期在沭河边作战的部队。38军在朝鲜战场上的表现，永远铭刻在中国以及世界军史中。特级战斗英雄38军114师342团一营营长曹玉海，就是莒县（今属莒南）人。

二　大革命、土地革命战争时期（1919.5—1937.7）

自1840年鸦片战争后，中国逐渐沦为半殖民地半封建社会。1860年，英法联军侵占山东烟台。此后半个多世纪，山东成为西方列强特别是日、德、英等国争夺在华势力的焦点。莒县地处鲁东南要冲，境内资源丰富、土地肥沃、交通便利、人口众多，是西方列强侵略的一个重要地区。在山东各地反帝反封建的斗争中，马克思主义的传播和中国共产党的成立推动了革命的不断发展。

（一）马克思主义传播与工人运动兴起

1919年五四运动爆发后，马克思主义在中国开始传播。莒县是较早传播马克思主义的地方。中国共产党的创始人之一王尽美就出生于莒县大北杏村（现属诸城市）。1918年，王尽美赴济南求学，考入山东省立第一师范学校。求学期间，王尽美积极联络济南其他学校的学生，于1920年11月组织了进步学术团体——励新学会，号召工人从资本家手中夺回权利，为无产阶级的解放而斗争。1921年春，王尽美与邓恩铭、王翔千、王象午等发起成立山东早期党组织——济南共产主义小组，促进了马克思主义在山东的传播以及马克思主义与山东工人运动的结合。

参与党的创立并建立党的地方组织。1921年7月，中国共产党第一次全国代表大会举行，王尽美、邓恩铭参加。1922年1月，王尽美在莫斯科出席了共产国际召开的远东各国共产党及民族革命团体代表大会。党的二大后，中央派陈为人来山东工作，并建立了中共济南支部，王尽美任书记。从此，中央在山东的地方党组织基本建立。

组织建立工人俱乐部，发动工人运动。淄博是当时山东省产业工人最集中的地方，王尽美在这里组织和发动矿工筹建工会组织。1922年6月成立了山东省第一个煤矿工人组织——矿业工会淄博部。1922年9月，王尽美调任中国劳动组合书记部北方分部副主任兼秘书，领导山海关、秦皇岛等地工人运动，先后成功领导了京奉铁路、唐山开滦五矿和秦皇岛码头工人罢工斗争。

（二）积极推动国民革命运动向前发展

1923年3月，王尽美调回山东全面主持党的工作。坚定地执行中共三大的决议，致力国共合作，为推进国民革命运动做出巨大贡献。1923年10月，根据中共三大的决议，王尽美以个人身份加入国民党。1924年1月，出席中国国民党第一次全国代表大会。

培训大量革命骨干。王尽美组织选派人员分别到黄埔军校和农民运动讲习所学习深造，为山东培养了大批革命骨干。1924年12月，王尽美为推动国民会议运动发展去北京，归途中在天津受到孙中山约见，被委派为国民会议特派宣传员。1925年1月11日，王尽美在青岛开展国民会议促成会活动。王尽美奔走于青岛、济南、淄博等地，推动了山东国民会议运动蓬勃开展。

积极发展党组织。大革命时期，在外地做工的宋寿田经王尽美介绍加入中国共产党，辗转于济南、淄博、青岛等地，为党的秘密联络工作做出贡献，并影响支持胞弟宋平走上了革命道路。他发展同乡宋延琴入党，为在家乡莒县创建党组织准备了力量。

组织一系列工人罢工运动。宋寿田在加入中国共产党后，以职业为掩护，从事党的秘密交通工作，深入矿区宣传革命，协助王尽美做了大量工作。煤矿工人组织起来与日本资本家斗争，反抗其残酷压榨。1926年宋寿田去同兴公司青岛分公司任会计、经理，曾印刷北伐宣传品，揭发青岛港务局罪行，推动了青岛工人运动。

（三）在土地革命中建设和发展党组织

1927年国共合作失败后，宋寿田等积极营救被捕的党员同事，转移到济南同兴公司德成泰煤炭站,仍秘密从事党的活动。1931年冬,宋寿田在济南被捕,经营救出狱后,在官扎营街开办德华养鸡场,继续进行党的地下活动。当时山东党组织屡遭破坏,德华养鸡场保护了许多处境危险的共产党员。宋寿田进行革命活动时,其弟弟宋平跟随他在青岛、济南等地上学,曾多次为宋寿田进行党的秘密联络送信,在召开会议时负责警戒。

在莒县创建和发展党组织。时任山东省委书记邓恩铭对在莒县创建发展党组织非常关注。1927年11月,邓恩铭听取沂水党组织汇报时,将在淄博大昆仑同兴公司做工的中共党员宋延琴的组织关系介绍给沂水党组织。1929年5月沂水县委被破坏,莒县特支与上级党组织失去联系,宋延琴去济南找党,特支停止活动。

党组织连续遭到破坏。1929年之后,中共山东省委和各地党组织连续遭到破坏,特别是省级机关在1929年至1933年短短的4年间,就遭到十几次大破坏。一批批共产党员、共青团员、革命志士被捕入狱。根据不完全统计,到1936年12月,全省被国民党山东当局监禁的党、团员约600多人。1933年7月2日,临时省委组织部长宋鸣时叛变投敌,出卖了他所掌握的党的机密和组织关系,山东党组织遭受了1929年以来最严重的破坏。宋鸣时还乘各地党组织尚未知道他叛变之机,利用省委组织部部长的身份,到各地以"视察"或"召开党员会议"的名义,先后对潍县、寿光、泰安、沂水等地党组织进行了大肆破坏。这个时期,山东共产党人与党中央失去了联系,莒县的共产党人也与上级党组织失去了联系。党员杨作舟去过日照再去济南,孔福亭去过沂水,张百川去过西安的咸阳,宫文忠又去上海,但都没有找到党组织。他们并没有消极绝望,而是继续尽可能地为党工作,等待找到党组织的那一天,时刻听从党的召唤,投入到斗争中去。

莒县党组织在20世纪30年代初的重建。1932年秋,莒县城西党支部成立,肖作亭任支部书记。1932年秋,莒县城关党支部成立,杨作舟任支部书记。1933年春,莒县中学支部成立,刘秉韬任支部书记。1933年春,莒县西辛庄支部成立,孔福亭任支部书记。1933年春,在临沂三乡师上学的共产党员主纪先回家乡成立了主家岭党支部(隶属临沂三乡师党组织领导),主纪先任支部书记。1933年夏天,王光伟召集各支部研究筹建中共莒县县委事宜。1933年7月，因沂水县委遭破坏，王光伟被迫转移到河北宁晋县，莒县党组织与上级失去联系。其间，莒县党组织克服极端困难，一方面坚持独立开展活动，建立了中共莒城西街支部、中共章庄支部，并建立外围组织"文化促进社"，或办夜校、戒赌会，教唱革命歌曲，传播革命道理，另一方面分别派人到济南、临沂和上海、陕西、河北等地继续寻找上级党组织。

三　抗日战争时期（1937.7—1945.8）

1937年7月7日卢沟桥事变后，抗日战争全面爆发，莒县各地纷纷成立抗日队伍，抗击入侵日军。莒县党组织领导人民建立抗日武装和民主政权，开辟了抗日根据地，并在深入开展敌后游击战中发展壮大。在抗战最艰难的年代，莒县党组织领导抗日军民浴血奋战，机动灵活地开展对敌游击战争，并开展了轰轰烈烈的根据地建设。随着形势的好转，莒县军民不断发起对敌反攻，取得了抗日战争的最后胜利。

（一）莒城沦陷与敌后根据地创建

1937年底，郭有邻受省委指派回莒县发展党组织和抗日队伍。1938年夏八路军四支六大队开赴莒县，中共莒县县委、中共鲁东南特委同时成立，开辟了鲁东南抗日根据地。1937年11月，郭有邻到省委汇报工作，返莒后发展了一批党员，12月成立了省委直接领导的中共莒县特别支部，并任书记。1938年1月15日，中共中央发出关于在山东发动游击战争建立根据地的指示。1938年1月，山东省委发动组织徂徕山起义，成立了八路军山东人民抗日游击队第四支队，洪涛任司令员，黎玉任政治委员。1938年2月，山东省委决定以莒县、沂水现有武装为基础，合编为山东人民抗日游击队第四支队第六大队，开辟鲁东南抗日根据地。

1938年2月23日，莒城陷入日军之手。1938年7月8日，山东人民抗日游击队第四支队第六大队离开沂水，向莒县进发。10日，过陈家屯、毛家屯、大官庄，再走过西辛庄，到了西旺疃。从这个村口，部队渡过沭河，到了岳家沟。1938年8月，中共莒县县委就在岳家沟成立。1938年8月中旬，鲁东南特委在莒县大店成立。1939年1月，国民党召开五届五中全会，确定"溶共、防共、限共、反共"的方针，莒县抗战局面遭到严重破坏。1939年6月，鲁东南特委根据斗争形势的需要，为便于开展斗争，决定撤销中共莒县县委，以莒日公路为界，将原莒县划分为莒南、莒北两部分。1939年7月，中共山东一区党委成立，林浩任书记，下辖一、二、三、四、五地委。鲁东南特委隶属一区党委领导，为第五地委，高克亭任书记。1940年3月31日，莒县抗日民主政府在中楼镇上涧村成立，施政范围包括莒南、莒北。

（二）成立抗日组织开展抗日活动

抗战中，莒县党组织始终坚持抗日民族统一战线的基本方针政策，赢得了广大群众和开明士绅拥护。唐家湖村人唐采臣，家中开有酒店、油坊，还兼营工商业，倾力支持抗战。1940年4月他被选为七区副区长，8月被选为莒中县参议长。国民党七区区长薛鹤亭，在共产党员卞子策感召下，带几十人的队伍参加了八路军。西车辋沟人宁德新，家中颇有财产，极力拥护中国共产党的主张，带头捐款支援抗日。

建立武装力量抗击日军。1939年春，鲁东南特委、莒县县委决定利用"金钟罩"组织，派党员王玉璞、卞子策等加入并掌握领导权，扩展武装，很快发展到近千人。当年秋至1940年2月，在七、八、一区分别建立了武装常备队。3—4月，先后改编为山纵九支队第一大队、莒县县大队。9月，编为山纵二旅六团三营。1939年11月，唐瑞亭、石明远根据白炎波的指示，分头活动，组织人枪，成立了民众动员委员会抗日队伍。活动在城南部沭河沿岸。1940年10月，编入抗敌自卫军一团三营。1940年4月，第五战区鲁东南职工抗日救国联合会在桑园大土门村成立。陈淑绶、来逢义等成立了八路军山东纵队职救会大队第一中队。张明晓、来成俭等人成立了苏鲁青年抗日救国联合会鲁东南办事处一中队。9月，合编入山纵二旅特务营。

日军残暴行径引发抗日团体一致抗日锄奸。1938年3月，岗西抗日游击队被国民党莒县县长许树声收编，后编为一个营，时称"马营"。1940年4月起义，在库山子改编为八路军二支队莒县独立团。9月整编为山纵二旅六团。莒县独立团多次予敌打击，日军蓄意报复。1940年5月29日，日军九架飞机轰炸了吕家岗西村，第二天日伪军1000多人又洗劫该村，全村一片火海，2179间房屋仅剩23间。到1942年，该村33人被杀、44人致残、多名妇女被强奸。吕家岗西村被日军烧红的墙壁至今到处可见。1939年1月，常恩多率111师到莒县，先后在于家庄、岳家春生村驻防。第三分区委杨子荣、宋延琴组织慰问团前往慰问，并带去鲁东南特委以二支队后方司令部名义印发的《欢迎东北军坚持山东敌后抗战》的传单。常恩多表示坚决团结抗日，不久发动了震惊全国的"九二二"除奸运动。1942年8月，率部在甲子山起义。

（三）军民同心抗击日军

1941年至1943年，是抗日根据地最困难时期，莒县党组织领导抗日军民采取各种机动灵活的战略战术顽强抗击日本侵略者，粉碎了日军频繁残酷的"扫荡""蚕食"，并逐步实施对敌局部反攻，同时，对国民党顽固派的摩擦进行了"有理、有利、有节"的斗争。1941年3月后，日军集中兵力清剿、蚕食抗日根据地，连续推行五次"治安强化"运动，大量组织保甲，增设据点达56个，组织对抗日根据地"大扫荡"，实行分割封锁、"三光政策"。加之国民党掀起"反共"高潮，顽固派和"万仙会"联合进犯抗日根据地。根据地面积急剧缩减，军民生活异常艰苦，抗战进入最困难的阶段。

面对严峻形势，莒中县委带领游击队、民兵、自卫团等抗日军民采取各种机动灵活的战略战术展开对敌斗争。1942年8—12月，在罗荣桓等指挥下，八路军115师、山纵各一部与滨海部队，发起三次甲子山战役，毙伤敌2000余人，夺取了甲子山地区，扭转了滨海区的困难局面，打通了滨海与胶东的联系，扩大了抗日根据地。1943年秋，县大队和垛庄、青山两区的区中队、民兵组成联防队，在南起孟堰村、北到山头渊约15公里长的沭河沿岸实行大戒严，使沭河西岸的敌人不敢越河侵犯，在沭河沿岸筑起一道铜墙铁壁。

对敌游击战中涌现了一批可歌可泣的英雄事迹。孟庆友，莒县寨里河村人，侦察英雄、战斗英雄，1938年参加崮西抗日游击队，后任八路军驻莒独立团副连长、山纵二旅六团侦察连长，多次神出鬼没地出入敌占区抓"舌头"、捉汉奸，刺探情报，声名远扬，使日伪军闻风丧胆。1944年出席山东军区英模代表大会，荣获"山东军区侦察英雄"和"捕敌神枪手"称号。抗战胜利后赴东北，历任师侦察参谋、团长、处长，战绩卓著，立大功多次，获"东北民主联军战斗英雄"称号。王玉璞，1941年7月任莒中行署主任，1941年8月12日，带领县大队和公安局一个班，在从东心河转移前横山途中，与窜到根据地抢粮的国民党顽军遭遇并展开激战，战斗中王玉璞不幸中弹牺牲。罗仲选，莒县城阳镇大菓街人。1937年8月参加十字路抗日游击大队，同年加入中国共产党。1940年任八路军山东纵队二旅六团二营副营长，率部转战于莒县、日照、赣榆等地，当地百姓称其所在部队为"神兵连"。1941年初，在合庄战斗中，罗仲选腿部受重伤，仍坐在地上击伤伪军排长，终因寡不敌众被俘杀害。闵现福，莒县夏庄镇北上庄村人，1939年加入中国共产党，历任村党支部委员、村长等职。1941年秋，组织党员、民兵为驻地八路军筹措大批军粮。1942年1月，夏庄据点日伪军将闵现福逮捕，逼其交出隐藏的武器弹药和粮食。敌人将闵现福吊在树上，下堆柴草烧烤折磨，又将他推到井内用冷水浇浸，时值严冬，闵现福被烧烂的躯体很快结上了冰，但他始终坚贞不屈。敌人走后，群众将其抬回抢救，终因伤势太重牺牲。张相禄，莒县夏庄镇张家抱虎村人。1938年6月加入中国共产党，任村支部书记。1942年2月被日伪军逮捕，轮番毒打逼问地下党组织情况和党员名单，张相禄咬紧牙关，一字未吐。日军小队长用刺刀将张相禄的3根肋骨挑出，厉声问："谁是八路？"张相禄忍着剧痛说："我。"日军小队长让伪军找来铡刀威逼，张相禄正气凛然地说："共产党员是铡不完的，你们这伙强盗的下场是好不了的！"说完他毅然把头伸进铡口，壮烈牺牲。

在抗日战争激烈残酷的斗争中，人民群众用生命和鲜血掩护党员和干部，精心哺育抗日干部寄养的子女。军爱民，民拥军，鱼水情深的动人事迹数不胜数。1941年秋，日军发动"大扫荡"。大众日报社莒县印刷所转移到后横山、张家草场一带，受到当地群众拼死保护。在一次"扫荡"中，张树贵之妻刚掩藏好大众日报社物资，就被日伪军抓住，年仅一岁的孩子被活活摔死，她被敌人连续六七个小时灌饱水再踩出，折磨得死去活来，但她坚贞不屈，咬紧牙关保守秘密，被誉为"横山母亲"。曾任县妇救会会长的王涛在横山工作期间，与乡亲们结下了生死与共的感情。1941年秋，王涛在后横山组织妇救会、识字班和救护队期间，遭到日军包抄，危急关头，房东老大娘把王涛认作自己的女儿，掩护王涛脱险。在艰险的战争环境下，王涛的女儿申远英、儿子申远杰由前横山的群众从1944年一直抚养到1947年。1992年王涛病逝，遵照遗愿，将骨灰撒在了前横山上。1942年9月，日军发动对沂蒙山区根据地"大扫荡"，莒中县委按照山东省委的决定，将马保三、刘民生、张伯秋三位领导安置在五花营村张学忠家。在30多天时间里，张学忠的妻子盛桂兰和其女儿小云冒险掩护和细心照料三老，安全渡过困难时期，圆满完成了省委的任务。1992年盛桂兰被省政府授予"山东红嫂"称号。

（四）莒县根据地建设的发展壮大

莒县党组织开展了轰轰烈烈的根据地建设，以减租减息、大生产运动、整风运动、加强文化教育建设为主要内容，从物质上、思想上为战略反攻做了充分准备。

1942年4月，中共中央政治局委员、新四军政委刘少奇到山东指导工作。中共山东分局决定以减租减息群众运动为根据地建设第一位斗争任务。莒中县委认真贯彻上级指示，迅速组织干部群众开展了轰轰烈烈的"双减"运动，巩固了根据地。在滨海地委工作的李振，根据地委指示先后到莒南、莒中县开展"双减"工作。李振在后横山村发动群众开展以"二五"减租为主要内容的减租减息斗争，摸取经验后又到山西头、杨家崮西、吕家崮西、青山前等村推动了减租减息运动。在艰苦的环境中，李振与群众同甘共苦，结下了深厚的友谊。

县委发动群众组织开荒、纺织等大生产，为反攻做了充分物质准备。1941年后，古迹崖等村联村庄长陈福德带头开办油坊，组织村民开荒种地，积极发展生产，1943年冬被评为劳动模范，在滨海劳模大会上获一匹大洋马、两件农具、15块银圆的奖励。1945年1月11日，滨海区劳模大会在寨里河村召开，吕家崮西村徐文田等人当选滨海区劳动模范，穆家寨纺织合作社被评为模范合作社。

掀起整风学习高潮，提高了全党政治思想水平。1943年3月，山东分局根据中央部署开展了整风运动。1943年4月，莒中县委建立学习委员会，县委书记王建青兼任学委会书记。县委县府干部分期分批参加了滨海区党委整风学习班。先后在马家峪、吕家崮西召开了全县干部整风大会和动员大会，掀起整风学习高潮。通过整风运动，提高了全党政治、思想水平，密切了军政、军民关系。

党和政府重视教育工作，大办各类教育事业。1940年，垛庄一带拥护党的主张的耆老名宿庞镜如等在金墩办起根据地第一所抗日小学。各村也相继办起了抗日小学、儿童识字班。1943年，莒中县文化书店在小店岳家沟开张，后迁小店，主要供应小学课本等，后改为新华书店莒中支店。滨海地区战士话剧团、抗大文工团、鲁艺大队等常到根据地演出。许多村庄纷纷成立秧歌队、杂耍队或剧团，除莒中县民兵剧团外，还有横山、孟堰、崮西等农村剧团，配合抗日宣传，既丰富了群众文化生活，又鼓舞了斗争意志，推动了各项工作。

（五）参军参战迎接抗日战争胜利

民情振奋，青壮年积极要求参军参战。1944年1月，全县掀起参军热潮，全县800名参军名额任务，一月内就有1600人入伍。1945年1月，上级分给1800名参军名额，竟有2500人竞相入伍。同年秋又有千人参军。全县共5100名青壮年入伍参战。"稀奇，稀奇，真呀稀奇，稀奇的事儿出在根据地。古迹崖的'识字班'呀，哎哟！得了一棵捷克式。"这首当年在根据地广为传唱的歌谣，说的是1944年农历三月初九，古迹崖村"识字班"队长张凤兰与张凤臻、陈淑桂、陈淑玉、张成英五人站岗放哨，俘获一名敌人，缴获捷克式钢枪一枝及98发子弹和3枚手榴弹。1944年7月，莒中县独立营四连副连长魏洪军扮成日军，智取张家围子据点。下旬，独立营连续击退日军多次增援，强攻下了借庄伪据点，俘获140多名日伪军。1944年11月，山东军区指挥滨海和鲁中两军区，发起解放莒城战役。

抗日战争中，莒县人民在中共莒县党组织的领导下，不怕牺牲，前赴后继，涌现出无数彪炳史册的爱国壮举。1942年，小店镇共产党员穆希禄被日军抓去，逼迫他交出八路军藏的粮食和弹药，他受尽酷刑，始终不肯吐露。官路村民兵董纯在送情报时被日军抓捕，日军将其钉在木桩上，放出狼狗撕咬，他依然不屈服，最后连他们尸体都没有找到。夏庄镇大略疃村辛慎吾，1937年加入中国共产党，1940年参加八路军，任山东纵队二旅六团卫生队长，秋，调任滨海军区后方医院院长兼党支部书记。1944年秋，在反"扫荡"中，为保护散住在各村的伤员转移，辛慎吾诱敌上山，多方周旋，伤员终得脱险，辛慎吾击毙8名日军后牺牲。招贤镇柳家庄柳清江，莒北县敌工组长，曾多次神出鬼没深入日伪招贤驻地，摸取情报，打击敌人。1944年11月被日伪抓捕，敌人用烧红的烙铁折磨拷问地下党员情况，他背部被烧烂，仍坚贞不屈，最后壮烈牺牲。

据不完全统计，抗日战争时期，全县547人牺牲。莒县抗日战争的胜利，是莒县人民用鲜血写成的历史，它将永远铭记在莒县人民心中。中共莒县县委自 1938 年成立，先后建立了中共莒县、莒南、莒北、莒中县委。区域几经变迁、调整、划分，但始终领导全县人民前进。到 1945 年 9 月，中共莒中县委辖 12 个分区委，培养了大批干部，党的队伍不断壮大。

四 解放战争时期（1945.8—1949.10）

抗日战争胜利后，全国人民渴望和平民主，但国民党政府却发动对解放区的进攻，妄图抢夺胜利果实，消灭共产党及其人民武装，实现其专制独裁统治。全面内战爆发后，莒县党组织根据党中央的部署，带领全县人民胜利完成了土改、生产、支前三大任务，有力地支援解放军取得山东战场的节节胜利，并为全国解放做出了贡献。

（一）莒县解放后的土改运动

1945 年 10 月，莒中县改为莒县。莒县县委决定在南部老解放区继续搞民主建政、文化教育和冬季生产运动，北部新解放区开展"反奸诉苦"运动，彻底摧垮农村伪政权残余势力，建立健全村政权和群众组织。莒县解放后，邻县尚有伪军盘踞，国民党特务潜入解放区搞暴乱、暗杀、抢劫等破坏活动。1945 年 11 月，县委在全县开展了"反奸诉苦"运动，发动群众诉苦申冤，镇压罪恶重、民愤大的汉奸、恶霸地主，对一般顽伪军政人员和伪甲长开展"洗灰"运动。1946 年 3 月，县委县政府在刘西街召开了 5000 人的公审大会，公审并枪决了汉奸王祥亭。"反奸诉苦"深得群众拥护，稳定巩固了社会秩序。

1946 年 5 月 4 日，中共中央发出《关于清算减租及土地问题的指示》（即《五四指示》），华东局又结合实际制定了《关于彻底实现土地改革的指示》（即《九一指示》）。推动新老解放区开展了土地改革运动。《大众日报》刊登了《中国土地法大纲》。莒县从 1946 年 7 月开始了土改运动。贫苦农民提高觉悟后，向恶霸地主展开了面对面的斗争。1946 年 12 月，全县基本完成土地改革工作。在土地改革中，农民从地主手中夺回了大量土地。1947 年，县委根据华东局指示，发动群众进行了土改复查第一阶段的运动。全县从 3312 户地主、富农户中没收土地 60 万亩，房屋 7752 间，价值 66.36 万元的浮财，分给 39678 户贫雇农。广大农民在历史上第一次成为了土地的主人，翻身解放，不再受地主的压迫。

出于不再受压迫的强烈愿望，青年农民纷纷参军，参军成为农民翻身后自发的要求。招贤区通过 5 天的回忆诉苦，11 月 13 日召开全区村干部、群众代表大会，共到代表 1500 人。西宅科村干部说：蒋介石砸饭碗，光出力气不行，必须有队伍，保证完成 30 人参军。西黄埠村、董家坡村干部说："全村已经杀鸡盟誓，非和蒋介石干到底。"有的人在台上喊："愿意参军的站起来！"① 台下立刻有 28 名青年站起来报名。大参军中，出现了许多父母送儿子、妻子送丈夫的感人事迹。东涝坡村的柳秀英开始想让丈夫参军，可是家里孩子小，无人种地，经过回忆诉苦后，她下定决心，和丈夫商量，等参军打败蒋介石后，再回家好好过日子。她的丈夫从大路上远远看了一眼村子，就走了。1947 年，柳秀英在村里加入中国共产党，这时，她才知道，丈夫已经牺牲。

（二）击退国民党的军事进攻

1945 年 9 月，针对国民党的军事进攻，根据中共中央向北发展、向南防御的部署，罗荣桓率山东主力部队挺进东北。莒县独立团编入滨海区第三团开赴东北。12 月，新四军第一纵队抵达莒县。

1946 年 2 月，华东野战军生擒郝鹏举。

1946 年 7 月，全县动员参军 2500 人，按时完成了任务。

1946 年 6 月，国民党 54 军向胶东解放军发起大规模军事进攻。7 月，中共华东局撤销滨海区党委，将莒县县委划归新成立的滨海地委领导。谷牧任地委书记，孙汉卿任副书记。

1947 年 11 月，全县参军 3000 余人。1948 年 3 月，又有近千名青壮年入伍。到 1948 年 9 月共有 7760 人参军。

在紧张的支前和土改运动中，为了反击国民党反动派的"军事匪帮化、社会动乱化"的阴谋，1948 年 7 月，县委、县政府组成了清缴指挥部，组织干部、民兵 20000 多人，进行了全县反特大清缴。

1947 年 3 月，国民党对山东解放区重点进攻。4 月，驻临沂国民党部队已经袭扰到夏庄一带。5 月，国民党四十八师对夏庄一带多次侵扰，杀人放火，无恶不作。14 个村被强奸妇女达 500 多人。8 月，国民党部队趁华东野战军主力在西线作战，集中 83 师、28 师，进犯滨海腹地。9 月，

---

① 中共莒县县委党史研究室：《中国共产党莒县历史》第一卷，中共党史出版社 2006 年版，第 244 页。

进犯莒县。国民党莒县流亡政府以及逃亡的地主、富农、坏分子组成还乡团，大肆捕杀共产党员，残杀钱家屯、肖家河等村的村干部及村民18人。9天内，国民党军队与还乡团杀害共产党员、干部、土改积极分子等2880人。1948年4月，山东兵团九纵、胶东、鲁中地方武装发起潍县战役，歼敌4.5万人。其中，部分残敌逃窜至莒县，对300多个村庄进行洗劫，杀害群众300多人。

为全国解放捐躯的莒县参战英烈的故事应该得到铭记。一等功荣立者纪培珠，棋山镇纪家坪村人。1943年11月加入中国共产党。1946年10月，在独生女尚未满月而本人又是独生子的情况下，报名参军。先后参加了鲁南、莱芜、孟良崮、莱阳、高密、潍县、临朐、济宁、济南、开封、沙土集、周口、淮海等50多次战役。先后任副班长、班长、代理排长等职。荣立大功两次、小功三次。1948年11月19日，在歼灭黄百韬第十七兵团的最后战斗中，为配合步兵迅速攻占敌指挥部，在肩炮射击时，被敌弹射穿了大腿动脉，直到流尽最后一滴血。战斗结束后，他被追记一等功。华东二级人民英雄陈佃俊，莒县刘家官庄镇张家埝头村人。1944年11月起义入伍，1946年加入中国共产党。历任班长、排长，牺牲时任华东野战军三纵队二十五团二连副连长。他是一个机智的爆破员和优秀指挥员，曾被授予"爆破英雄"和"华东二级人民英雄"称号。1947年4月泰安战斗中，在敌人密集火力封锁下，用30斤炸药炸开了敌强固工事。济宁战斗中，指挥7个爆破组，对北关观音阁及敌人集团工事连续进行了十余次爆破。1948年6月开封战役中，指挥10个爆破组，采取偷爆、强爆、交替爆破的方法，炸毁敌人大三角碉堡，又将城门炸开，为攻击部队打开了冲锋道路。上级授予该队"模范爆破队"称号。淮海战役中，陈佃俊率队抢占徐州东南的羊头山阵地，曾打垮敌人三次反扑。11月25日，当敌人发起第四次反扑时，陈佃俊跃出工事反击敌人，在激战中壮烈牺牲。一级人民英雄孙京成，莒县东莞镇东莞村人。1946年秋参加人民解放军，在莒沂县独立营、华东野战军第八纵队第二十三师六十七团三营一连任战士。参加了泰安、莱芜、孟良崮、临沂等战役后，随部队南下至苏、豫、皖等地。1948年6月中旬，在豫东战役中，身受7处战伤，因功被评为纵队一等战斗模范，受到第八纵队司令部、政治部嘉奖。淮海战役中，孙京成任一营一连副班长。在连首长先后负重伤和牺牲的情况下，率全班战士夺取敌据点，击毙数倍于己的国民党官兵，缴获大批武器，被评为二十三师一等战斗模范，第三野战军授予其一级人民英雄奖章。1949年5月25日在上海战役中外围攻坚战时壮烈牺牲。

（三）人民群众积极支援前线

1946年12月，莒县县委成立了支援前线委员会和支前指挥部。全县以区为单位将18岁至55岁健康男子统一登记造册，编为民工队，随时调用。莒县人民全力支前。1947年1月1日，山东、华中野战军，鲁中、鲁南、滨海部队发起鲁南战役。1947年2月，县支前指挥部组织9414名民工，158名战地服务团子弟兵队员，1277副担架，1817辆小车，19副挑子，南下支援前线。1947年5月13日，华东野战军拉开孟良崮战役的帷幕，全县组织民工9716名，战地服务子弟兵团队员523名，出动小车9716辆，担架791副，到前线服务。当华东野战军各个部队冒着炮火向国民党七十四师发动攻击时，民工们则冒着炮火从前线把伤员送往日照后方医院，一昼夜行军200里，圆满完成任务。

在华东野战军的向前推进作战中，莒县民工一直随军作战，在南麻、临朐战役中，莒县民工冒着大雨，运送粮食弹药，自己舍不得吃粮食，全部送给战士们。根据滨海支前司令部命令，莒县、日照两县合编一个子弟兵担架团，随华东野战军三纵八师开赴前线。济宁战役胜利后，北三纵八师授予担架团"飞虎担架团"称号。1948年1月，担架队回到莒县后，县委在店子集召开庆功大会，授予担架队"钢铁担架队"称号，并集体记大功。

自从中共莒县县委成立以来，党组织一直处于隐蔽或半隐蔽状态。1947年7月5日，滨海地委作出《关于召开农村支部大会的决定》，指出："我党今天在解放区是执政的党，并握有政府与军队，因此，一切支部均可以公开。"[①] 8月，县委首先在垛庄区金墩村进行了农村支部的公开。金墩村有党员54人，支部委员7人，共分9个党小组。支部书记王立美宣布：我是支部书记。所有共产党员站到了台上。群众热烈鼓掌。1950年5月，全县农村党支部全部公开。

---

① 中共莒县县委党史研究室：《中国共产党莒县历史》第一卷，中共党史出版社2006年版，第271页。

1948年，全县有党支部474个，党员10107人。1948年3月，全县有党员10236人。1948年10月11日，毛泽东起草、中央军委发出《关于淮海战役的作战方针》。13日，莒县县委发出拥军支前指示。14日，鲁中南区第六军分区支前委员会下达紧急指示：调集莒县常备民工担架1000副，每副担架5人，每班两副担架，设立正、副班长，编成排、中队、大队。设立正副排长、中队长、指导员、大队长、教导员。担架团计用民工5000人，干部及勤杂人员669人。中楼、苗蒋、九里坡、石场、沭西、垛庄7个区，每个区组成子弟兵团1个中队，共计800人，为部队担负看押俘虏、捕捉散兵、清理战场等战地服务任务。

莒县人民全力以赴支援淮海战役。全体人员及物资按照规定到达临沭县夏庄以南待命。战役开始后，参加全部战役，一直到结束。11月5日，华东野战军围歼黄百韬兵团的时候，根据支前委员会命令，莒县调集小推车2000辆，每车装载小米300斤。每辆小车2人，6辆小车一个班，编成排、连、营。沭西区200辆，城阳区250辆，陵阳区100辆，苗蒋区200辆，每区各组成一个营。闫庄区350辆，寨里区300辆，垛庄区300辆，每区各组成两个营。连同勤务人员，一共4451人，分两路，到达指定地点。淮海战役中，根据不完全统计，莒县组织支前民工12147人。

青壮年去前方支前，后方妇女积极生产，日夜加工军粮，并赶制被服物资。1948年9月29日，分配莒县做军鞋3万多双，11月30日全部完成。11月4日，支前委员会一次分配莒县加工小米400万斤。12月11日，又分配做军鞋8000双，1949年1月15日全部完成。淮海战役胜利后，县委又组织妇女赶做军鞋5万双，支援解放军渡江南下。陈毅说："淮海战役的胜利，是人民用小车推出来的。"[①] 莒县人民全力支援淮海战役的功绩将永载中华人民共和国史册。

解放战争中，全县人民动员起来，加强生产，支援前线。普遍成立互助组，共同把生产搞好。至1949年10月，垛庄、陵阳、苗蒋、城阳、大石头、阎庄、绪密、寨里、石场9个区发展互助组1599个，有效解决了生产中劳动力、生产工具缺乏的困难。1949年3月，莒县抽调干部民工300余人参加了第一期导沭入海工程。1949年4月，为发展生产，保证供

---

① 中共山东省委党史研究室机关：《红色齐鲁365》，济南出版社2019年版，第1页。

给，莒县先后成立了116个联乡、联村和村供销合作社。

(四) 干部南下支援新区工作

按照华东局的指示，1948年2月到1949年，莒县先后组织四批约200名干部南下，分别到大别山区、浙江、四川等地，支援开辟新区接管城市的工作。其中浙江省义乌县整套县区党政班子就主要是从第二批88人中选配组成的。

解放战争胜利前夕，为了支援江南新开辟地区的工作，华东局作出《关于执行中央准备五万三千干部决议的指示》，鲁中南区党委于1949年1月召开各地委组织部长会议，将南下干部进行分配。2月，莒县县委召开干部大会，18名县、区干部首先南下。渡江南下干部中队共计88人很快组建起来。中队成立了党支部。12日，南下干部中队踏上了到江南开辟工作的征途。5月21日，莒县南下干部到达浙江义乌县后，很快成立了中共义乌县委员会。刘胜洲任县委书记，解信秋任民运部部长，王杰任组织部部长。县委首先成立了剿匪指挥部，配合部队进山剿匪，宣传发动群众，开展土地改革运动。莒县南下干部为义乌县等地的革命和建设做出了贡献。2月，孔福亭到南下干部纵队第一支队，南下后，任杭州市军管会财经部人事处长。

三大战役结束后，1949年1月15日，中央军委决定，人民解放军先后进行统一整编，准备渡江作战。山东解放区组织子弟兵团，随军南下远征支援前线。20日，县委、县武装部联合下发通知，调两个民兵战斗连，跟随野战纵队担负抢救、看押任务，并规定每个人自带枪支和子弹。3月1日，子弟兵团换上新军装，佩戴上华东子弟兵团的胸章。4月21日，解放军渡江。22日，子弟兵们携带武器、粮食从房口横渡，他们迎着飞来的子弹，冒死前进。5月22日，上海战役开始后，莒县子弟兵团驻扎在苏州，看押战俘和缴获的军械库。通讯排的子弟兵参加了解放上海的战斗。解放上海时，发行人民币，子弟兵们负责收缴俘虏携带的金银等，交给国家更换人民币。收缴的金银摆在脚边，他们毫不动心，毫无差错地交给了国家。

上海战役结束后，第三野战军十兵团南下解放福建。华东地区组织的18个子弟兵团，只留十六团升级为十兵团直属团随军南下。莒县两个连的子弟兵全部留用。在苏州，更换成中国人民解放军的胸章，向福建进军。6月，进入武夷山，子弟兵挥汗如雨，许多人患了恶性痢疾，多人牺牲。如此艰难的条件下，子弟兵出色地完成了任务。8月，子弟兵们一路保护医院、辎重等到福州。1950年1月，莒县子弟兵奉命返回家乡。在这次行程万里的支前中，莒县子弟兵经受了生死、金钱等诸多方面的考验，显示了老区人民对党忠诚、纪律严明、大局为重等过硬的政治素质、军事素质。

解放战争中，莒县境内虽然没有大的战役，但作为国民党重兵进攻的山东沂蒙根据地核心区，莒县人民全力支援前线，大参军，大支前，大牺牲，为全国人民的解放事业做出了不可磨灭的贡献。这个时期有1891名莒县儿女牺牲。从1946年到1948年3月，共动员6000余人参军。根据滨海区1946年8月至1947年3月10日各县支前民力运输工具统计，1948年12月莒县已出民工及复员民工统计，莒县共出小推车18762辆，担架11702副，挑子1550副，驴1500头，子弟兵团队员9761人，总计支前民工、干部112732人。根据1948年9月统计，莒县人口39286人，除了妇女、参军、从政人员、老幼、残疾外，青壮年绝大多数都参加了支前。同时，莒县妇女积极加工军粮、做被服，承担起了农业生产等繁重劳动，她们的功绩将永载史册。

第二节 莒县红色物态文化资源[①]

红色革命文化遗产是指从中国共产党诞生至中华人民共和国成立前，包括红军长征时期、抗日战争时期、解放战争时期，与重大历史事件、革命运动或者革命领导人、英雄人物有关的，以及具有重要纪念意义、教育意义、史料价值的名人旧居、会议地址、历史陵园、纪念碑、文献资料等实体以及所承载的精神财富和革命文艺、革命歌曲、革命故事、革命口号等非物质文化遗产。

莒县是山东革命斗争的中心根据地——滨海根据地的发端地和核心区，是鲁东南特委的诞生地，是沂蒙根据地的重要组成部分，因此留存了极其丰富的红色革命文化资源。尽管由于行政区划变动的缘故，原属于莒

[①] 该节部分内容参考姜成娟《发现滨海》，山东人民出版社2016年版。

县的很多革命文化资源归属他地，比如今天承载了巨大红色光辉的莒南县，即八路军115师所在地、山东省政府旧址所在地，历史上一直属于莒县，直到1940年才从莒县划分出去，成为一个独立的县。115师旧址即山东省政府所在地庄氏庄园，是莒县历史上著名的仕宦世家。再如莒县县政府旧址因其所在地中楼镇上涧村已经被划归到日照市岚山区，因此这些宝贵的资源在本书中都无法作为莒县红色遗产得到呈现。

在莒县，负载沂蒙革命精神与革命文化的物态载体，主要是指滨海根据地时期、解放战争时期以及中华人民共和国成立后留存下来的革命旧址、战争遗址、革命文化纪念馆、烈士陵园等。它们是莒县红色革命文化的显性存在。莒县红色革命文化资源大多分布在莒县南部夏庄镇以及沭河东岸小店、大店镇。

从红色革命文化资源生成角度来说，可以分为原生性与再生性红色资源两类。原生性红色文化资源主要是指革命战争年代存留下来的红色遗产，其形成于革命战争时期，因此分布区域较广、零散不集中，凡是党政军所经之地和战斗过的地方，都或多或少留下了战斗、工作的足迹和遗址。这些红色遗址的历史文化价值越来越受到后人的重视，并在不同历史时期凸显出区域社会经济发展和文化保护、传承方面的历史价值和现实意义。再生性红色革命文化资源则主要是1949年后建立的革命历史纪念馆、纪念地、建筑物，其价值体现在对重大历史事件和革命烈士的纪念、还原重大历史事件史实、构建红色文化记忆空间等，从而让后人了解并铭记。

据不完全统计，全县现有革命遗址及纪念建筑物16处。

一　组织机构旧址

（一）横山抗日根据地旧址

在莒县小店镇与中楼镇交界处。

海拔531米的老营顶，连绵西去有四条山脉，形成三条东西走向的狭长山谷。每个山谷只有一条西向山路可以通行。山谷中，有十几个村庄。南边是前横山村，后边是崮西村，中间是后横山村。这就是滨海根据地的腹地——横山根据地。整个抗战期间，无论情势多么艰险，横山根据地都是那个庇佑共产党人的最坚固的打不破的后方。

这里有必要再介绍一下滨海根据地。

《中共滨海区党史大事记》是这样介绍的：滨海区（抗战初期称为鲁东南地区）位于山东东南沿海，是山东抗日根据地五大战略区之一。其范围北起胶济铁路，南至陇海铁路，东临黄海，西界沂河，南北长近800华里，东西宽近300华里，面积约7.2万平方华里。大体包括现在山东省的莒县、莒南、日照、临沭、临沂、郯城，还有潍坊市的诸城、高密，青岛市的胶南、胶州（一部分），江苏省连云港市的赣榆、东海（一部分）、新浦、海州、连云港等16个县（市、区）。当时有人口500万人。山区与丘陵约占全区面积的三分之二，五莲山、甲子山为较大山区，沂河、沭河流经全境，台（儿庄）潍（县）、泰（安）石（臼所）、海（州）青（岛）等公路纵横全区，海岸线全长700多华里。其所处地理位置，既是华北、华中两地区的结合部，又是山东、江苏两省交接处，南北可分别控制陇海、胶济两铁路以及连云港、青岛两市，东可控制沿海各海口，西可控制鲁南重镇临沂，战略位置十分重要。①

《滨海八年》介绍：在我们祖国的东端，有这样一块富庶而美丽的地区，它南起横贯大半个中国的陇海铁路，北至山东半岛的大动脉——胶济铁路，东滨白浪滔天的黄海，西界沂河，东西约400华里，南北约600华里，这里有古代名城莒国（即莒县），也有天然良港青岛、连云港、石臼所、岚山头。②

《中共山东地方史》介绍：鲁东南，即后来的滨海区，位于胶济铁路以南，陇海铁路以北，东临黄海，西界沂河和台潍（台儿庄、潍坊）公路。③

1938年7月，山东人民抗日游击第二支队开赴莒县，开辟鲁东南根据地。1938年8月，中共鲁东南特委在莒县成立。同月，中共莒县县委在岳家沟成立，这是抗战爆发以来鲁东南地区建立的第一个县委。1940年3月，莒县抗日民主政府在中楼镇上涧村成立。在鲁东南特委的领导下，鲁东南抗日根据地的范围逐渐扩大。到1943年4月，中共滨海区党

---

① 临沂地委党史委：《中共滨海区党史大事记》，山东人民出版社1988年版，第9页。
② 山东解放军滨海军区政治部编：《滨海八年》，临沂地委党史资料征集办公室，1946年7月，第12页。
③ 陈建国：《中共山东地方史》，山东人民出版社1998年版，第22页。

委、滨海军分区、滨海专署同时成立，直属山东分局、山东纵队和山东省临时工作推行委员会的领导。在抗日战争时期，滨海部队发展到3.6万人，民兵4万多人，自卫团11万多人，毙伤日伪军4.8万人，缴获各类枪支2.5万支，炮30门，拥有人口500万人，控制国土1.33万平方千米，党员2万多人。

从1941年春起，山东党、政、军首脑机关就长期驻在滨海区，滨海因此成为山东革命斗争的中心根据地，而横山根据地则是滨海根据地的腹地。1940年到1943年抗战最艰难的时期，横山根据地周围都成为了游击区，党政军机关全部被压缩在横山根据地内。徐向前、萧华等在前横山村居住，莒中县委、县政府及9个区委、区公所分别驻在前后横山和崮西村。莒中兵工厂就建在前横山村。这段时间里，形成了"前横山，后横山，一溜崮西青山前"的最坚固的根据地。敌人对根据地多次扫荡。1940年4月，日军飞机轰炸崮西村，炸死村民十几人，毁坏房屋160多间，根据地军民予以坚决反击。坚不可摧的横山根据地从来没有被敌人攻破。

到1939年年底，横山根据地内建立健全了农救会、妇救会、武委会、青抗先、识字班、儿童团等抗日群众组织。识字班、儿童团站岗放哨，盘查行人，防止敌人对根据地的侦察与侵扰。

（二）鲁东南特委旧址

鲁东南特委于1938年8月在大店成立。

1938年11月初，鲁东南特委和二支队转移往莒北的桑园，主要开展莒北及诸城、胶县、高密一带的工作。在桑园，鲁东南特委所在地叫柏庄。

柏庄是个有着几百年历史的古村，与岳家沟不同，这个村落很大，甚有规模。村里有一条小河穿过整个村子，河边是石板路，与河平行，人家就沿着河流分布在河的两边。河上有石桥，水边有石板，石板光滑平整，有的石板上还刻着现成的棋盘。

这个深处莒北山里的村子，因这条穿村而过的小河，而有了几分江南味道。沿河一直往里走，到了村子的西北方向，是个比较宽阔的所在，向右一转弯，窄巷子里的一户人家，就是当年鲁东南特委所在地。这是个大院子，大门朝东开，一进门是一个过道，过道右手是一间小耳屋，据说这是当年警卫员的住处。再往里走，左边是两大间南屋，右边就是宽阔的天井。正屋是五大间，灰瓦、红石墙、木格窗棂，门楣上飘着彩色的过门笺，窗下卧着一块长条石板。

1938年7月到1939年6月，四支六大队（二支队）、鲁东南特委与莒县县委举办了多期民运工作训练班、青年训练班、妇女训练班，培养了大批进步青年、小学教员和妇女干部等根据地人才。共产党、八路军在群众中的根基越扎越深，为全民抗战奠定了坚实基础。

1939年2月，高克亭带鲁东南工作团来到莒县，宣传共产党的抗日政策和主张，发动群众建立抗日自卫队。他们在莒县北部管帅、安庄一带开展耐心细致的工作，建立了抗日自救团、农救会、青救会、妇救会、儿童团等群众组织，为莒县北部的抗日运动创造了有利条件。

从特委院子出来，走上小石桥，河的南边，就是当时北海银行的旧址。

（三）北海银行旧址

北海银行诞生于山东根据地的胶东根据地。它创建于抗战初期，经历了抗日战争与解放战争两个历史时期，其全部活动具有"战时金融"和"地方金融"的特点。该行所发行的纸币在抗日战争时期是山东革命根据地的主币，在解放战争时期成为山东解放区乃至华北、华中解放区的本位币。该行为山东革命根据地与解放区的经济建设，做出了卓越的贡献，在中国革命根据地货币史上占有重要地位。

北海银行是当时八路军全国三大银行（北海银行、华北银行、西北农业银行）之一。1938年山东北海银行成立，发行北海币，至1948年，北海币在山东根据地成为主要流通货币。

北海银行不仅在取缔私钞打击伪币的金融斗争中发挥了应有的作用，而且在广开财源、保障供给方面也起到了重要作用。

北海银行于1947年初冬辗转来到柏庄。印钞机器和工作人员用18辆马车驮运而来。机器被放入柏庄村胡明成家的前院，那里是印钞重地。办公用品被放入胡明成家后院，后院也是当时银行负责人办公和住宿休息之处。这里非常保密，外人不得进入，里外四层岗哨，其他工作人员分别住在附近各家各户。在北海银行驻柏庄近一年的时间里，印制、运钞等各个工作环节从未出现意外，一切工作顺利安全。

（四）中共莒县县委旧址

位于莒县小店镇岳家沟。

1938年3月，莒县、沂水两县抗日武装在沂水汇合，合编为八路军山东人民抗日游击队第四支队第六大队。7月，越过沭河，开赴岳家沟，改编为八路军山东人民抗日游击第二支队。8月，莒县县委在岳家沟成立。岳家沟是个只有几十户人家的小村子。它不紧邻大路，也不紧靠沭河，位置非常偏僻。县委旧址在村子的西北方向，小院里只有两间屋子，碎石头垒成，黑木头门，门上贴着春联：福如东海，寿比南山。两扇门之间挂着一个门钩。门楣上订着蓝色牌子：岳家沟006号。

莒县县委是抗战爆发后鲁东南地区建立的第一个县委，在硝烟中举起了中国共产党的旗帜。

（五）浮来山党支部旧址

1929年6月成立的浮来山党支部，是莒县的第一个农村党支部。

浮来山又名"浮丘"，海拔298.9米，占地面积约10平方公里，由飞来峰、浮来峰、佛来峰鼎足而成，三峰拱围相连形似卧龙，独具清雅灵秀之韵。山上的"校经楼"乃当年刘勰校经之处，现辟为刘勰生平陈列馆。"校经楼"三字系郭沫若于1962年亲笔所题。在莒县历史上，浮来山和校经楼除了恒远的文化绿荫，还承载着莒县革命光辉的红色记忆。

1929年四五月间，沂水县农民协会负责人共产党员徐湘南多次到莒县开展革命活动，发展薄贯一、赵亮昆、高墨林、张绍九等人入党。

1929年6月，在浮来山校经楼上，徐湘南主持会议，赵亮昆、徐湘南、薄贯一、高墨林、张绍九五人成立中共莒县浮来山支部。

浮来山党支部成立后，党员分片包干做了大量工作。1930年，随着党员们被迫害、杀害，浮来山党支部停止了活动。

（六）西辛庄党支部旧址

位于莒县夏庄镇西辛庄村。

1933年春，莒县西辛庄支部成立，孔福亭任支部书记。

旧址是村内一幢红石头旧房子，碎石垒成，草屋顶更换成了瓦片顶，房子主体还是原来的石头建筑。

（七）城关党支部旧址

位于莒县南关小学内。

1932年，共产党员王光伟到莒县境内发展党员。是年秋天，在南关小学教师杨作舟的宿舍里，由王光伟主持召开党员会议，成立了中共莒县城关党支部，选举杨作舟为书记。城关党支部由中共沂南县南乡区委领导。1934年，杨作舟被学校解聘。支部活动停止。

（八）中共莒县特别支部旧址

位于莒县浮来山镇张家泥沟子村。

1937年10月，济南省立第一师范学生郭有邻接受山东省委负责人赵健民、姚仲明交代的任务，回家乡宣传抗日救亡。他发展刘克诚等入党，于同年12月建立了莒县特别支部。特别支部隶属山东省委领导，郭有邻任书记。

（九）莒县抗日民主政府旧址

位于莒县中楼镇上涧村。

1940年3月31日，莒南、莒北各界各阶层代表100余人在中楼镇上涧村召开大会。大会选举了莒县行政委员会，成立了抗日民主政府。谢辉为县长。

莒县抗日民主政府施政范围包括莒南、莒北。

莒县抗日民主政府成立后，召开了群众大会，宣布施政方针：执行三三制（即共产党员、左派分子、中间分子各占三分之一），实行抗日救国十大纲领；保障人民生命财产安全，没收汉奸财产，防奸防特，实行抗日戒严；统一征收抗日救国公粮，实行合理负担；废除苛捐杂税，统一财政收入；发展生产建设，厉行勤俭节约；发展战时文化教育，恢复与发展小学，举办夜校；团结抗日各阶层人民，发展抗日救国各项工作；发展抗日武装，优待抗日军人家属。

（十）上疃干部训练班纪念地

位于莒县桑园镇上疃村。

1939年1月，为培养地方干部和部队干部，争取和团结地方进步青年，中共鲁东南特委在驻地桑园附近开办青年干部训练班。学员大部分是小学教员、失业人员、中学生和其他职业的进步人员。课程主要是《抗日救国十大纲领》、抗日民族统一战线政策、游击战争战略战术，教材有《论持久战》《游击战术》《抗日民族统一战线》等。训练班一共办了两期，每期两个月，培训学员200余人。学员毕业后，大部分参加地方工作，也有的参加了部队工作。

(十一) 金墩抗日小学旧址

位于小店镇金墩村。

1940年秋天，在金墩村的三间庙舍，金墩完全小学开学了。这是庞镜如、卢兼等三人出面组成办学董事会而筹办的，有学生30名。

在金墩完全小学的带动下，周围的薛家垛庄、官路、岳家沟、崮西等也办起了抗日小学。1942年，官路小学改名为"莒县抗属子弟小学"。

抗日小学是根据地儿童各种学习形式的统称，有全日班、半日班、早班、午班、识字组等。这些形式是适应当时群众上学的条件和生产季节的变化而确定的，是为了让更多儿童获得学习机会，因此受到广大群众欢迎。抗日根据地的民主政府为了让更多儿童入学，不仅不收学杂费，还颁布了一项政策：在校学生一人占两人的地，以减轻该户缴纳公粮的负担，再加上深入的宣传动员工作，学龄儿童入学率很快提高。

莒县抗属子弟小学由莒中县文教科长石明远兼任名誉校长。他选派了思想进步、文化水平高的唐蓬仙当校长，卢兼三、虢文德、薛仲林、毛介卿、来运农等当教师。学校除了招收根据地抗日干部子弟和烈士子弟入学外，还将敌占区和在边沿区及根据地工作的干部子弟和烈士子弟全部招收到学校上学。学生接近一百人。抗属小学分为高、中、低三个年级。当时，根据地财政极其困难，部队和政府工作人员都需要自己开荒种地，纺线织布，自己解决穿衣吃饭问题，但是，抗属子弟小学所有的吃饭、穿衣等问题全部由民主政府来负担。孩子们免费领用卫生用品、书籍和学习用具，生活标准也远高于部队和工作人员，并有炊事人员专职照顾生活。孩子们能吃上小米饭、猪肉，有时还能吃上水饺。每个学生的衣服上都缝了一个纸条，上面写着：莒县抗属子弟小学学生某某，请各村干部好好照管，将其送回学校等字。纸条上盖有学校公章，学生一旦失散，取出纸条找干部求助即可。

教师除了教学生认字外，还经常带领学生备战演习，他们的口号是："敌来我去，敌去我来。以天为教室，以地为床铺。石头是吾枕，蓑衣是卧具，学习为抗日，不怕累和苦。"

1941年冬，日寇纠集夏庄、石井、借庄据点的汉奸千人，对横山根据地进行"大扫荡"，各抗小师生在山沟、树林、村头坚持上课。1942年冬天，金墩村抗小学生韩秀贵、王明珠在村外站岗，发现从南边来了日军，他们立刻跑回学校报告了老师，全体师生立即转移，没有受到损失。群众称抗小为"游击学校"。一次，薛家埠庄抗小学生在村外站岗，看见从北边来了一个人，说是到村里走亲戚，可是孩子们追问他具体找谁，他又说不出来，孩子们果断地押解他去了区中队，经过审问，原来他是敌人派到根据地打探消息的特务。

配合战争进行文艺宣传，是抗小师生的重要活动。许多抗小成立了儿童剧团、歌咏队，自己编了《送郎参军》《游击队打埋伏》《春耕进行曲》等。

1944年秋天，莒县独立营四连攻打夏庄据点，一举打垮敌人，解放了夏庄，扩大了根据地，连长王树华牺牲了。卢省三为此编了歌曲《怀念王连长》，学生们很快传唱开来。

1944年冬天，在莒中县，全日制抗小有48处，70个班，学生2390人，其中高小9个班，学生253人，半日制和其他学习形式52个班，学生812人，入学儿童占学龄儿童总数的70%。全日制的抗小学制是"四二制"，即初小四年，高小两年，每年放麦假和秋假，便于学生帮助家人劳动。

1944年麦假后，滨海行署文教处编写了小学国语、算术课本。莒中县文教科编写了一本《卫生常识》。由于印刷和纸张供应都很困难，行署的两种课本全是石印的，很粗糙，用的是山区自己造的桑钎纸，勉强可以用。后来，山东省教育厅编印了"战时教材"，像金墩、崮西小学的国语、算术、历史、地理等都用这个教材。

抗小还有体育、唱游、美术、劳作等课程。许多抗小利用劳作课和课外时间，组织学生纺线、织袜子。

除抗小外，成人教育也有几种很重要的形式：一是常年性的妇女识字班。识字班的学员是未婚青年女性，一般是每天中午上课。识字班闻名天下，甚至成为年轻女孩子的称呼。二是冬学，即秋收后针对男性青壮年开办的识字教育。冬学开学前，县里要召开动员大会，由县群团组织、武装、宣传、文教等部门联合主持，各村团组织负责人、村长、小学教师、民师、区文教助理员参加。在动员大会上，除了号召积极开办冬学外，对办冬学的方针和灯油费、办公费、教材费等都做了具体部署和规定，县文教科有相应文件下达。

1942年，1500多人聚在寨里河，召开冬学动员大会。在纸张十分紧缺的情况下，县文教科甚至办了张《冬学小报》，发到各村。

冬学、识字班和村里俱乐部、民兵组、青抗先、秧歌队合而为一，成为"庄户学""村学"性质。学习内容是文化课和政治课。文化课程以识字为主，主要解决农民看路条、信件、便条和使用钞票的困难，让他们能记录账目、写信、打算盘等。政治课程内容广泛而全面，从抗战道理到反迷信、反不卫生、大家平等、斗争、革命前途等都要学习。政治课不仅由村干部和小学教师讲，县区干部也讲，他们走到哪里，就到哪里的学习组织讲课，所以根据地的群众，尤其是男女青年，在战争年代受到了前所未有的政治思想教育。

据1944年统计数据，横山根据地共办冬学96处，学员2000多人，妇女识字班102个，学员1900多人。

（十二）滨海华兴铁工厂旧址

滨海华兴铁工厂位于小店镇前横山村。

1945年从莒南县前城子村转移到前横山村。该厂生产规模较大，生产手榴弹、地雷壳、迫击炮弹壳等军用物资，成为滨海区抗日工业建设重要的机器供应场所。

（十三）莒城保卫战、莒城解放战役旧址

莒城保卫战、莒城解放战役旧址位于莒县老城，文心广场北城墙处。

墙下有两块石碑，一块是莒城保卫战的纪念石碑，一块是莒城解放战役的纪念石碑。

莒城保卫战 1938年2月22日，日军板垣师团动用32辆军车、重炮配以轰炸机攻打莒城。国民党第五战区第二路游击队司令刘震东率部亲临前线，与四十军115旅229团、230团奋勇抵抗，多次在城西北与日军展开激烈肉搏战，刘震东不幸中弹牺牲，所部400余人伤亡过半，230团在大湖歼敌400余人。

刘震东（1893—1938年），沂水县张庄（今属沂南县）人。抗日爱国将领。曾任保定警备司令、东北军旅长、中将师长、总司令部中将参议、东北边防军总司令部中将主任参事、义勇军五军团总指挥、察哈尔抗日同盟军骑兵挺进军旅长、师长、西北"督剿"专员、西安行营参议兼总务处长、五战区高参兼第二路游击队司令。

  莒城保卫战是抗战以来国民党正面战场的一次重要战役。国民党爱国将士为保卫莒城英勇奋战，伤亡惨重，为中华民族做出很大牺牲。对此，《新华日报》1938年3月8日发表了《莒城我军奋勇杀敌，刘震东氏壮烈牺牲》的长篇报道。八路军总司令朱德、副总司令彭德怀为刘震东追悼会敬献了花圈和挽联，挽词是：

    战事方酣，忍看多士丧亡，显其忠勇；
    吾侪尚在，誓必长期抵抗，还我河山。

  2月23日，日军占领莒城。
  莒县人不甘心被日本人的铁蹄践踏，各地相继成立了十余支抗日武装，计3000余人，遍地燃起抗日武装斗争的烽火。

  莒城解放战役 1943年冬，世界反法西斯战争取得重大进展。1944年山东八路军春季攻势在滨海区拉开序幕，县内朱信斋等伪军被消灭，几个顽固据点如夏庄、借庄等被拔除，至此，鲁中区与滨海区之间通行无阻。

  1944年11月14日，山东军区指挥滨海和鲁中两军区，发起解放莒城战役。作战部署是：以滨海军区六团、山东军区特务团两个营、莒中独立营等为主攻部队；滨海军区十三团、四团、鲁中军区一团、莒北独立营及山东军区独立第一旅一部等，布于莒城至枳沟一带，监视管帅、枳沟、诸城日军，阻击日伪军南援，并相继夺取管帅、枳沟；南线以四团一部进到相公庄以西地区，配合莒南、沭水独立营、莒临县大队，监视临沂日伪军，以阻止和打击日伪军北援；以滨海军区部分部队及日照地方武装监视和打击日照西援之伪军。参加作战人员计一万余人。滨海区党委、专员公署、莒中县政府成立了城市工作委员会，组织万名民夫准备拆城、破路、供应给养、救护伤员等。① 对于莒县解放，1944年11月26日《解放日报》发表社论，指出："山东滨海区八路军，本月十四日占领莒县，并同

---

  ① 中共莒县县委党史研究室：《中国共产党莒县历史》第一卷，中共党史出版社2006年版，第197页。

时攻克据点十六处，解放村庄 700 多个，人口 30 万。莒县的解放，不仅是山东区的辉煌的胜利，也是敌后我军秋季攻势之后最大的胜利，也是敌后我军的大胜利之一。"

莒县解放的重要意义，在于莒县是山东敌人重要战略要点之一，是分割鲁中区与滨海区的重要据点，是敌寇"扫荡"鲁中滨海的屯兵点。莒城解放，使得沿海的日照县敌伪据点更加孤立，彻底粉碎了日伪军企图依托莒县重占沂水城的阴谋，为反"扫荡"和大反攻创造了有利条件。

二 纪念馆

（一）本色老党员红色群落展览馆

本色老党员红色群落展览馆位于莒县招贤镇。

展馆以弘扬和宣传莒县 1949 年前老党员"一心向党、公心为民、用心实干、清心律己、热心传承"的"本色"精神为主题，是日照市党员干部党性教育基地，也是进行革命优良传统和党史国史教育的基地。

展览馆于 2014 年 3 月 11 日建成开馆，为各级党政机关、事业单位、社会团体及青少年进行爱祖国、爱家乡和不忘初心、牢记使命的爱国主义教育。

2015 年 12 月展览馆被中组部党员教育中心评为全国首批 76 个党性教育基地网上展馆。

展示区分为"红色群落""本色之源"和"精神传承"三个主展厅，通过文字、图片、视频、实物、雕塑等方式，集中展现了王尽美、宋寿田、王玉璞等老一辈革命先烈和 1949 年后吕鸿宾、卢翠秀等杰出老党员代表的感人事迹，追忆党组织的发展脉络，展现老党员对党忠诚、保持纯洁、永葆本色的精神。

展馆面向公众开展爱国主义教育，积极推进爱国主义教育工作的社会化、群众化、经常化。自展馆开馆以来，截至 2018 年 7 月，共免费接待省内外各级党政机关、事业单位、社会团体、青少年团体等 3000 余批次、25 万余名参观人员在这里接受本色精神和党史教育。

到展览馆参观学习的人员无不被老党员的事迹和精神所震撼。展览馆内的留言本上，许多参观者表示，要在以后的学习工作中以老党员为镜子，时时反思自己在思想观念、工作作风、服务群众等方面存在的问题，查摆不足并明确整改方向，自觉践行党的群众路线，以更加强烈的政治责任感和历史使命感投入到学习工作中。

2019年，展览馆新增宋平同志生平展厅。展厅从宋平同志童年、北平求学、参加"一二·九"运动、延安参加革命、重庆工作、1949年后等不同历史时期，以图版、文字、照片等形式重现了宋平同志革命和奋斗的历程。

（二）横山岁月展厅

横山岁月展厅位于小店镇。

2010年开馆。整个展厅建筑面积360平方米。图片展示区以红色革命史为主，共分8个部分，分别为"文明曙光""将帅足迹""烽火年代""老区情怀""县委诞生地""强镇之路""和谐之音""横山之子"，展示历史照片320余幅，历史遗迹图片19幅。

横山岁月展厅是青年、儿童接受革命传统教育的基地和全镇党员培训的课堂，也为培训新任村干部、监委会成员提供了教育平台。自2010年11月建成启用以来，全镇共组织68批次、5800多人次到此接受爱国主义教育。同时展厅也受到了中央、省、市主流媒体和社会的广泛关注，共接待国家及省市县参观人员380余批次，参观者达11000人次。

（三）莒县抗战展览馆

莒县抗战展览馆位于夏庄镇。

展览馆占地2000平方米，共四个展厅，分别为迎宾大厅、抗战主展厅、莒县"本色群落"摄影展展厅、廉政教育展厅。主展厅共分为五部分："先驱播火，创建组织"；"团结抗日，抵御外侮"；"日军暴行，惨绝人寰"；"依靠群众，发展政权"；"浴血疆场，民族壮歌"。

（四）山东青少年红色文化教育基地

山东青少年红色文化教育基地位于夏庄镇。

2017年11月开馆，占地500平方米。展示内容共分为"红色渊源""红色印记""红色榜样""红色传承""红色使命"五个部分。基地为实施"青年马克思主义者培养工程"提供了重要依托和平台，是大、中学生和青年干部进行革命传统和基本国情教育、思想品质和行为习惯培养、素质提升和作风锤炼的重要阵地，也是开展青少年培训、交流与合作的重要窗口。

自开馆以来，接待省内外各级党政机关、事业单位、社会团体、青少年团体等1500批次，累计接待各界人士约100万人次，受教育的青少年达60万人次。展馆通过丰富多彩的形式，积极开展党史国史教育、传承红色基因、争做时代新人活动，广泛、深入、持久地加强爱国主义教育和宣传，为青少年成长营造了良好的政治环境，坚定了青少年"心系党、跟党走"的信念。

（五）红色柏庄党性教育基地

红色柏庄党性教育基地位于桑园镇柏庄村。

该村始建于明洪武二年，是鲁东南少见的红石部落村庄。它是中国传统村落、山东省第一批"乡村记忆"工程传统文化村落。1938年10月，鲁东南特委随八路军山东纵队二支队移驻桑园，并于1939年1月在桑园柏庄附近的上疃村举办了两期青年干部训练班，培训了200多名革命骨干。1938年参加革命工作的王尽美次子王杰，抗战时期在桑园工作战斗了5年时间。北海银行于1947年初冬辗转来到柏庄，曾在此驻扎印钞，北海币从这里源源不断流向全国。

如今，桑园镇结合"不忘初心，牢记使命"主题教育，聚焦"思想政治受洗礼"，坚持"用身边事教育身边人"为指导思想，进一步挖掘镇域红色历史底蕴，传承红色基因，着力打造了红色柏庄党性教育基地。目前已有"记忆柏庄"村史馆、特委旧址、初心讲堂等场所。

基地建成后为桑园镇党群干部提供了良好的革命传统教育平台，成为传承红色精神的载体，为乡村振兴提供动力。

三 蟠龙山革命烈士陵园

莒县蟠龙山革命烈士陵园地处小店镇古迹崖村的蟠龙山上。

陵园始建于1945年，南北长267米，东西长107米，占地面积41.89亩，现有房屋12间，其中烈士纪念堂3间，干部骨灰堂3间。

蟠龙山革命烈士陵园是省级爱国主义教育基地。

这里安葬着2046名在抗日战争、解放战争和对越自卫反击战中英勇牺牲的革命烈士，有王尽美、曹吉亭、王玉璞、李光日等一批著名烈士的传略，是进行革命传统和爱国教育的重要阵地。

陵园大门面南，正中影壁上刻有山东省早期共产党员王尽美的生平传略。烈士祠内镌刻着为抗日战争、解放战争牺牲的 2040 名烈士英名录。烈士祠北面，是两座各高 3.5 米的花岗石塔，分别是莒中行署主任王玉璞纪念塔、滨海军区独立第三团政治处主任曹吉亭纪念塔。

王尽美 莒县是较早传播马克思主义的地方。1919 年五四运动爆发后，在 1918 年 4 月考入山东省立第一师范学校的莒县大北杏村（现属诸城市）学生王尽美投身革命洪流中。

1898 年 6 月，王尽美出生于莒县大北杏村，原名王瑞俊。社会的黑暗、家庭的贫困，使他从小饱尝人世间的辛酸，初步培养了他朴素的阶级情感，同时，新文化思潮的熏陶为他走上革命道路奠定了思想基础。1905 年，王尽美在地主"见山堂"家当陪读，次年失学，后重入村小等校就读。

> 沉浮谁主问苍茫，
> 古往今来一战场。
> 潍水泥沙挟入海，
> 铮铮乔有看沧桑。

1918 年，王尽美赴济南求学，考入山东省立第一师范学校。在校期间，他联络济南其他学校的学生，于 1920 年 11 月组织了进步学术团体——励新学会，号召工人从资本家手中夺回权利，为无产阶级的解放而斗争。1921 年春，王尽美与邓恩铭、王翔千、王象午等发起成立山东早期党组织——济南共产主义小组，促进了马克思主义在山东的传播，促进了马克思主义与山东工人运动的结合。

1921 年 7 月，中国共产党第一次全国代表大会举行，王尽美、邓恩铭参加。1922 年 1 月，王尽美在莫斯科出席了共产国际召开的远东各国共产党及民族革命团体代表大会。党的二大后，中央派陈为人到山东工作，并建立了中共济南支部，王尽美任书记。从此，中央在山东的地方党组织基本建立。

> 贫富阶级见疆场，
> 尽善尽美唯解放。

潍水泥沙统入海，
乔有麓下看沧桑。

这是王尽美所作《肇在造化——赠友人》一诗。中国共产党的成立，更坚定了王尽美的革命信念，从此，他将自己的名字由王瑞俊改为王尽美。

王尽美组织建立济南津浦机车厂工人俱乐部，发动工人运动。

淄博是山东省产业工人最集中的地方。王尽美在这里组织和发动矿工筹建工会组织。1922年6月成立了山东省第一个煤矿工人组织——矿业工会淄博部。

1922年9月，王尽美调任中国劳动组合书记部北方分部副主任兼秘书，领导山海关、秦皇岛等地工人运动，成功领导了京奉铁路、唐山开滦五矿和秦皇岛码头工人罢工斗争。

1923年3月，王尽美调回山东全面主持党的工作。他以饱满的热情和充沛的精力从事党的宣传工作，坚定地执行中共三大决议，致力国共合作，为推进国民革命运动鞠躬尽瘁，呕心沥血，做出了卓越贡献。

1923年10月，根据中共三大决议，王尽美以个人身份加入国民党。1924年1月，出席中国国民党第一次全国代表大会。

王尽美组织选派人员分别到黄埔军校和农民运动讲习所学习深造，为山东培训了大量革命骨干。

1924年12月，王尽美为推动国民会议运动发展去北京，归途中在天津受到孙中山约见，被委派为国民会议特派宣传员。

1925年1月11日，王尽美在青岛开展国民会议促成会活动。这期间他奔走于青岛、济南、淄博等地，推动了山东国民会议运动蓬勃开展。

艰苦的斗争环境和连年忘我的工作，使王尽美得了肺病，但他仍然为了党的事业、为了工人阶级的利益而顽强战斗着。1925年，他带病坚持到青岛与邓恩铭一起领导了铁路工人大罢工、纱厂工人大罢工等一系列罢工运动，直至生命最后一息。

1925年6月，王尽美肺病复发，在组织的安排下回故乡养病，后因病情加重，回青岛治疗。8月19日，因病医治无效逝世，年仅27岁。逝世前他口授遗嘱，勉励大家为共产主义而奋斗到底。

王尽美的事迹在《中共山东地方史》中占据了57个页码。他早期的革命活动几乎贯穿了整个山东党组织的活动史。①

毛泽东与参加第一届全国政协会议的山东代表马保三同志谈起过：革命胜利了，不能忘记老同志，你们山东要把烈士的历史搞好……王尽美耳朵大，长方脸，细高挑，说话沉着大方，很有口才，大伙都亲切地叫他"王大耳"，要收集他的遗物。②

董必武忆王尽美诗："四十年前会上逢，南湖舟泛语从容。济南名士知多少，君与恩铭不老松。"③

王玉璞 王玉璞是小店镇前山头渊村人，1937年加入中国共产党，他变卖家财，资助八路军，1941年任莒中行署主任，当年8月牺牲。

曹吉亭 曹吉亭是长岭镇前坡子村人，1937年加入中国共产党，抗战中身经百战，战功卓著，曾任莒中独立营副政委、政委、滨海军区独立三团副政委、政治部主任。1945年7月牺牲。

烈士陵园北部山上矗立着抗日烈士纪念塔。该塔1945年5月建成。塔两侧镌刻着456名烈士的名字。陵园西部，苍松翠柏掩映下，安息着406名革命烈士。他们墓前有的立有碑碣，有的铭镌事迹，有的仅镌姓名，但更多的则是无名英雄。

第三节　莒县红色精神文化资源

一　本色精神

平均年龄90岁的莒县1949年前入党的老党员群体创造了本色精神。

2014年，莒县县委组织部将本色精神概括为："一心向党、公心为民、用心实干、清心律己、热心传承"。2014年5月，山东省委宣传部组织省级以上主流媒体集中宣传报道了这个群体的感人事迹。

2014年，莒县农村1949年前入党的老党员健在的有1092人，最多时，这个群体有13341人。其共同特点是在1949年以前加入中国共产党，

---

① 陈建国：《中共山东地方史》，山东人民出版社1998年版，第17—74页。
② 王音、孙昉：《王尽美》，济南出版社2012年版，第149页。
③ 同上书，第150页。

1949年后始终生活在农村，身份是农民。

应该说，长期以来，这个群体没有得到应有的关注。直到2007年，济南一位摄影师到莒县，偶然在夏庄镇党委院内看到墙壁上有许多1949年前入党的老党员照片，震惊之余，询问人数，仅夏庄镇健在的老党员就有443名。这些老党员全部生活在农村，布衣蔬食，生活清苦，但党性强，守纪律，终生保持着党员的自觉与先进性。山东电视台跟踪拍摄了这群老人。2013年，中共莒县县委对全县1949年前老党员进行摸底调查，抢救性寻访，2014年3月，宣讲老党员本色精神的本色老党员红色群落展览馆开馆。2014年5月，各级媒体跟进报道。2014年10月，青年作家姜成娟创作的长篇报告文学《本色》发表于《人民文学》。

本色精神是建立在古莒文化根脉上，由古莒文化与中国共产党精神结合而生长出来的美丽花朵。本色精神的形成是马克思主义与莒地实践相结合的产物。

本色，就是中国共产党党员本色。它是9000多万中国共产党党员的共同特征，也是入党誓词、党章对共产党员的要求。莒县1949年前老党员们从来不标榜自己有多么伟大，他们认为，自己只是尽了一个共产党员的本分。

本色精神首先表现为对党的无比忠诚。在不同历史时期，在任何时候，老党员们始终葆有坚定的政治方向和矢志不渝为共产主义事业奋斗的崇高政治信仰，从未对党有任何不满和怀疑，从未动摇过自己的信仰，无论何时何地，他们对党的感情都没有丝毫减少。

夏庄镇老党员孙振喜，最经常说的话是：解放全人类。他临终前，对看望他的青年作家姜成娟说：要和组织告别了。生命即将结束，老党员牵挂的不是家人，更不是遗产等，而是他奉献一生的组织。

小店镇老党员张凤臻，2019年4月去世前，已经说不出几句话了，但是她不停念叨的一个词是：组织。

夏庄镇老党员张维兰，经常说的一句话是：要是人人都害怕，那共产主义怎么办啊！

寨里镇老党员陈淑娥说：一辈子干任何事，都要站在党员角度上。

碁山镇老党员吴正范说：只要党需要，我爬也爬回来。

小店镇老党员陈淑元说：往家拿不是共产党员！党没有纪律早就

完了！

夏庄镇老党员李春田说：共产党是穷汉党，穷汉支持它，它就兴旺！你说这个天底下，穷汉多，还是富户多？共产党就应该和群众拌拉在一块儿。

这些本色老党员，坚守入党誓言，一生不变。老党员们对党的赤诚，融入骨髓，流淌在血液里，对今天党的建设具有宝贵的借鉴和启迪意义。本色精神让人们重新思考一个共产党员究竟应该怎么做。从这个意义上，它与沂蒙精神交相辉映：沂蒙精神更多倾向于党群关系的水乳交融，主体是干部和群众两个方面；而本色精神的主体是党员自身，更加注重对党员自身党性修养的要求。

此外，本色精神还表现为有功而不居，只讲奉献，从不索取。老党员们甘愿俯身乡间，几十年如一日，耕田种地中以自身行为做出榜样，校正着一切不利于党的形象的言行，为党争取着最广大群众的支持。他们用日益衰老的身体、变形的手指和最朴素的语言、最脚踏实地的行动，夯实着党的执政基础。他们是这个国家政权的缔造者，却从来没有为个人一生在农村耕种而委屈报怨，向党索取，而是无怨无悔、竭尽全力为党工作，直到生命最后一息。

"是党的人，就要听党的话！"这是龙山镇杨家沟村90岁的老党员卢翠秀经常说的话。她17岁入党，是日照市现任年龄最大的农村党支部书记。1947年，敌人将她列入"暗杀团"黑名单，她毫不畏惧，照样拥军支前；"文化大革命"时期，她为保护全县十七级以上老干部档案而受尽折磨，终于使珍贵档案材料得以保全；1983年，准备退休的她又服从组织安排，担任了杨家沟村党支部书记，带领群众整山、治水、修路、致富，将一个烂摊子村治理成远近闻名的红旗村。

城阳街道大许家庄村老党员许世彬，1960年曾担任村党支部书记兼食堂主任。当时正值三年困难时期，父母饿得奄奄一息起不来床。有人建议他先从食堂给老人拿点东西吃，却被他断然拒绝。陵阳镇大埠堤村老党支部书记徐文高的5个子女都符合当时的招工条件，但他还是把名额全部给了别人。刘官庄镇齐家庄村老党员刘荣芹，2004年开始义务为村里清扫主街。10年来，仅扫帚就扫秃了几十把，不管下多大的雨，村里主街道从来没有积过水。

对于每一名新时代的共产党员来说,本色精神就是一面镜子,可以照出身上存在的问题,修身正己,防微杜渐;本色精神也是一泓清泉,可以洗清党员思想和行为上的灰尘,干净做事,清白做人;本色精神更是一部鲜活的教材,让每名党员找到共产党人的本色,在复杂的环境中明辨是非,认清方向,牢固树立共产主义理想,坚定走中国特色社会主义道路,从而为实现中华民族伟大复兴的中国梦做好先锋模范。诚如习近平总书记在党的十九大报告中所指出的:"中国共产党人的初心和使命,就是为中国人民谋幸福,为中华民族谋复兴。这个初心和使命是激励中国共产党人不断前进的根本动力。"①

二 红色文艺作品

莒县红色文艺作品包括抗日战争、解放战争时期在莒县、莒南、五莲战斗、工作的文艺工作者的文学创作和中华人民共和国成立以后创作的有关革命题材的文艺作品。本书在此只介绍今天莒县行政范围内的作品。

抗日战争和解放战争时期莒县的文艺创作,包括小说、报告文学、战地通讯、诗歌、散文等作品,以歌颂中国共产党及其领导人,反映革命对人的影响、人民军队的英勇善战、人民群众与党的鱼水深情为基本主题。

党的创始人之一王尽美以诗言志,留下了宝贵的诗篇。

肇在造化　赠友人

贫富阶级见疆场,
尽美尽善唯解放。
潍水泥沙统入海,
乔有麓下看沧桑。

沉浮谁主问沧桑,
古往今来一战场。
潍水泥沙挟入海

---

① 习近平:《决胜全面建成小康社会　夺取新时代中国特色社会主义伟大胜利——在中国共产党第十九次全国代表大会上的报告》,人民出版社2017年版。

铮铮乔有看沧桑。①

莒县早期共产党员宋寿田，并不是贫农出身，但他对劳动者的苦难有着深刻的同情，他留有诗歌《咏矿山》。

咏矿山

1924年春

井底新开小有天，
熙来攘往一绳牵。
采煤不顾风波险，
穿径犹将肢体蜷。
乍见惊为泉下鬼，
重逢似作隔世观。
佛言地域皆虚幻，
到此反疑是信然。②

出生于莒县的于冠西（原名于洪鑫），于1943年连续创作出《上升中的桃花坪》《桃花坪的劳动英雄》《桃花坪要组织起来了》《桃花坪之冬》等报道。作者在充分调查研究的基础上，以纪实手法描绘了桃花坪农民在党的领导下，通过劳动互助、生产合作追求和创造美好新生活的过程。于冠西还创作了报告文学《南北崮保卫战》《何万祥》等。其中《何万祥》歌颂了山东根据地著名战斗英雄何万祥的事迹。何万祥所在的八路军115师教导2旅6团就是滨海区人民群众记忆中的"老六团"。曾任2连连长的何万祥参加了郯城战役、大泉山战斗等大小战斗400余次，屡立战功，1944年3月壮烈牺牲。他被滨海军区授予"战斗英雄"称号，名扬整个山东战场，在滨海根据地有很高的知名度。

出生于广东的那沙随八路军115师来到山东根据地后，创作出日记体小说《养伤散记》。作品记述了作者自己在1944年11月攻打莒城后负

---

① 王音、孙昉：《王尽美》，济南出版社2012年版，第20页。
② 中共莒县县委党史研究室编著：《红色莒县》，中国文史出版社2015年版，第872页。

伤、养伤的过程，细致描绘了莒城战役及乡亲们对伤员无微不至的照料，显示了人民子弟兵与人民的鱼水情谊。这部作品以文学的方式记录了莒城战役这一莒县革命史上的重要事件，为研究莒城战役提供了宝贵记忆。

出生于莒县夏庄镇的宋英，曾在济南齐光中学就读，1938年在莒县入党。1941年到滨海地委工作。1944年担任《滨海农村》报社副主编。1949年后曾担任山东省出版局局长、党组书记，山东省文化局局长、党组书记。宋英1943年发表《模范劳动者郑信》等一组报告文学和通讯，报道了莒南县大前村郑信成长为劳动模范的过程。郑信是山东根据地的著名劳动模范，他的成长和对党的认识过程，代表了千万莒县人民、山东人民对党的认识过程：党怎么走，我就怎么走。1944年，宋英又写了《懒汉回头金不换》，作品讲述了与郑信同村的懒汉王光年如何从懒惰、不上进转变为新人的过程，体现了党领导下的革命是如何改造人、成就人。宋英还有一篇文章《滨海情结》，写了自己在滨海根据地工作的经历。

另外，康矛召创作的《我们进了莒城》，文非、白刃等集体创作的《莒城起义》，杨悦杰、孔福亭创作的《支援前线的莒中人民》，进华、郝广俊创作的《母亲和姊妹》等一批关于莒城战役的通讯报道，都是语言生动、细节翔实的优秀纪实文学作品，为后人研究党史提供了宝贵资料。

还有一首不知作者但流传甚广的诗歌，语言简单，明白如话地表达了非常深刻的劳动创造世界的主题，有必要记录在此。

谁养活谁

谁养活谁呀，大家看一看：
没有穷人开荒山，财主哪里来的千顷田？
没有穷人来种地，财主家哪里来的粮食堆成山？
没有穷人把屋盖，财主家哪里来的楼台瓦舍一片片？
没有穷人养蚕织布，财主家哪里来的绫罗绸缎穿？
想一想，看一看，穷人养活地主还是地主养活咱？
想一想，算一算，咱穷人养活地主多少年？
不信神，不信天，全靠共产党把身翻。
斗倒地主和恶霸，封建势力连锅端。

斗倒地主和恶霸,也有吃来也有穿。

斗倒地主和恶霸,穷苦大众坐江山!①

2014年11月,出生于夏庄镇的姜成娟创作了长篇报告文学《本色——莒县建国前老党员精神寻访》,由山东人民出版社出版。书中描述了22个1949年前入党老党员的一生,呈现了本色精神的源头、光芒,以及对当下社会的烛照和教育价值。该书获首届刘勰文艺奖、第二届日照文艺奖。2016年6月,姜成娟创作的长篇报告文学《发现滨海——一个中国当代青年对革命与抗战的思考》,由山东人民出版社出版。该书全面描写了滨海根据地的创建过程,同时表明了出生于改革开放后的莒县青年在重新发现家乡光荣革命历史后,对中国共产党、中国道路的认可与热爱,昭示着老党员的后代已经接过先辈手中的红旗,决心世世代代跟党走。该书在2019年获山东省第四届泰山文艺奖。

2016年7月,出生于浮来镇的铁流与湖南人纪洪建合著的《见证》,也书写了1949年前入党老党员群体。

三 红色歌曲歌谣

红色革命歌谣是伴随着革命运动而产生的,对发动群众、教育宣传群众、推动革命政治动员起了重要作用。这些革命歌谣至今存活在人民群众的记忆中,是一种活态的、特定性质的民间文学,也可以说是一种红色非物质文化遗产。

1942年到1945年,莒中县组成的民兵联防大军和主力部队一起保卫了横山根据地及领导机关,保证了滨海地区的"横山造"兵工厂、兴华铁工厂、大鸡烟厂、玉路鞋厂的正常生产,有力支援了前方的对敌斗争,对于解放莒中、扭转鲁中南战局,起到了重要作用。当时,水沟泊村的民兵赵敬斋编了一首快板,说的就是沭河大戒严的故事:

沭河大戒严

竹板一打响连天,

---

① 中共莒县县委党史研究室编著:《红色莒县》,中国文史出版社2015年版,第883页。

说一说沭河大戒严。
自卫队和民兵，
坚守河岸不放松。
白天放哨查汉奸，
土枪土炮抗在肩。
夜晚集体睡觉来打更，
紧防日本早出动。
河岸一溜埋地雷，
实实虚虚迷惑日本兵。
石雷钢雷到处埋，
日军吓得不敢扫荡上河东。
县委召开大生产，
时时刻刻来备战。
人民成立大联防，
劳武结合把兵练。
爬障碍翻杠子，
瞄准射击练抛手榴弹。
滨海军区来检查，
样样挣个第一名。
奖励民兵模范旗，
还有两筐手榴弹。
夏庄的日军不死心，
机枪支在蝼蛄山，
村团长下命令，
今天打个活靶来练练，
赵凤武没怠慢，
砰的一枪打得日军面朝天，
接着排枪一起响，
砰砰啪啪倒了几个狗汉奸。
就这样一连打了很多次，
敌人过河难上难。

敌人不敢上河东,
民兵敢上河西去作战。
夜晚对着敌人去喊话,
白天就在西岭展开麻雀战。
民兵越打越有劲,
打得敌人心胆寒。
有一天袭击日军上竹园,
得了铁线一大盘。
凤凰山上一场战,
打得汉奸到处窜,
有人报告东南岭上有敌人,
秫秸园里藏汉奸,
民兵听说不急慢,
急忙集合就去翻,
俘虏汉奸四名整,
得了枪支和弹药。
大北湖秫秫地,
三个汉奸饿得要吃饭,
民兵把他诳到家,
夺了他的枪支和子弹。
滨海军区得知后,
又奖给英雄旗一面。
上级派来爆破大王于得水,
带领民兵苦苦练。
民兵配合主力拔据点。
根据地人民得安全。
这都是共产党领导得好,
这就是民兵搞的
"沭河大戒严"。①

---

① 中共莒县县委党史研究室编著:《红色莒县》,中国文史出版社2015年版,第882页。

妇女在旧社会所受压迫最深重,所以她们一旦觉醒,就会成为最坚决的革命者。横山根据地的妇女们,通过上识字班、冬学等,掌握了一定的文化知识、革命理论,焕发出历史上从未有过的力量和光彩。这个《妇女翻身歌》,是小店镇女性老党员张凤臻凭记忆记录下来的。

妇女翻身歌

旧社会,老封建,妇女受罪真可怜。
整天不让出家门,好比哑巴吃黄连。
从小叫人看不起,七八岁上把足缠。
婚姻大事父母主,嫁给鸡狗得随伴。
公婆打,丈夫骂,起五更,到半夜,
一天到晚不得闲,累得腿疼腰也酸。
喝凉水,吃剩饭,眼泪直往肚里咽。
越思越想越难受,几时才能把身翻。
自从来了共产党,驱散乌云见太阳。
不挨打,不挨骂,兴咱妇女来发言,
勤学习,勤劳动,谁也不敢瞧不起咱。①

解放战争时期,在滨海根据地传唱着方平创作的一首歌《自由的海滨》:

明朗的天空,明朗的海洋,在太阳光辉里,放出银样的光。
这是我们自由的海滨,祖国的边疆,祖国的边疆已经解放。
我们自由的边疆,这里的人们可以自由地呼吸,纵情地歌唱。
这里没有饥饿和灾荒,像那人间的天堂。
这里没有黑暗和忧伤,永远呈现着新的气象。
自由的海滨,这是祖国的边疆,也是我们的家乡。
幸福的生活,用我们的血汗创造。
和平的家乡,永远屹立在祖国的边疆。

---

① 中共莒县县委党史研究室编著:《红色莒县》,中国文史出版社2015年版,第885页。

明朗的天空，明朗的海洋，在太阳光辉里，放出银样的光。
这里是我们自由的海滨，祖国的边疆。①

1949年后，文艺创作配合社会主义教育运动，出现了一批反封建及学习雷锋的节目。1964年，刘官庄镇毛家屯村毛迅创作的《沂蒙山区好地方》，成为山东民歌的代表作品。它是一首与《沂蒙山小调》堪称姊妹篇的民歌。当时，莒县属于临沂地区，临沂地区是全国农业生产先进地区，在农业合作化、集体化的年代，广大群众在人民公社中自力更生，艰苦奋斗，兴修水利，整治农田。这首歌曲就是反映这一时期莒县、沂蒙群众跟党走、拼命干的精神面貌。

沂蒙山区好风光，公社带来好时光，不断革命改自然，人换思想地换装，地换装。沂蒙山区好地方，社员勤劳干劲强，开山劈岭修梯田，黄山变成米粮仓，米粮仓。沂蒙山区好地方，革命人民志如钢，兴修水利夺高产，座座水库放银光，放银光。沂蒙山区好地方，改造涝洼多打粮，力争旱涝保丰收，东风吹来稻花香，稻花香。沂蒙山区好地方，林牧渔副搞得强，多种经济齐发展，支援国家有力量，有力量。沂蒙山区好地方，三面红旗放光芒，人人学习解放军，永远跟着共产党，永远跟着党。②

1966年，毛迅创作的《五好社员之歌》，传唱一时，被山东省广播电台选用。这首歌曲乡土气息浓厚，地方色彩鲜明，歌词通俗易懂，质朴生动，极易上口，是当时莒县乃至沂蒙山区歌曲的代表作。可惜因年代久远，没有留下完整的歌曲。

红色革命文化作为中国共产党带领人民在革命过程中形成的革命传统、革命精神的结晶，在当下建设中国特色社会主义先进文化的实践中，仍然具有重要的价值和意义。莒县人民所创造的红色革命文化，必将在新

---

① 山东解放军滨海军区政治部编：《滨海八年》，临沂地委党史资料征集办公室，1946年7月，第244页。
② 莒县地方史志编纂委员会：《莒县志》，中华书局2016年版，第975页。

时代得到更好的保护与传承,在凝聚人民精神力量,巩固马克思主义在意识形态领域指导地位,更好地在构筑中国精神、中国价值、中国力量方面做出贡献。

第四节 将帅在莒

抗日战争和解放战争时期,罗荣桓、徐向前、陈毅等将帅曾转战莒县,指挥了许多重大战役。峥嵘岁月里,许多热血青年从莒县这片热土走上革命道路,历经战火洗礼,成长为党政军高级干部。

一 罗荣桓

伟大的无产阶级军事家、革命家。中华人民共和国元帅,中国人民解放军创建人和领导人之一。湖南省衡东县人。1927年加入中国共产党。参加了鄂南暴动、秋收起义。历任连党、营、纵队党代表,第四军政委、第一军团政治部主任、第八军团政治部主任、军委后方政治部主任等职。参加了一至四次反"围剿"和长征。

抗日战争时期,任八路军第115师政治部主任、师政委。1939年3月,率115师主力部队挺进山东。1941年8月任山东军政委员会书记。在反击日伪军对鲁中、鲁东南抗日根据地大"扫荡"期间曾多次转战莒县。1942年年底亲自指挥了第三次甲子山反顽战役,扭转了滨海抗日根据地形势。1943年3月任山东军区司令员兼政委,115师政委、代师长,后任中共中央山东分局书记。亲自决策并指挥了莒城解放战役。

1945年9月率部进军东北,先后任中共中央东北局副书记、东北人民解放军副政委、东北军区第一副政委、东北野战军政委、第四野战军第一政委、中共中央华中局第二书记、华中军区第一政委。参与指挥了辽沈战役、平津战役。

中华人民共和国成立后,任中央人民政府委员、最高人民检察署检察长、解放军总政治部主任、中央人民政府人民革命军事委员会副主席。中共第八届中央委员会委员,中央政治局委员,第一、第二届全国人大常委会副委员长,第一、第二届国防委员会副主席。1955年9月被授予元帅军衔。

二 徐向前

伟大的无产阶级革命家、军事家,中国人民解放军创建人和领导人之一,中华人民共和国元帅。山西五台人。1924年4月考入黄埔军校第一期。1925年春,参加北讨、东征。后任国民军第二军第六混成旅教官、参谋、团副等职。1927年3月加入中国共产党。历任团党代表、师参谋长、师长、鄂豫边革命委员会军事委员会主席、第一军副军长兼第一师师长、第四军参谋长、第四军军长、中华苏维埃共和国中央革命军事委员会委员、第四方面军总指挥兼第四军军长、红军前敌总指挥部总指挥、西路军军政委员会副主席兼西路军总指挥。

抗日战争爆发后,任八路军第129师副师长。1939年6月到山东,任八路军第1纵队司令员。对领导山东抗日斗争和山东纵队正规化建设做出了卓越贡献。1939年秋,在反击日军对鲁中、鲁东南抗日根据地大"扫荡"期间,曾转战于莒县。1942年任陕甘宁晋绥联防军副司令员,后任抗日军政大学代理校长。

解放战争时期,先后任晋冀鲁豫军区副司令员、华北军区副司令员兼第一兵团(后改为中国人民解放军第十八兵团)司令员兼政治委员。指挥了临汾战役、晋中战役、太原战役。

中华人民共和国成立后,任人民解放军总参谋长、中央人民政府人民革命军事委员会副主席、国防委员会副主席,第三、第四届全国人大常委会副委员长,中共中央军委副主席、国务院副总理兼国防部部长、中华人民共和国中央军委副主席,中共第七至第十二届中央委员,第八届(十一中全会补选)、第十一届、第十二届中央政治局委员。1955年被授予中华人民共和国元帅军衔。

三 陈毅

久经考验的无产阶级革命家、军事家、外交家,中国人民解放军的创建者和领导者之一,中华人民共和国元帅,党和国家的卓越领导人。四川省乐至县人。1919年赴法国勤工俭学。1921年回国。1922年加入中国社会主义青年团。1923年加入中国共产党。1927年参加南昌起义。历任工农革命军第一师党代表,红四军十二师党代表、师长、军政治部主任、军委书记，红六军、红三军政委，中共赣西南特委书记，红二十二军军长，江西军区总指挥兼政治委员，中华苏维埃共和国中央政府办事处主任。红军长征后，留在江西苏区，领导了南方三年游击战争。

抗日战争时期，任新四军第一支队司令员，江南指挥部、苏北指挥部指挥，新四军代军长、军长。解放战争时期，历任山东军区司令员，华东军区司令员，华东野战军司令员兼政委，中原军区和中原野战军副司令员，第三野战军司令员兼政委。

1949年后，任华东军区司令员兼上海市市长，人民革命军事委员会副主席。1954年任国务院副总理。1955年被授予元帅军衔。1958年兼任外交部部长。中共中央军委副主席，第一至第三届国防委员会副主席，全国政协第三、第四届副主席，中共第七、第九届中央委员，第八届中央政治局委员。

1945年12月，陈毅率新四军北移山东，兼任山东军区司令员，统一指挥山东和华中军区的部队。1946年1月，国民党新编第六军总司令郝鹏举起义来莒，改编为华中民主联军。陈毅曾多次到于家庄郝鹏举驻地看望，对其进行教育，并与之一起游览浮来山，以古喻今，晓以大义。1947年1月，郝鹏举叛变，2月被我军消灭。陈毅赋诗：教尔作人不作人，教尔不苟竟狗苟。而今俯首尔被擒，仍自教尔分狗苟。

四 朱克靖

1895年10月生于湖南省醴陵县，1919年考入北京大学，1922年加入中国共产党。1923年到苏联莫斯科东方大学学习。1925年7月，任国民革命军第三军党代表兼政治部主任，参加了北伐战争。1926年11月当选为共产国际执委会委员。1927年利用任武汉国民政府江西省政府秘书长的身份，推荐朱德任南昌市公安局长，让方志敏主持国民党江西省党部工作。和朱德等争取第三军官兵参加南昌起义。南昌起义后任第九军党代表。

抗日战争时期，任新四军政治部顾问兼直属战地服务团团长、新四军联络部部长，苏北参议会副议长，苏中三分区行政专员公署专员、苏浙行政公署主任。为建立苏皖抗日根据地做出重要贡献。

1945年冬，随新四军北上山东。1946年1月，任新四军兼山东军区秘书长、联络部部长，策动郝鹏举率部起义，改编为华中民主联军。朱克靖任该部政治委员，驻莒县达半年，领导对这支部队的改编和民主改造。1947年1月郝鹏举率部叛变时被捕押往南京，10月被秘密杀害。

五　萧华

江西省兴国县人。1928年12月加入中国共产主义青年团，1930年参加红军并加入中国共产党。曾任红四军军委青年委员、团政委，红一军团政治部青年部部长，红军总政治部青年部部长，少共国际师政委，红一军团第二师政委。

抗日战争期间，任八路军115师政治部副主任、旅政委、师政治部主任兼山东军区政治部主任。1942年指示军区敌工部要搞个里应外合的典型，派出大股伪军工作团到莒县策反争取莫正民起义，1944年亲自指挥了莒城解放战役。解放战争时期曾任东北野战军第一兵团政委，第四野战军特种兵司令员。

中华人民共和国成立后，任中国人民解放军空军政委，总政治部副主任、政治部主任，兰州军区第一政委，中国人民政治协商会议第六届全国委员会副主席。1955年被授予上将军衔。

六　陈士榘

湖北省荆门市人。1927年加入中国共产党。参加了秋收起义。历任红四军副营长、师参谋长、军参谋长、代军长。

抗日战争时期，参加了平型关战斗，历任115师旅参谋长、师参谋长、山东滨海军区司令员，转战滨海、鲁南。1944年11月亲自指挥了莒城解放战役。解放战争中，历任山东军区参谋长兼新四军参谋长、华东野战军参谋长、兵团司令员。

1955年被授予上将军衔。

七　唐亮

湖南浏阳人。1930年8月参加红军并入党，参加了长征。历任团政委、师政治部主任。

抗日战争时期，任八路军115师政治部组织科科长、教导大队政委、旅政治部副主任、八路军第二纵队政治部副主任、冀鲁豫军区政治部主任。1942年8月任115师教导第四旅兼湖西军分区政委，湖西地委书记。1944年秋任滨海区党委书记、滨海军区政委。1944年9月，在九里区减租减息中，多次到该区组织减租减息。11月，在兄弟部队的配合下，发起莒城战役。解放战争中，历任新四军兼山东军区政治部副主任、山东野战军政治部主任、华东军区政治部副主任、华东野战军政治部主任、前委委员。

1955年9月被授予上将军衔。

八 谷牧

山东荣成人。1931年加入中国共产主义青年团，1932年转为中国共产党党员。1934年到北平参加左翼作家联盟工作，是北平左联负责人之一。1936年到东北军从事兵运工作。

抗日战争时期，任东北军57军112师中共工作委员会负责人，发展667团团长万毅加入中国共产党。1940年任中共中央山东分局秘书主任、统战部长。1943年兼任115师、山东军区政治部统战部长。1944年任滨海第二地委书记兼军分区政委，参与指挥了莒城解放战役。解放战争时期，任中共中央华东局秘书长，新海连特委书记兼新海连警备区政委，鲁中南区党委副书记兼军区第一副政委。

中华人民共和国成立后，历任济南市委书记、市长，上海市委副书记，国家建委副主任、国家经委副主任、国务院工交政治部主任、国家建委主任，国务院副总理、国务委员，全国政协副主席等职。是中共第十、十一、十二届中央委员，第十一、十二届中央书记处书记。

九 常恩多

抗日爱国将领。辽宁海城人。1919年参加奉军。历任排、连、营、团长。1934年奉命到鄂豫皖地区"剿共"，他暗中抵制进攻红军。1935年10月任111师中将师长。"西安事变"后常恩多派人秘密联系投奔红军。红军领导从政治形势和革命需要出发，劝常恩多先留在东北军中。七七事变后，常恩多率部参加扬州、台儿庄、盐城、阜宁等战役战斗，屡立战功，被誉为"常胜军"。

1939年初，中共山东分局批准常恩多为中共特别党员。他率部驻防莒县于家庄、张家围子一带，和八路军互通情报，互相支持，共同打击日伪军，并将缴获的武器送给八路军。夏，率部反"扫荡"，连续取得杨家庄、九里坡等几十次战斗胜利。1940年9月，发动震惊全国的"九二二"锄奸运动，将反共和勾结日军的军长缪澄流赶出部队。

长期征战忧劳中常恩多罹患肺结核，1941年2月，顽固派趁他病重将万毅扣押并欲秘密处决，常恩多坚称抗日无罪，竭力保护了万毅。1942年8月初，常恩多强拖病危之躯，冲破国民党反动势力阻挠，毅然率部起义。8月8日到达滨海抗日根据地，次日病逝。罗荣桓、陈光敬献挽联："杀敌锄奸，功在国家""还乡复土，义尽东北"。

十　万毅

辽宁省金县（今大连市金州区）人。1925年春考入东北军。1936年1月成为东北军最年轻的团长，支持中共党员秘密开展抗日救亡。1938年3月被秘密吸收为中共特别党员。1940年任57军111师333旅代旅长，与师长常恩多发动"九二二"锄奸运动。1941年2月被东北军顽固派逮捕关押。1942年8月越狱脱险到中共中央山东分局，被派回领导改造第111师起义部队，任新111师副师长、师长。1944年10月该部改编为八路军滨海支队，万毅任滨海军区副司令员兼支队长，多次指挥转战于莒县。1945年当选中共第七届中央候补委员。9月率部进军东北，后任东北野战军第42军军长。参加了四平、辽沈、平津等战役。1950年参加抗美援朝战争，任中国人民志愿军特种兵司令员、炮兵司令员。

1955年9月被授予中将军衔。

十一　刘兴元

山东莒县人。1931年参加红军。曾任红军总卫生部政治部巡视员、组织科科长，红四方面军卫生部总务处处长、政治部组织科科长。参加了长征。抗日战争时期，任八路军115师工兵营政委，师政治部民运部副部长，教导第五旅政治部主任、代政委，新四军独立旅代政委、滨海军区政治部主任，山东军区第二师政治委员。解放战争时期，任师政委、纵队政委，第四野战军四十二军政委。中华人民共和国成立后，任中南军区党委秘书长，军区干部部部长，广州军区副政委、第二政委、党委第一书记、广东省委第一书记，成都军区司令员、第一政委、党委第一书记、四川省委第一书记，中共中央军委委员，解放军军政大学政治委员、解放军军事学院政治委员。1955年被授予中将军衔。

十二　梁兴初

江西省吉安县人。1930年4月参加红军。任红四军班长、排长、连长、营长，红一军团团长。抗日战争时期，任八路军115师营长、副团长，苏鲁豫支队副支队长，东进支队支队长，115师教导第五旅旅长，新四军独立旅旅长，滨海军区十三团团长、滨海军区第一军分区司令员，山东军区第一师师长。其间多次转战莒县，参与指挥莒城战役等数十次战役战斗。解放战争时期，任师长、纵队司令员，第四野战军三十八军军长。中华人民共和国成立后任中国人民志愿军军长、兵团代司令员，海南军区司令员，广州军区副司令员，成都军区司令员。1955年被授予中将军衔。

十三　吴瑞林

四川省巴中县人。1932年参加红军。土地革命战争时期，任红四方面军政治部共青团团委副书记，共青团通江县委书记，少共川东北特委书记，中共大金省委组织部部长兼少共大金省委书记，大金省干部大队大队长兼政委。抗日战争时期，任中共鲁东南临时特委书记，八路军山东纵队第二支队政委，转战于莒县，后任山东军区军分区司令员、旅长兼政委。解放战争时期，任东北民主联军安东军区司令员，辽南军区司令员兼独立师师长，东北野战军第五纵队副司令员，第四野战军四十二军军长。中华人民共和国成立后，任中国人民志愿军军长，海南军区司令员，海军南海舰队司令员，广州军区副司令员兼南海舰队司令员，海军常务副司令员。1955年被授予中将军衔。

十四　王建青

山东省新泰市人。1931年加入中国共产党，历任营教导员、团政委，莒中县委书记兼独立营政委，军分区副政委、司令员，师长、副军长、军事检察院检察长、南京军区工程兵政委、政治部主任、顾问等职。1955

年被授予少将军衔。

1940年2月,时任军区特务团政委的王建青护卫山东第一区党委和军区机关由鲁中进入鲁东南地区,在孟家西楼遭大店日军奔袭,他与团长武中奇指挥与敌激战,保护区党委、机关军区等安全转移。在抗战最困难时期,他由山纵二旅六团政委改任莒中县委书记兼莒中独立营政委,指挥了数十次战斗,机动灵活地打击敌人,拔除十余处据点,扩大了根据地,壮大了抗日武装。同时,领导全县解放区开展了减租减息、拥军优属等工作,促进了根据地建设。

十五 贺东生

湖南省攸县人。1930年参加红军。抗日战争时期,任八路军115师教导大队队长,团参谋长,686团团长,抗日军政大学第一分校团长,山东军区第二师参谋长。其间多次转战莒县,参与指挥了石沟崖战斗、莒城战役等数十次战役战斗。解放战争时期,任东北野战军第一纵队二师师长,第四野战军三十八军副军长。中华人民共和国成立后,曾任广东省军区司令员。1955年被授予少将军衔。

十六 吴岱

福建省长汀县人。1933年参加红军。抗日战争时期任八路军115师营教导员、团政委,滨海军区第六团政委。期间多次转战莒县,参与指挥了石沟崖战斗、莒城战役等数十次战役战斗。解放战争时期,任师政治部主任、师政委,第四野战军三十八军政治部副主任、主任。1955年被授予少将军衔。1975年10月,任北京军区副政委兼政治部主任。

这些共和国的将帅们,他们在莒县的戎马岁月,为莒县红色革命文化增添了一抹亮色,更使他们与莒地群众结下了生死与共的鱼水情谊,莒县人民将永远铭记。

下 篇
莒文化开发：设想与思路

第 十 章

新时代:地域文化与区域发展

第一节 新时代"五位一体"总体布局对于地方发展的新要求

一 新时代"五位一体"总体布局是中国共产党人接力探索中国特色社会主义建设道路的新成果

总体布局是发展中国特色社会主义事业的重大问题,它直接关系着"两个一百年"奋斗目标和中华民族伟大复兴中国梦的顺利实现。党的十八大报告将生态文明建设与经济建设、政治建设、文化建设、社会建设置于同一层面,提出建设中国特色社会主义"五位一体"总体布局的思想。这充分表明,新时期的中国共产党人站在战略全局的高度,从当代中国社会发展的阶段性特征出发,对推进中国特色社会主义事业做出了"五位一体"总体布局的顶层设计,为实现"两个一百年"奋斗目标和中华民族伟大复兴奠定了更为坚实的基础。

"五位一体"总体布局重要战略思想是几代中国共产党人在接力探索中国特色社会主义的历史进程中逐渐形成的。自党的十一届三中全会以来,在对中国特色社会主义事业总体布局的认识上,中国共产党人经历了初步探索、逐步深化和趋于完善的演进历程。

(一)从"农、轻、重"有序发展到"四个现代化"国家建设目标的形成

以毛泽东为杰出代表的中国共产党老一辈领导人,早在民主革命时期就开始了对中国工业化的伟大探索。1945年4月,毛泽东在中共七大政治报告中指出:"在新民主主义的政治条件获得之后,中国人民及其政府

必须采取切实的步骤，在若干年内逐步地建立重工业和轻工业，使中国由农业国变成工业国。"① 明确了中华人民共和国成立后要建设的是工业化国家。1949年后，中共中央于1953年公布的党在过渡时期的总路线和总任务，就是要在一个相当长的时期内，逐步实现国家的社会主义工业化，并逐步实现国家对农业、对手工业和对资本主义工商业的社会主义改造，正式明确了社会主义工业化建设的目标。但由于党和国家缺乏经济建设的经验，曾一度盲目照搬苏联工业化道路模式，导致了重工业与轻工业、农业发展不平衡的问题，毛泽东对此作了实事求是的分析和总结，指出片面强调优先发展重工业，忽视轻工业，更忽视农业，片面强调增加积累，忽视群众消费和群众利益，尤其是农民的利益，忽视运用经济杠杆的作用等问题，并在1956年作了《论十大关系》的报告，着重论述了发展重工业和农业、轻工业的辩证关系。这是老一辈领导人对中国社会主义建设协调发展的初步认识与总结。

1958年以在发展生产力方面急于求成为主要标志的"大跃进"，严重影响了国民经济的健康发展。在领导党和人民深刻反思的过程中，毛泽东又进一步从社会扩大再生产的规律上阐述了"农、轻、重"的关系问题。在1959年7月的中央政治局扩大会议上，毛泽东郑重提出了以"农、轻、重"为序的思想。1962年10月中共八届十中全会上，这一思想完善为"以农业为基础，以工业为主导"的发展国民经济总方针。至此，党和国家基本确立了以重工业为主，重工业和轻工业、农业同时并举为特点的中国特色社会主义工业化建设道路的思想。

在对社会主义工业化道路的认识不断深化的基础上，中共中央和毛泽东逐步形成了"四个现代化"的战略发展思想。1959年底到1960年初，毛泽东在研读马克思主义政治经济学理论时提出："建设社会主义，原来要求是工业现代化，农业现代化，科学文化现代化，现在要加上国防现代化"。② 这就完整地提出了"四个现代化"的发展目标，为我国社会主义建设勾画出了发展框架。1963年9月，毛泽东在对《关于工业发展问题》初稿的修改中提出："在一个不太长的历史时期内把我国建设成为

---

① 《毛泽东选集》第3卷，人民出版社1991年版，第1081页。
② 《毛泽东文集》第8卷，人民出版社1999年版，第116页。

一个农业现代化、工业现代化、国防现代化和科学技术现代化的伟大的社会主义国家。"① 1964 年 12 月，周恩来总理在三届全国人大一次会议上，根据中共中央的提议，正式宣布了我国实现四个现代化的宏伟目标："今后发展国民经济的主要任务，总的说来，就是要在不太长的历史时期内，把我国建设成为一个具有现代农业、现代工业、现代国防和现代科学技术的社会主义强国，赶上和超过世界先进水平。"② 至此，以毛泽东为主要代表的中国共产党人正式确立了实现四个现代化的战略目标，体现了党领导全国各族人民自力更生、艰苦奋斗，发展国民经济、建设现代国家的伟大目标与坚强信心。虽历经"文化大革命"的动荡时期，中国共产党和中国人民对实现"四个现代化"的追求始终不曾放弃或稍有松懈。1978 年 12 月召开的中共十一届三中全会，明确提出要把党和国家的工作重点转移到社会主义现代化建设上来，强调实现农业、工业、国防和科学技术的四个现代化是"当前最伟大的历史任务"，甚至把能否实现四个现代化，上升到关乎国家民族命运的高度③，这是对老一辈领导人所提出的国家发展战略目标的高度认同，同时也是对社会主义建设历史经验教训的深刻总结。

（二）"两个文明"一起抓发展理念的提出

改革开放初期，以邓小平为主要代表的中国共产党人站在时代发展高度，做出了改革开放的历史性决策，摒弃了以阶级斗争为纲的错误方针，果断提出了中国的发展要以经济建设为中心的战略方针。在这一战略方针的正确指引下，中国经济社会的发展很快就取得了举世瞩目的巨大成就，综合国力显著增强。但与此同时，在精神生活领域我们却凸显出了越来越多的问题和矛盾。在这样的背景下，以邓小平为主要代表的中国共产党人首次明确提出：我们要在建设高度物质文明的同时建设高度的社会主义精神文明。这一科学论断的提出，标志着党对中国特色社会主义事业总体布局的初步探索。此后，党的十二大报告第一次对"两个文明"的科学内涵做出了明确界定，指出物质文明建设是基础和前提，精神文明建设对物

---

① 《建国以来毛泽东文稿》第 10 册，中央文献出版社 1996 年版，第 346 页。
② 《周恩来选集》（下），人民出版社 1984 年版，第 439 页。
③ 《邓小平文选》第 2 卷，人民出版社 1994 年版，第 162 页。

质文明建设能起到积极的推动作用,并能保证物质文明建设的正确发展方向。虽然"总体布局"这种提法在当时还没有正式在党的文件中写明,但"两个文明"一起抓的发展理念,实际上是作为建设社会主义的战略布局方针提出来的。

(三)从"三位一体"到"四位一体"发展战略的逐步明确

1984年10月,党的十二届三中全会在总结我国现代化建设实践经验的基础上,对我国现代化建设的奋斗目标和战略任务进行了新的部署。全会指出:"在中国共产党领导下,全国人民艰苦奋斗,建立了独立的比较完整的工业体系和国民经济体系,取得了旧中国根本不可能取得的巨大成就,为我们建设富强、民主、文明的现代化的社会主义国家奠定了必不可少的物质基础。"[①] 第一次明确提出了建设富强、民主、文明的社会主义现代化国家的战略目标。党的十二届六中全会进一步指出:"以经济建设为中心,坚定不移地进行经济体制改革,坚定不移地进行政治体制改革,坚定不移地加强精神文明建设,并且使这几个方面互相配合,互相促进。"[②] 这一科学论断的提出,标志着"三位一体"总体布局的正式形成。

进入新世纪新阶段以后,中国共产党人从全面推进我国经济社会全面协调可持续发展的高度,对发展布局问题进行了卓有成效的探索。党的十六届四中全会首次完整地提出了构建社会主义和谐社会的重大战略任务。2005年2月,胡锦涛在省部级主要领导干部提高构建社会主义和谐社会能力专题研讨班上指出:"随着我国经济社会的不断发展,中国特色社会主义事业的总体布局更加明确地由社会主义经济建设、政治建设、文化建设三位一体发展成为社会主义经济建设、政治建设、文化建设、社会建设四位一体。"[③] 党的十七大报告进一步指出:"建设社会主义市场经济、社会主义民主政治、社会主义先进文化、社会主义和谐社会,建设富强民主文明和谐的社会主义现代化国家。""坚持中国特色社

[①] 中共中央文献研究室编:《十二大以来重要文献选编》(中),人民出版社1986年版,第561页。

[②] 中共中央文献研究室编:《十二大以来重要文献选编》(下),人民出版社1988年版,第1173—1174页。

[③] 胡锦涛:《在省部级主要领导干部提高构建社会主义和谐社会能力专题研讨班上的讲话》,《人民日报》2005年6月27日。

会主义经济建设、政治建设、文化建设、社会建设的基本目标和基本政策构成的基本纲领。"①"四位一体"发展战略明确形成。

（四）"五位一体"总体战略布局的提出

通过改革开放的发展，中国经济迅速崛起，成为世界上经济实力总量最大的国家之一。然而由于过于追求经济发展速度而忽视了经济与环境、资源、社会、文化的协调，中国经济在高速发展的同时也面临着因环境生态的破坏和对资源的过度汲取而不可持续的风险。针对经济快速增长中能源、资源、生态环境代价过大，经济高速发展与生态环境保护之间的矛盾冲突加剧，中国共产党人继续推进理论创新和实践创新，明确提出要加快生态文明建设，要把生态文明建设放在突出地位，融入经济社会发展的全过程，认为生态文明建设是关系人民福祉、关乎民族未来的长远大计。党的十七届五中全会强调指出，要加快转变经济发展方式，着力建设资源节约型、环境友好型社会，努力提升生态文明建设水平。党的十八大报告首次单篇论述生态文明，把建设社会主义生态文明纳入中国特色社会主义道路的科学内涵，明确提出要努力建设"美丽中国"。这一发展理念的提出，标志着"五位一体"总体布局的正式确立。

党的十八大以来，习近平总书记带领全国各族人民开启了新一轮的长征之路。经过改革开放几十年的发展，人民群众的需求在向更高层次的需求转变，社会主要矛盾已经由人民日益增长的物质文化需要同落后的社会生产之间的矛盾，转化为人民日益增长美好生活需要和不充分不平衡的发展之间的矛盾。人民群众对幸福指数的要求已越来越高，社会面临的深层次矛盾日益复杂。经济全球化、世界多极化趋势势不可当，世界正面临着百年未有之大变局。社会主要矛盾的转化成为中国特色社会主义进入新时代的现实依据。站在新的历史方位审视新的发展要求，党的十九大对中国社会主义现代化建设做出了新的战略部署，进一步明确了以"五位一体"总体布局推进中国特色社会主义事业，从经济、政治、文化、社会、生态文明五个方面，制定了新时代统筹推进"五位一体"总体布局的战略目标，为新时代推进中国特色社会主义事业规划了路线图，提供了更好推动

---

① 胡锦涛：《高举中国特色社会主义伟大旗帜　为夺取全面建设小康社会新胜利而奋斗——在中国共产党第十七次全国代表大会上的报告》，《人民日报》2007年10月25日。

人的全面发展、社会全面进步的任务书。

二 "五位一体"总体布局提出的重要意义

(一) 实现了对中国特色社会主义的认识升华

统筹推进新时代"五位一体"总体布局的提出,在理念上实现了对中国特色社会主义的认识升华。中国特色社会主义进入了新时代,我国发展呈现出明显的阶段性特征,社会主要矛盾发生关系全局的历史性变化。要满足人民日益增长的美好生活需要,就必须在继续推动发展的基础上,着力解决好发展不充分不平衡的问题。按照党的十九大部署,只有贯彻新发展理念,建设现代化经济体系,才能实现更高质量、更有效率、更加公平、更可持续的发展;只有健全人民当家作主制度体系,发展社会主义民主政治,才能体现人民意志、保障人民权益、激发人民创造活力;只有坚定文化自信,推动社会主义文化繁荣兴盛,才能激发全民族文化创新创造活力;只有提高保障和改善民生水平,加强和创新社会治理,才能使人民获得感、幸福感、安全感更加充实、更有保障、更可持续;只有加快生态文明体制改革,建设美丽中国,才能形成人与自然和谐发展的现代化建设新格局。

(二) 丰富了马克思的社会有机体理论

马克思认为,社会作为一个由各种要素和关系相互影响、相互作用所构成的联系和发展着的有机整体,要求我们以一种系统思维的方式去考察认识对象。"五位一体"总体布局思想正是秉承一种全面性、整体性的思维路径,把中国特色社会主义事业当作一项系统工程来进行结构性剖析,认为只有社会有机体内部各组成要素的相互作用,才能最终推动社会系统的不断前进。"五位一体"总体布局思想的确立,正是当代中国共产党人对社会有机体内部各组成要素认识的不断深化,是对马克思社会有机体理论的丰富和发展。

(三) 适应了我国现代化建设事业不断发展的新要求

党的十一届三中全会以来,中国特色社会主义事业总体布局的内容与结构从单一化逐步走向丰富化,是我们党对现代化建设事业顶层设计认识不断深化的结果。随着现代化建设事业的不断向前推进,在战略布局这个问题上,只有通过系统化、多元化的整合模式,并有效构筑和协调系统内部各个子系统之间的相互联系,才能使中国特色社会主义建设事业得到持续、健康、稳定、快速的发展,才能确保社会主义现代化建设事业沿着正确的方向破浪前进。"五位一体"总体布局的确立,进一步适应了我国现代化建设事业不断发展的新要求。新时代"五位一体"总体布局作为一个有机整体,经济建设是根本,政治建设是保障,文化建设是灵魂,社会建设是条件,生态文明建设是基础,共同致力于全面提升我国物质文明、政治文明、精神文明、社会文明、生态文明,统一于把我国建成富强民主文明和谐美丽的社会主义现代化强国的新目标,适应了新形势下我国现代化建设事业不断发展的新要求,必将有力地推动我国社会主义现代化建设事业不断前进。

(四)表明中国共产党人对社会主义建设规律的认识达到了新境界

新时代"五位一体"总体布局的确定,是中国共产党人半个世纪以来对有中国特色社会主义建设目标和建设道路艰难探索的总结,表明中国共产党人对中国特色社会主义建设规律的认识达到了新高度、进入了新境界。自中华人民共和国成立以来,中国共产党就面临着在一个积弱积贫、千疮百孔的旧中国的基础上,如何建设一个新中国,建设一个怎样的新中国的严峻挑战。共产主义社会,是全人类的美好向往与追求,但怎样在现实中去建设这样一个社会,却是前无古人的新事业。虽然在中国共产党之前,有苏联及东欧一些社会主义国家的创新与实践,但国情的不同与起点基础的差异,使中国在建设社会主义的过程中能够从中学习和借鉴的经验有限,加之中国的社会主义建设从一开始就处于西方帝国主义国家的武力威胁与东方社会主义阵营的挤压之中。因此尽快改变贫穷落后面貌,建立一个强大的现代化工业强国,振兴中华民族,幸福中国人民,成为中国共产党始终不渝的努力与追求,甚至因发展的愿望过于迫切而产生了如"大跃进""超英赶美"等超越现实的偏差,但中国共产党都在不断地反思与总结中不断自我纠正,不断调整着发展目标的方向。虽然也有矫枉过正导致如"文化大革命"这样的动乱,使社会主义建设进程遭受了严重曲折。但即便如此重大的失误,也仍然是由中国共产党自己加以拨乱反正的,并从中吸取了深刻的教训,确立了改革开放的发展战略,使中国特色社会主义建设在短期内取得了令世人瞩目的成就。同样,伴随着快速发展而引发的精神文化危机、生态环境风险、政治信仰缺失、社会道德滑落等问题,也是中国共产党自己及时发现问题并调整发展方略,从单纯注重经济增长到"三位一体""四位一体"及至"五位一体"发展战略的提出,都昭示着中国共产党接力探索有中国特色社会主义建设道路过程中的不断成熟和自我超越,对社会主义建设规律的认识达到了前所未有的新高度,表明中国特色社会主义建设道路由此迈上了与自然、社会、历史、文化和谐共生、统筹推进的新时代。

三 "五位一体"总体布局对于区域发展实践的新要求

(一)顶层制度设计与发展要求为实现"五位"走向"一体"提供了指引

改革开放以来,中国共产党人对中国特色社会主义总体布局认识的不断深化和拓展,反映了党对中国特色社会主义建设规律的认识达到了前所未有的新高度。中国特色社会主义是全面发展的社会主义,是经济、政治、文化、社会、生态建设相辅相成、协调发展的社会,这一发展理念与总体布局必然贯穿于中国特色社会主义现代化建设实践的方方面面。按照"五位一体"总体布局的统筹安排,经济建设是根本,政治建设是保障,文化建设是灵魂,社会建设是条件,生态文明建设是基础,共同致力于全面提升我国物质文明、政治文明、精神文明、社会文明、生态文明,统一于把我国建成富强民主文明和谐美丽的社会主义现代化强国的新目标,所以以经济建设作为根本仍然是我国社会主义建设事业不可偏移的中心,没有这个根本,"两个一百年"奋斗目标、中华民族的振兴与发展、国家的富强与人民的幸福都将因失去根基而成为空谈,这也是几代中国共产党人深刻总结国际共产主义运动的惨痛教训与中国建设社会主义历程中的曲折经验而得出的历史结论,"发展才是硬道理"蕴含了全部的思考与论证。不同的是,今天的经济发展,在不动摇其基础性地位的同时,需要在发展的同时实现与政治、社会、文化、生态的和谐协调,一枝独秀式的单纯GDP追求已经成为"过去式","绿色GDP""生态环境考核一票否决"等对于经济发展的重新定义与考核标准也已成为共识。习近平总书记的"两山论"不仅成为中国经济发展新理念的生动体现,甚至也已成为构建世界人类命运共同体的共同准则。

经济与社会、文化、生态的协调发展和谐共生实践,得到了中国政治制度的根本保障。伴随着"五位一体"总体布局的提出和发展理念的更新，国家层面的顶层设计从制度上保证了"五位一体"总体布局的统筹协调，"史上最严环保令"的出台、绿色GDP考核指标的颁布、社会建设的相关法律法规的出台、文化强国战略的提出，都昭示着国家层面社会主义建设实践进程中推动"五位"走向"一体"的制度设计与发展要求已经形成。虽然"五位"的具体发展要求还在不断细化与完善之中，但已经形成的相关要求为地方推动"五位"走向"一体"发展提供了指导。

（二）各级地方党委政府须自觉转变发展理念，统筹规划"五位"以实现走向"一体"

如何推动"五位"走向"一体"，是当前和今后相当长时期内各级地方政府必须面对和解决的重大课题。在国家相关发展要求的指导下，各级地方政府在应对这一重大课题时，首先，要转变发展理念，坚持新发展理念的指引。坚持新发展理念是推动"五位"走向"一体"的本质要求。"五位一体"既是新发展理念的内在要求，也是其本质体现。要推动"五位"走向"一体"，就必须始终坚持以新发展理念为指导。中国社会主义现代化建设的实践经验告诉我们，唯有坚持新发展理念，社会主义现代化建设的道路才能越走越宽、越走越顺。新发展理念源自中国特色社会主义现代化建设的伟大实践，又指导和引领着这一伟大实践。因此，只有坚持新发展理念，才能增强"五位"的协调性，使"五位"相互影响、相互促进、相辅相成，从而真正融合为一个有机统一的整体，最终实现"五位"的协调发展、和谐共生。

其次，明晰"五位"辩证关系是推动"五位"走向"一体"的基本前提。在"五位一体"总体布局思想中，"经济建设是根本，政治建设是保障，文化建设是灵魂，社会建设是条件，生态文明建设是基础，这五个方面是相互影响的"。[①] 经济建设为中国特色社会主义事业提供坚实的物质基础，政治建设为中国特色社会主义事业提供强有力的政治保证，文化建设为中国特色社会主义事业提供精神动力和智力支持，社会建设为中国特色社会主义事业提供和谐稳定的社会环境，生态文明建设为中国特色社

---

① 辛向阳：《论中国特色社会主义事业"五位一体"总体布局》，《北京日报》2012年8月6日。

会主义事业提供社会可持续发展的重要载体。五大建设的联系是双向互动的，是相互影响、相辅相成、辩证统一的有机整体。因此，全面推进中国特色社会主义事业，就必须要充分明晰这五大建设的内在辩证关系，五大建设互为条件、相互影响，缺一不可。只有从思想上明晰"五位"的内在辩证关系，才能在实践活动中自觉推动"五位"走向"一体"。

再次，建立规范完备的制度体系是推动"五位"走向"一体"的重要保障。推动"五位"走向"一体"，必须要不失时机地推进重要领域的体制机制改革，增强体制机制改革的系统性和协同性。必须坚决抛弃一切有碍于"五位一体"的体制机制弊端，构建一套适应科学发展要求的制度体系，使各方面的体制机制更加成熟、更为定型，使制度保障更加有力、更为坚实。只有从制度上对推动"五位一体"做出合理规范，形成强有力的外部约束机制，才能在实践活动中避免单兵突进。如果缺乏科学化、规范化的制度保障，"五位"就难以在实践活动中走向"一体"。例如，就生态文明建设而言，应紧紧围绕建设"美丽中国"这一目标深化生态文明体制机制改革，加强重点领域的立法，进一步完善有关生态环境保护的法律法规，建立体现生态文明要求的目标体系、考评办法、奖惩机制，建立健全责、权、利相对应的规范有序的生态补偿运行机制，形成生态文明建设的长效机制，以制度保障中华民族永续发展。

最后，提高党的领导水平和执政水平是推动"五位"走向"一体"的根本保证。习近平总书记在学习《胡锦涛文选》报告会上发表的重要讲话中指出：办好中国的事情，关键在中国共产党。在推动"五位"走向"一体"的进程中，要充分发挥各级党委在中国特色社会主义事业中的领导核心作用，不断提高党的领导能力和水平。具体而言，一是要认真领会"五位一体"总体战略布局的深刻含义，更新发展理念，创新发展思路、决策思路和制度措施，切实转变发展方式。二是党政干部尤其是各级领导干部要适应"五位一体"总体布局的发展思路，因地制宜，努力提高有利于地方发展的能力，提高统筹协调的能力。三是要按照"五位一体"总体布局的战略要求，把经济、政治、文化、社会和生态文明五个方面作为统一的任务来规划和部署地方发展，"五位"不可偏废。四是要进一步确立系统思维、协调思维、和谐思维，在建设中国特色社会主义事业的过程中更加注重发展的全面性、协调性、可持续性，把"五位一体"的发展理念贯彻到地方经济社会文化建设和发展的各个方面,体现到实际工作的各个环节之中。

第二节 地域文化对实现地方"五位一体"总体布局发展的价值意蕴

一 提升文化软实力是提升国家综合国力的重要方面

在"五位一体"总体布局发展战略中,文化建设为中国特色社会主义事业提供精神动力和智力支持,是"五位一体"中相对于经济建设的国家力量的软实力。自20世纪90年代初美国学者约瑟夫·奈首次提出"软实力"①概念以来,"软实力"一词已逐渐成为世界流行热词。约瑟夫·奈所界定的文化的吸引力、制度的吸引力、掌握国际话语权的能力等软实力内涵,也逐渐为人们所认可。中国共产党第十七次全国代表大会报告中,首次出现了"文化软实力"的提法。我国提出的文化软实力,是一个国家基于文化的生命力、创造力、传播力而形成的完整体系,主要包含三个层面的意思:一是指文化传统、价值观念和制度体系;二是指建立在公共文化服务体系基础之上,以人的精神、品格为核心的国民素质,培育、继承和发展独特的民族精神和品格;三是包括音乐、表演艺术、电影电视、出版、会展、动漫游戏、新媒体等可以产业化运营的文化产业。提高国家文化软实力,已经成为我们党和国家一项重大战略任务。党的十八大以来,习近平总书记多次在不同场合,就国家文化软实力阐发了一系列重要论述。2013年12月30日,习近平在中共中央政治局第十二次集体学习时指出:"提高国家文化软实力,关系'两个一百年'奋斗目标和中华民族伟大复兴中国梦的实现"。2014年2月24日,习近平在中共中央政治局第十三次集体学习时指出:"核心价值观是文化软实力的灵魂、文化软实力建设的重点"。关于提高国家文化软实力的思想,在习近平新时代中国特色社会主义思想中,已经成为一个重要内容。党的十九大报告也提出,要推进国际传播能力建设,讲好中国故事,展现真实、立体、全面的中国,提高国家文化软实力。

---

① 刘见林、金龙鱼:《约瑟夫·奈与〈软实力〉》,《信息空间》2004年第8期。

(一) 文化软实力是民族凝聚力和创造力的重要源泉

一个民族的文化，凝聚着这个民族对世界、对生命的历史认知和现实感受，积淀着这个民族最深层的精神追求和行为准则。古往今来，每一个伟大的民族都有自己博大精深的文化，每一个现代国家都把文化作为推动社会发展进步的重要力量。文化是一个民族的灵魂和标志，是一个民族的精神家园，是民族认同、国家认同和民族凝聚力、创新力、发展力的基础。自古以来，文化传统和民族精神就是深深熔铸在每一个民族血脉之中的遗传基因，始终是国家发展和民族振兴取之不尽、用之不竭的力量源泉，因此提高文化软实力是增强国家核心竞争力的重要途径和精神支撑。一个国家的综合国力，不仅包括经济实力、技术实力、国防实力，同时还包括民族凝聚力、道德感召力、舆论引导力等，这种精神力量也是综合国力的重要组成部分。随着世界多极化、经济全球化的深入发展和科学技术的日新月异，文化与经济、政治相互交融的程度不断加深，与科学技术的结合更加紧密，经济的文化含量日益提高，文化的经济功能也越来越强，文化已经成为国家核心竞争力不可或缺的重要因素。谁占据了文化发展的制高点，谁拥有了强大的文化软实力，谁就能够在激烈的国际竞争中赢得主动。中国作为发展中的社会主义国家，要想在新的国际竞争中立于不败之地，就必须尽快提高文化软实力，形成与中国经济社会发展和国际地位相适应的文化优势。

(二) 文化软实力是满足人民群众多样化、多层次、多方面精神需求的重要基础

文化是全面建成小康社会的重要目标，也是衡量社会文明程度和人民生活质量的显著标志。随着人民物质生活水平的不断提高，人们在精神文化方面的需求日趋旺盛，求知、求乐、求美的愿望更加强烈。殷实富足的小康生活离不开文化的滋养和支撑。中国所要实现的现代化是经济、政治、文化、社会、生态全面发展统筹推进和谐共生的现代化，中国所要全面建成的小康社会既需要殷实富足的物质生活，也需要丰富健康的文化生活和精神生活。提高文化软实力是中国全面建成小康社会的根本要求。

(三) 文化软实力是实现民族复兴的重要标志和推动力量

当今社会，文化已成为衡量社会文明程度和人民生活质量的显著标志。文化的进步反映着社会的文明进步，文化的发展推动着人的全面发

展。文化是引导社会进步的罗盘,是张扬真善美的旗帜。文化对思想解放起着引领作用,对经济发展起着先导作用,对社会和谐起着滋润作用,对人的进步起着催化作用。哪里有文化,哪里就有文明的足迹。源远流长的中华文化是中华民族生生不息、国脉传承的精神纽带,是实现民族复兴的重要标志和推动力量。中国特色社会主义事业波澜壮阔,改革开放实践多姿多彩,只有把人民群众中蕴藏的文化创造热情和活力最大限度地激发出来、凝聚起来,不断提高全民文化素质,不断提升国家文化软实力,才能真正实现中华民族的伟大复兴。

二 坚定文化自信是提升国家文化软实力进而提升国家综合实力的有效路径

文化自信是一种理性客观、昂扬进取的文化心态,它包含着文化主体在对自我文化进行理性省思和科学判断后所产生的价值体认、礼敬之意,以及对自我文化之生命力、影响力和发展前景所持有的坚定信心,同时也内蕴着文化主体对自我文化能力的充分肯定与认同。进入新时代,习近平总书记将坚定文化自信这一崭新时代课题置于治国理政的战略地位,将文化自信纳入中国特色社会主义的自信谱系当中,围绕坚定文化自信提出了一系列极具新意、颇富见地的新思想、新观点和新论断,开辟了中国共产党马克思主义文化理论创新发展的新境界。站在新时代的历史起点上,坚定文化自信有着深刻的现实意蕴,它"是事关国运兴衰、事关文化安全、事关民族精神独立性的大问题",而"中华文化独一无二的理念、智慧、气度、神韵,增添了中国人民和中华民族内心深处的自信和自豪"[1]。博大精深、源远流长的中华民族文化,是我国文化软实力的首要资源和重要基础。独具魅力的中华文化在数千年历史洪流的大浪淘沙中绽放出耀眼光辉,是人类文明宝库中"仰之弥高,钻之弥坚"的璀璨明珠,其"跨越时空、超越国度、富有永恒魅力",成为我们坚定文化自信的根本依凭。正是凭借辉煌灿烂的中华文化,我们才能够通过坚定文化自信,提升国家文化软实力,继而进一步全面提升国家的综合实力。

---

[1] 中共中央文献研究室:《习近平关于社会主义文化建设论述摘编》,中央文献出版社2017年版,第15、16页。

（一）坚定文化自信可以为中国共产党带领人民矢志不渝地走"中国道路"提供逻辑指引

"中国道路"是中华民族走向伟大复兴的必由通道。这条道路，有着邈远的中国历史渊源和深厚的中华文化底蕴，是中国共产党带领人民"在对中华民族5000多年悠久文明的传承中走出来的"，是被历史和现实反复证实了的适合中国现实国情、顺应时代发展潮流、体现中国人民意志的"人间正道"和"康庄大道"。唯有坚定文化自信，我们才能从历史渊源和文化底蕴的更深层次明晓我们选择"中国道路"的历史必然，才能以更深刻的政治认同、更深厚的政治定力矢志不渝、信心满怀地沿着这条道路迈向民族复兴的光辉彼岸。

（二）坚定文化自信可以为党带领人民旗帜鲜明地弘扬"中国精神"提供深厚源泉

在5000多年的历史流变中，中华文化以其独特的文化神韵、包容的文化胸怀、强大的文化韧性塑造出中华民族自强不息、百折不挠、厚德载物的民族气度和精神品格。维系中华民族生存与发展的"中国精神"，也正是各族人民所共同体认的中华文化的精神升华。正因为有至柔至刚的"中国精神"作为强有力的精神支撑，中华民族才能历经风霜而屹立不倒、饱经沧桑而浴火重生，铸造出一个又一个举世瞩目的中国荣耀。新时代，党在带领人民统揽"四个伟大"、进行新长征的历史征途中，必然会遇到各种艰难险阻、惊涛骇浪。面对"攻坚期"和"深水区"的改革境遇，面对前进征途中的各种挑战，唯有坚定文化自信，我们才能从中华文化的深厚源泉中汲取攻坚克难的精神动力。

（三）坚定文化自信可以为党带领人民坚定不移地凝聚"中国力量"提供情感依托

独树一帜的中华文化是中华民族同世界其他民族相区别的鲜明标识，是中华儿女之民族身份的文化诠释，是承载各族人民深厚情感的重要载体。中华民族之所以能够历经多重历史嬗变而保持统一，各族人民之所以能够在诸多民族灾难面前同舟共济、守望相助，究其根本就在于各族人民的血脉中熔铸着共同的中华文化基因。新时代，党要带领人民实现民族复兴的伟大梦想，需要各族人民的共同努力，唯有坚定文化自信，我们才能有效激活中华各族人民的共同记忆，激发民族身份认同感和民族归属感，进而激励全国各族人民为实现中国梦而勠力同心、砥砺前行。

三 地域文化对实现地方"五位一体"总体布局发展的价值意蕴

中华文化源远流长，中华文化也丰富多彩，博大精深的中华文化由不同地域文化所构成。中国自古土地辽阔民族众多，在5000多年的历史长河中，不同地域不同民族创造了虽形质不同但同样辉煌灿烂的地域文化民族文化，共同汇聚到中华文化的洪流之中，成为中华文化不可缺少的组成部分。因此，地域文化建设对地方发展所体现出的精神动力和智力支持，就是"五位一体"中的文化建设为中国特色社会主义事业提供精神动力和智力支持的具体体现，也是文化软实力在国家建设中得以提升的具体体现。

（一）文化的代表性特征与功能

文化，作为一项始终处在动态的生长过程中的学术与现实概念，不同的学科对其所下的定义可以用难以计数来形容，但不论如何界定文化，大致都赞同文化乃是一种"由习得的行为规则构成的传统"，"是一代人通过教育或示范传授给下一代人知识、价值或其他影响人们行为的因素的过程"。这一过程在制度经济学家看来，作为一组"通过教育和模仿而传承下来的行为习惯"[1] 的文化会对各种制度安排的成本产生影响。文化不仅是不同知识的混合，还包括对行为标准的价值判定，而行为标准（社会的、政治的或经济的）被用来解决交换问题。[2] 经济主体在实现其需要的社会活动过程中，体现出来的内化在人们内心深处的价值观、信念、态度、取向以及社会中人们普遍持有的见解，构成了人们的主观模型，人们在进行生产、分配、交换和消费活动过程中，总是需要一个特定的价值观体系来帮助判断决策。这一价值观体系包括人类社会最基本的价值信念、伦理规范、道德观念、宗教、思维方式、人际交往方式、风俗习惯等内容，是人们行为的根源。文化据此赋予其影响下的不同区域的人群以不同的特性，并通过这些经济主体的不同行为来影响一个地方的经济发展。[3]

---

[1] ［英］冯·哈耶克：《哈耶克论文集》，邓正来编译，首都经济贸易大学出版社2001年版。

[2] ［美］道格拉斯·诺思：《制度、意识形态和经济绩效》，黄祖辉、蒋文华译，上海人民出版社2000年版。

[3] 祝秀梅：《文化视角下的经济增长理论与政策研究》，厦门大学，硕士学位论文，2006年。

以上述视角观照文化，可以看到虽然不同文化之间千差万别，但千差万别的文化仍然具有共同的属性和特征，这就是文化的代表性特征。概而言之，大致有以下几个方面[①]：

1. 多元复合性特征

文化是一种多元复合体，不仅包括全部的知识、信仰、艺术、道德、法律、风俗等内容，还包括作为社会成员的人所掌握和接受的任何其他才能和习惯。从文化的组成来看，一方面可以根据层级不同划分为基础意识形态和上层意识形态，也可以根据结构层面划分为书面文化、行为文化、艺术文化和心理文化，形成一定的逻辑层次和多重结构；另一方面，不同层面的文化内容和文化要素经过长时期的相互作用与耦合、相互包容与渗透、相互支持与依赖，进而发生、发展、变迁、升华，逐渐形成一个具有内在逻辑联系的综合体，但同时也是相对独立的，既是彼此协同的，同时也具有一定的非均衡性。因此，相对独立性与相互依存性的双重影响使得文化具有多元复合性特征，并使得文化成为一个疏松而有机的综合体。

2. 文化以价值为核心

价值原是经济学的专业术语，其所强调的是商品的本质所在，特别是指商品中所包含的社会必要劳动时间。后被广泛应用于人文社会科学领域，用于指代文化的核心部分，以凸显文化的本质所在。文化中的价值观念主要是指积淀在特定地域的人们意识、心理中的自觉和不自觉的某种特质和性格。尽管文化具有多元复合性的特征，包括了众多的文化要素和不同的文化内容与文化层面，但这些文化要素具有共同的价值指向，受到来自共同的价值观念统领，这就是文化的价值核心性特征的具体表现。通过价值所产生的向心力的牵引与整合，文化"形散而神聚"，通过外向的渗透与连接，习俗惯例、信仰体系等具体文化形式表现出一定程度上的文化共性，形成特定时空的文化类型与文化模式。由于价值观的差异，构成了不同文化中最具特征的表现形态，因此，从某种程度上可以说，文化差异的实质就是价值观的差异。

---

① 殷晓峰：《地域文化对区域经济发展的作用机理与效应评价——以东北地区为例》，东北师范大学，博士学位论文，2011年。

3. 缓慢的动态变化性

文化具有动态变化的特征。在长期的社会经济发展与变化过程中，文化也被不断地赋予新的内涵、功能和作用，从而表现出一定的动态变化特征。从文化的演变历程来看，文化的发展具有缓慢变迁性，这种缓慢变迁性既有相对速度，也有绝对速度。从文化的相对发展速度看，包含经济发展在内的物质文化的发展速度相对较快，而道德伦理、习俗观念等精神文化层面的内容发展速度相对较慢。因此，从这个层面来看，地方发展的文化制约因素形成的经济发展的文化阻滞力现象，具有一定的客观性和必然性。同时，从文化发展的绝对速度看，文化是经过长期积淀形成的，短时间内往往难以改变，特别是作为文化核心组成部分的价值观念而言，更不容易发生变化。

4. 潜移默化的影响特征

文化具有潜移默化的影响特征。文化好似"一只看不见的手"，通过潜移默化与浸染熏陶，对社会经济发展发挥着巨大的影响作用，并且表现出一定的隐蔽性。文化的价值与意义不在于人们是否自觉地认同和承认它，而在于它将成为人们心理结构的重要组成部分，对整个社会的思想情感和行为活动一直起着制约作用，并且由意识状态进入无意识状态，形成固定的思维方式和价值取向，来影响人们的行为活动与情感思想。文化的影响是感性的、定性的、柔性的、内在的，具有非正式制度性质，并与正式制度一起构成调节社会的相辅相成的两种力量和两种手段。可以说，文化的力量无处不在、无时不在，使得文化影响具有群体性、规模性，文化与主体之间又具有不可分离性，文化的时空张力使得文化的力量充盈并历久而弥新。[1]

上述文化所具有的代表性特征，使文化作为一种社会标识，在社会经济发展过程中不断地发挥着其特有的功能，并因此对地方经济社会的发展产生着影响。文化的一般性功能主要包括以下几个方面：

1. 记忆和认知功能

文化具有记忆和认知的功能。文化的记忆功能主要是通过文字等语言符号和器具、服饰、建筑等非语言符号以及其他一些文化产品，自觉或不

---

[1] 周尚意等：《文化地理学》，高等教育出版社 2004 年版。

自觉地记录、保留下了人类特定社会形态和特定历史阶段的原貌。文化的认知功能则是借助于符号系统的记录，使后世人们得以了解和认识不同历史阶段的社会形态，以及不同的个人、集团、阶层、阶级、民族、社会等多方面的差异。

2. 传播功能

文化是一种社会现象，它不仅在社会交往中产生和发展，同时也在社会交往中得到传播。文化的传播功能表现为知识的普及、技能的推广、技术的应用等，而文化传播的主要动力则是人们对认识自身、认识自然、认识社会、认识不同文化的兴趣和愿望。另外，文化传播既可以是纵向的，如在社会群体内部的历史继承，同时又可以是横向的，如在各个不同的社会群体之间进行的传播。

3. 教化功能

文化的教化功能主要通过文化模式和社会价值观来实现。人们在社会中所奉行的文化模式，推广和流行的文化价值观念，都是通过生活实践和教化过程来实现的。通过这种教化功能，人们会自觉或不自觉地调整其观念和行为，并最终内化成行为方式。因此，在社会经济发展过程中，当文化环境发生了变化，人们的思维方式、行为习惯、价值观念和审美趣味也都会发生相应的变化。

4. 凝聚功能

文化具有凝聚和融合的功能，两种功能互相协调、相辅相成，使文化形态在保持完整的同时，又得以不断发展。文化的凝聚功能使人们的心理状态在文化的作用下，呈现出一致性和一体化的状态，并且由于共同的文化使原来分散的人们在特定时间中趋向同一的行为。文化的凝聚功能在民族群体中表现得尤为突出，如民族的向心力和凝聚力都是文化凝聚功能的体现。

5. 创新功能

文化在形成之后并不会止步不前，而是会通过认知、传播、教化等功能实现文化的改革与变化，最终实现文化的创新和发展。文化的这种创新功能具体体现为人们不断利用已掌握的文化知识，促使生存环境朝着有利的方向发展，不仅会改变自然、社会和生态等外在环境，同时也会改变人类自身的观念和精神。文化的创新功能会促使文化群体的思想观念、价值标准、精神风貌等发生深刻的变革。

(二) 地域文化的独有特征

地域文化是特定地域内的特定文化体系，是生活在特定区域内的人们在长期从事的物质生产、精神生产和社会生活过程中所形成的具有浓厚地域特色的价值观念、思维方式、人文心态、民族艺术、风俗习惯、道德规范等的总和。它是由特定区域的地理环境、人们的经济生产方式和社会生活方式以及历史文化传统所决定的一整套文化体系。[①] 作为文化中的一种，既具有文化的代表性特征和功能，同时又具有鲜明的地域文化特征，主要体现在以下几个方面：

1. 地域性特征

地域文化的地域性主要体现在该地域文化在空间上占有一定的地域单元，有一定的地域范围。某个地域的文化特征属于本地域所独有或独创，这种特征以其典型性、独特性与其他地域文化特征相区别，并深深打上了该地域文化的烙印。地域文化产生于本地，并以本地为源向地域外部传播和扩展，地域文化的变迁也以自身的基本特征为基础而变化。地域文化的地域性是一个地区人们在长期生产、生活、劳作，以及社会历史的演进中积淀而成的。无论是名胜古迹、历史文化遗存、地方传说等显性文化，还是社会风俗、思维习惯、道德传统和价值观等隐性文化，都散发着浓厚的地域色彩。

2. 传承性特征

地域文化是经过漫长的发生和发展演化过程而形成的，而其之所以能够发展演化，主要是因为地域文化具有连续性和传承性的特征。任何时期地域文化的形成和发展，都会受到传统的深刻影响和制约，都是在传统基础上经过改良、发展、完善的，因此，这种继承传统的演化过程表现出时间上的延续性特征。而不同区域之间的文化之所以有差异，是因为它们在历史的长河中承继了不同的传统文化，或在承继相同传统文化的过程中各自吸纳了不同的其他文化，这就是地域文化的传承性和连续性特征的作用效果。

---

① 张玮：《区域文化对区域经济的影响分析》，《特区经济》2006年第2期。

3. 可塑性特征

地域文化一旦形成并得到人们的认可，它就代表了这个地域的典型的和突出的文化特征，但它并不是一成不变的，地域文化在内容和形式上具有可塑性和创造性的特征。地域文化通过传播、交流、扩散、整合等方式，会发生不同程度的变化，如物质文化领域的扩大，地域文化类型的丰富，文化内容的拓展，文化结构的日趋合理，精神文化领域的不断深化与升华等，而这些都是地域文化的可塑性特征的体现，同时也为我们从主观上引导和创新地域文化提供了理论基础和实践保障。

4. 多元性特征

地域文化的差异性决定了地域文化具有多元性的特征。

首先，地域文化种类繁多，在不同的国家或地区都有不同的地域文化类型。

其次，地域文化的表现形式多种多样，语言、宗教、民俗、艺术等都是地域文化的表现形式。

最后，同一地域文化内也具有一定的差异性和多元性特征，地域文化之间的差异性是绝对的，这种差异性不仅仅表现在不同地域文化之间，在地域文化的内部也存在多元性特征。

（三）地域文化对实现区域"五位一体"总体布局发展的价值意蕴

由上述可以看出，文化所具有的特征使其在社会历史发展中发挥着不可替代的功能与作用，而地域文化的独有特征则使其对于特定地方的社会经济发展也有着特殊的价值与意义。最早对文化的功能和作用予以充分认识与评价的著名社会学家马克斯·韦伯正是依此认定：特定文化（新教）是培养资本主义精神，促进资本主义产生和现代经济发展的最重要的因素。[①] 韦伯的这一评价得到了不少学者的共鸣。英国著名经济管理学家彼得·德鲁克就认为，今天真正占主导地位的资源以及绝对具有决定意义的生产要素，既不是资本，也不是土地和劳动，而是文化。文化作为一种重要资源，正愈来愈影响着区域经济的增长过程，推动着区域经济增长方式的转型。当代经济学家与理性选择论者也公开承认文化在经济体系中的重

---

① ［德］马克斯·韦伯：《新教伦理与资本主义精神》，彭强、黄晓京译，陕西师范大学出版 2002 年版。

要性。道格拉斯就认为，文化是影响行为的知识、价值及其他要素在代际间的传递①，并由此对人们的经济行为产生影响。著名的发展经济学家佩鲁也曾指出："各种文化价值'在经济增长中起着根本性的作用'……各种文化价值是抑制和加速增长的动机的基础，并且决定着增长作为一种目标的合理性。"②

中国共产党人历来都十分重视文化在革命与建设中的重要功能与作用，这种重视在每一阶段的发展战略中都有所体现。从"两个文明""三位一体""四位一体"到"五位一体"的发展方略，体现了党对文化与经济、政治、社会、生态协调发展和谐共生认识的一步步深化与提升。这种深化与提升使中国在日益壮大的同时，更加重视文化的发展与壮大。正如习近平总书记所说，中国的和平崛起决不能止于经济的规模和效益，更要有文化软实力的匹配和壮大。因为一个国家、一个民族的强盛，总是以文化兴盛为支撑的。

同样，作为特定地域长期形成且独具特色的地域文化，对地方经济社会政治生态的发展也发挥着不可或缺的重要作用，具有不可替代的重要价值。具体而言，地域文化之于地方社会的全面协调发展价值，主要体现在以下方面：

1. 地域文化是适应外界环境变化和增强竞争的重要砝码

从区域发展的视角来看，现在区域间的竞争早已由单一的竞争模式逐渐演变为资源、能源、技术、项目等硬实力和文化、生态、科技、形象等软实力两股合力的角逐。

从理论上说，硬实力和软实力在推动区域发展的过程中应同等重要。然而在竞争日趋白热化的今天，受制于经济发展、环境保护、技术革新等要素影响的硬实力在区域竞争中的张力正逐渐萎缩。为凸显区域独特个性、走差异化发展道路以彰显区域发展的独特优势，区域各影响要素之间，包括资源、能源、技术、项目、文化、生态、科技、形象等大多也已开始尝试进行交流和互换，由是，根据区域规模差异，各影响要素间的关

---

① LVER E-WILLIAMSON, "A Dynamic Theory of interfirm Behavior. Theory of Interfirm Behavior", *The Quarterly Journal of Economics*, 1965, 79 (4): 579–607.

② 王丽梅、牟芳华：《地域文化与区域经济发展的关系》，《价值工程》2007年第6期。

系虽然也有简单复杂之分，但最基本的关系作用模式则体现为两种：一是相互影响型。如不同要素之间的作用与合作，区域内部的各要素独立完成各自的使命后，通过有机组合，将原先零散的要素按一定规律匹配，进而影响区域发展的整体实力。二是必要整合型。即将先前孤立的各要素进行必要的整合，以提升区域的竞争优势。如在区域发展的战略目标之下，打破传统的硬实力和软实力的界限，将文化要素和其他要素进行整合，形成文化类项目、文化性技术、文化型科技、以文化为重要元素的形象等，建立以文化为中心的区域发展影响因素作用机制，以达到区域适应外界环境变化和增强竞争的砝码。

2. 地域文化是整合区域资源优势创新区域发展机制的重要推动力量

从区域整体角度看，各影响要素之间并不是孤立存在的，区域的发展需要注入创新元素，以形成良好的创新机制和创新环境，因此，项目、生态、形象、技术、科技、能源在区域发展中相互影响、相互补充，借助文化要素的推动作用，最终形成以文化为重要资源的区域发展态势。文化作为区域发展的重要资源，它与其他要素的相互作用、整合发展构成区域发展的新趋势。区域要想在整体上稳步、快速发展，需要充分利用各类资源，把区域的各种有效的资源进行整合、吸收、利用、消化，并形成新的竞争资源。尤其是经济欠发达地区，面对硬实力不足的现状，可以其自身的文化基础建立较为完善的文化资源发展体系，将文化元素在本区域内进行转化、提升和发展，弱化区域硬实力的局限，将文化融入区域发展的各要素中去，以文化为依托，形成文化开发、文化生产、文化活动、文化消费的特殊资源，在文化的探索中发展，在发展中创新，在创新中腾飞。

3. 地域文化是区域新兴产业的新发展源

地域文化资源为区域发展相关产业提供了前提，是区域产业创新的源泉。作为文化与经济相融合的产物，文化产业被公认为"朝阳产业"、21世纪最具前途的产业之一。文化产业在世界各国经济发展中的地位越来越重要，许多发达国家和地区的文化产业都已成为国民经济的支柱产业，成为拉动现代经济增长的重要力量。如世界第一大经济体美国，凭借其经济优势和科技优势已成为全球文化产业的龙头。又如英国，现在已悄然完成了从重工业向第三产业大力发展的快速转型。日本文化产业的发展也极为迅速，其娱乐业的年产值早在1993年就超过了汽车工业的年产值。可见，作为21世纪最具潜力的产业,文化产业在发达国家已经成为支柱产业,"文化立国"成为各国政府的重要战略。①

地域文化之于国家产业的作用如此,之于地方经济社会的发展作用更加不容小觑。地域文化所具有的地域性特征,使其具备独有或独创特色,这种特征以其典型性、独特性与其他地域文化特征相区别,无论是名胜古迹、历史文化遗存、地方传说等显性文化,还是社会风俗、思维习惯、道德传统和价值观等隐性文化,都散发着浓厚的地域色彩。而地域文化的传承性特征则使其得以在历史的长河中留存下来,使其传承之地保持了与其他地域文化相区别的特色,由此为新兴产业的发展提供了源头。地域文化的可塑性特征使得利用地域文化开发新兴产业成为可能。地域文化一旦形成并得到人们的认可,它就代表了这个地域的典型的和突出的文化特征,但这种特征并不是一成不变的。地域文化通过扩散、传播、交流、整合等方式,会发生不同程度的变化,如物质文化领域的扩大、地域文化类型的丰富、文化内容的拓展、文化结构的日趋合理、精神文化领域的不断深化与升华等,都使地域文化在内容和形式上具有了可塑性和创造性特征。深入挖掘地域特色文化,提炼地域文化基本要素,将之作为地方新兴产业开发的出发点,由此构建结构合理、门类齐全、科技含量高、富有创意、竞争力强的现代文化产业体系,从而形成地域发展中最具有独特性、不可复制性等优势特点的新兴产业,能为地域发展提供新的生长点。

4. 地域文化创新是区域创新的先导

地域文化在形成之后并不会止步不前,而是会通过认知、传播、教化等功能实现文化的改革与变化,最终实现文化的创新和发展。文化的这种创新功能具体体现为人们不断利用已掌握的文化知识,促使生存环境朝着有利的方向发展。地域文化的创新功能不仅会改变自然、社会和生态等外在环境,同时也会改变所在地域人们自身的观念和精神。文化的创新功能会促使文化群体的思想观念、价值标准、精神风貌等都发生深刻的变革。地域文化创新所导致的上述变化,往往成为区域创新的先导,引领着区域创新,推动着区域发展。区域创新体系包括区域技术创新、区域管理创

---

① 汪先平、杨玉翠:《实现文化繁荣发展应把握的几个关系》,《淮北煤炭师范学院学报(哲学社会科学版)》2008年第5期。

新、区域制度创新、区域知识创新、区域人才创新、区域产业创新、区域政策创新、区域市场创新等,这一切创新之中无不包含了文化的内容,因此地域创新的根本是文化创新。正如美国发展经济学家熊彼特在研究文化与经济关系时所指出的那样,文化主要通过对创新的影响来对经济发展起作用。实现技术的创新首先应该进行文化创新,突破传统文化观念对技术创新的束缚。① 可见,文化不仅是区域创新的重要方面,而且是区域创新的源泉,尤其是区域技术创新、制度创新和管理创新的前提和先导。文化创新可以培育创新精神、创新意识与创新思维,为区域创新提供精神动力和智力支持,并突破阻碍区域创新的文化因素,创新文化环境,从而影响区域创新的主体,增进区域创新的活力,提高区域创新的能力,优化区域创新的模式,进而促进区域技术创新、管理创新、制度创新,发挥技术创新、制度创新在资源配置中的主导作用,并使二者良性循环以推动区域经济可持续发展。

5. 地域文化的价值特征为区域经济的发展提供了强大的动员力与凝聚力

文化以价值为核心。地域文化中的价值观念是长期积淀在特定地域的人们意识、心理中的自觉和不自觉的某种特质和性格。尽管地域文化具有多元复合性的特征,包括了众多的文化要素和不同的文化内容与文化层面,但地域文化要素具有一个共同的价值指向,受到共同的价值观念统领,这就是文化的价值核心性特征的具体表现。通过价值所产生的向心力的牵引与整合,使得地域文化"形散而神聚",通过外向的渗透与连接,形成特定时空的文化类型与文化模式。由于价值观的差异,构成了不同文化中最具特征的表现形态,因此,从某种程度上可以说,文化差异的实质就是价值观的差异。正是这种差异,使地域文化有着显著的凝聚和融合功能,这两种功能互相协调、相辅相成,使文化形态在保持完整的同时又得以不断地发展与更新。文化的凝聚功能使人们的心理状态在文化的作用下呈现出一致性和一体化的状态,并且由于共同的文化使原来分散的人们在特定的时间段趋向同一的行为。地域文化共同价值观所具有的凝聚与融合功能,对于特定区域内凝心聚力谋发展极具优

---

① [美]约瑟夫·熊彼特:《经济发展理论》,商务印书馆2000年版。

势，极易形成对以地域文化为依托的区域发展战略的高度认同与共鸣，由此可以为区域发展提供强大的动员力、凝聚力，从而为实现区域发展提供精神与道义的强大支撑力。

第三节 地域文化发展：手段与目的

由上述可知，地域文化对于区域实现"五位一体"总体布局发展具有不可或缺的重要价值与意义，因此发展地域文化本身也就成为了区域实现"五位一体"协调发展的重要内容，从这个意义上说，地域文化的发展，是实现区域社会经济发展的必要手段和路径。然而，随着区域社会经济的不断发展，地域文化的发展最终将成为发展目的本身。

一 地域文化与区域经济发展：目的与手段的辩证关系

目的与手段是人类自觉的对象性活动中的两个相关因素。目的性是人类活动的最基本特征，也是人类精神能够进入实践的主要依据。与现有的状态相比，目的是一种理想，是人们对主体活动所要达到的结果在观念上的建立，它是引起、指导、控制和调节主体活动的动因。手段是实现目的的方法、途径，是介于主客体之间的一切中介的总和。马克思主义哲学认为，目的不是人脑中主观自生的，它是人的需要的反映，是由客观世界决定和产生的，并且人们只能根据一定社会历史条件所决定的需要和本质力量提出目的。目的的实现不是观念的直接外化，而是通过对客观事物的改造，创造体现目的的现实对象。主体目的的实现必须借助于手段。人们通过手段的操作发挥自己的力量，把自己的活动传导到客体上，从而实现自己的目的。

目的与手段的关系是对立统一的辩证关系。目的决定主体活动的方式和性质，在活动过程中具有指导意义。手段是为目的服务的，手段从属于目的，在活动中采取什么手段，受目的的制约。但手段也不是消极的东西，目的的实现依赖于一定的手段。手段是目的产生的现实条件，也是保证目的得以实现的条件。目的与手段在一定条件下可以相互转化。在某种阶段或范围，人们可以把某种手段的创造作为目的，而某个已经实现了的目的又可以成为实现另一个目的的手段。手段和目的相互依赖、相互推动，构成了人类的创造历史。文化事业与文化产业的关系就如同目的与手段的关系。

文化是一个综合而复杂的系统，包含了地域特色的地域文化更是千差万别、多种多样。不同的地域文化会对区域经济社会发展产生不同的影响，但是从本质上看，地域文化对区域经济社会发展的作用主体是相同的，即都是通过地域文化观念与文化价值系统、地域文化表现形式等对区域经济社会发展产生作用。与此同时，地域文化对社会经济的影响也并非是以整体形态而发生的，而是内部各要素的不同组合以及形成的地域文化需求、文化导向、文化行为和文化精神等层面对区域经济发展产生影响。而区域经济社会的发展，最终又将推动地域文化的发展与繁荣，实现文化与经济、社会、生态、政治的和谐发展，由此循环往复，相互作用、相互促进，实现地域文化与区域经济社会和谐一体共生发展。

二 作为手段的地域文化发展对于区域经济社会发展的影响

从手段的层面看，地域文化发展对于区域经济社会发展的影响因素各不相同，具体可以从以下几个方面体现出来：

（一）地域文化需求拉动区域文化消费进而推动区域经济整体发展

需求是人们行为的原动力，也是经济运行的出发点。随着社会经济发展水平的发展和人民生活水平的提高，人们的需求也在不断攀升，尤其是在物质需求得到极大丰富和满足之后，人们在文化、精神等方面的需求日益增加，需求的内容越来越多样，需求的层次越来越升高，从过去的低层次需求向高层次需求发展，从单一的文化需求向多样化的文化需求发展。根据市场经济理论，有需求就会有供给，文化需求的演进拉动了文化消费的升级，同时也拉动了与文化消费相关联产业的兴起与发展，并进而推动物质层面和精神层面的生产力的发展，从而对区域经济的需求和发展产生影响。

（二）地域文化导向的传播功能与舆论效应牵引区域经济社会发展

地域文化导向包括的内容十分广泛，社会舆论导向、伦理道德导向、思想观念导向、经营意识导向、价值追求导向等都属于文化导向的范畴。地域文化导向通过对生产力主体的行为引导，推动着区域经济社会的发展与进步。文化具有潜移默化的影响特征，就好似"一只看不见的手"，通过潜移默化与浸染熏陶，对社会经济发展发挥着巨大的影响作用，并且表现出一定的隐蔽性。地域文化的价值与意义不在于人们是否自觉地认同和承认它，而在于它在长期的积淀过程中已经成为特定地域人们心理结构的重要组成部分，由有意识状态进入无意识的状态，形成相对固定的思维方式和价值取向，对整个社会的思想情感和行为活动起着制约与束缚的作用，以此影响人们的行为活动与情感思想。通过判断前提和价值预设作用，文化观念导向还会影响发展主体对于新事物的态度、新技术的采用等，进而影响科技转化和科技贡献。因此，地域文化的影响是感性的、定性的、柔性的、内在的，具有非正式制度性质，并与正式制度一起构成调节社会经济发展的相辅相成的两种力量和两种手段。在这个意义上可以说，地域文化的力量无处不在、无时不在，文化的时空张力使得文化的力量充盈并历久弥新，对特定区域经济社会的发展始终产生着虽然无形但却真实有效的影响。

同时，地域文化导向还具有快速的传播功能，会在较短的时间内影响区域范围内的社会群体，并通过社会群体的经济行为和社会行为表现出来，发挥出其对经济社会发展的推动作用。改革开放后在我国东南沿海形成的思想的解放、观念的更新成为地域文化导向的主要内容，并扩散到更多的地区，通过群体经济行为推动社会经济的发展，就是地域文化导向作用影响区域经济社会发展的典型。

（三）地域文化行为有助于形成区域的独特文化产业品牌

各种地域文化都是通过人们的行为表现出来的，而在人们的行为中也会反映出一个区域的文化修养、文化习惯和文化追求。个人作为经济主体，主要对个体的经济活动产生影响，而作为群体形成的地域文化行为会对区域经济产生特别的影响，从而有助于形成区域经济发展中的独特文化产业品牌。比如一个地区的人们在饮食方面的习惯、情趣、追求和各种饮食文化行为，可以促进这个地区的食品行业的品种、规模、价值的结构变化，从而对区域经济发展中形成独特的文化产业品牌产生影响。如红遍大江南北的四川火锅、重庆小面、武汉热干面、天津大麻花、云南过桥米线等餐饮品牌，无不以地域特色文化为背景而兴起，并由此成为地方餐饮产业的名片，从而成为区域旅游业的标准配套产业，为地方经济社会的发展做出独特贡献。

（四）地域文化的表现形式对于区域经济增长和产业结构的优化产生影响

地域文化都是通过一定的表现形式而予以体现和反映的。地域文化在表现形式上的差异体现了一个地区的文化观念、文化内涵以及作为整体的文化发展的不同侧重方面。这种差异会从多方面对区域经济社会发展产生影响。例如重视文学、艺术、哲学等人文科学同重视自然科学、经济学、管理学所产生的经济效应就有所不相同，前者是通过文化的潜化、人们心理素质的提高去间接地作用于经济，后者则是直接运用科学文化知识去获取经济的发展。再如重视知识、教育的程度会通过对区域劳动力素质和人力资本的影响，进而对区域技术、产业布局等经济活动产生影响。另外，对区域文化产业发展的重视也会对区域经济增长和区域产业结构的优化形成影响。

三 作为目的的地域文化发展对于区域发展所具有的终极意义与价值

（一）地域文化观念与文化价值系统的发展与创新是区域发展的必然结果

文化的核心是一种由观念、意识、精神、思想和心理状态、心理素质等所组成的价值系统，因此，文化的价值与意义首先体现在其文化观念和文化价值系统方面。社会经济活动归根结底是一种人的行为活动，而这种行为是由一定的观念、意识、精神、思想和由此决定的人们的心理状态、心理素质所支配的。不同的地域文化具有不同的文化观念和文化价值观，特别是在经济活动过程中所表现出来的与经济发展密切相关的不同的生产经营观、劳动效率观、管理方法观、生活消费观、社会责任观，以及不同的时间感、信心感、创造精神、冒险精神、科学态度等，这一切都必然导致截然不同的行为，从而引起不同的经济社会活动及其发展结果。因此文化的发展实质上是人们观念意识的更新和价值系统的承继与发展，从这个意义上说，区域经济发展过程中与经济发展相关的各种观念意识的更新与发展，最终也成为地域文化观念与价值系统的更新和发展的组成部分，成为区域经济社会发展的目的与归宿。"中华民族的伟大复兴必然伴随着中华文化的繁荣兴盛"。

（二）地域文化精神是中华民族精神的组成部分和民族振兴的源泉与根基

一个地区的民族精神、时代精神、社会精神风貌都是该地区地域文化精神的体现，是地域文化的主要内涵和精髓，也是支撑一个地区社会经济发展的精神支柱。它以特有的理想、信念和精神追求鼓舞和感召着人们，并以此推动着区域经济的繁荣发展和社会的不断进步。不同时期不同区域的地域文化精神的核心内容不同，如革命时期的"延安精神""南泥湾精神"，20世纪六七十年代的"雷锋精神""大庆精神""大寨精神"等，都对特定时期的时代发展与社会进步产生过巨大的推动作用，不仅成为革命与建设时期的强大精神支柱与动员力量，也汇聚到中华民族优秀文化的洪流之中，成为中华民族优秀文化的组成部分，成为民族振兴的自信来源与底气根基。正如习近平总书记在党的十九大报告中所说："文化兴国运兴，文化强民族强。没有高度的文化自信，没有文化的繁荣兴盛，就没有中华民族伟大复兴。"由此，地域文化发展本身，就是区域经济社会政治发展的目的和归宿所在。

第十一章

莒文化开发的历史与现状

第一节 计划经济条件下的文化事业模式（1949—1978 年）*

一 发展过程

中华人民共和国成立之初，各项建设事业蓬勃兴起。随着政治、经济的发展，文化领域也呈现出了新的气象。早在 1949 年 9 月 21 日，毛泽东在中国人民政治协商会议第一届全体会议上明确提出："全国规模的经济建设工作业已摆在我们面前……随着经济建设的高潮的到来，不可避免地将要出现一个文化建设的高潮。中国人被人认为不文明的时代已经过去了，我们将以一个具有高度文化的民族出现于世界。"[①] 1954 年，中国颁布了第一部宪法，确立了计划经济体制，在这一文化发展期许和制度背景下，逐渐形成了与计划经济体制相适应的文化事业发展模式。成为新社会的主人后，在党和政府的领导下，莒县人民开始热情主动地开展文化建设，组织各种文艺团体，开展丰富多彩的文艺活动。像全国其他地方一样，1950 年 10 月莒县人民政府设立了文教科，文化馆、博物馆、大众剧院（团）、电影放映队、农村俱乐部、职工俱乐部以及农村剧团联合会等文化机构和群众团体也相继成立，同时还建立了各项管理制度和章程，呈现出一片繁荣景象。

中华人民共和国成立初期因受经济条件限制，1950 年莒县仅有 27 处

---

* 该节部分内容及数据参考莒县地方史志编纂委员会编《莒县志（1997—2010）》，中华书局 2016 年版。

[①]《毛泽东文集》第 5 卷，人民出版社 1996 年版，第 345 页。

剧团、39个杂耍队。1951年10月，莒县文化馆成立，同年12月召开剧团主任会议，成立了农村剧团联合会，通过了《农村剧团联合会章程（草案）》。1952年冬，以桑园京剧团为基础，组建起"大众京剧团"。就全国的情况看，"经过土地改革后，农村剧团亦如雨后春笋，发展极为迅速"①。莒县与全国的形势一样，特别是经过1955年农业合作化和1958年人民公社化运动，至1962年经常活动的剧团已达138个，其中有吕剧团、柳琴剧团、弦子剧团、杂耍队，另成立歌咏队766个，公社文工团9处。1959年冬，在全国农业劳动模范吕鸿宾的倡导下，莒县爱国公社还专门成立起业余柳琴剧团。这个剧团在两三年中演遍县内城乡，颇具影响。《人民日报》曾于1952年11月12日发表社论《正确地对待祖国的戏曲遗产》，指出："地方戏曲或民间戏曲表现现代生活和人民斗争题材，是戏改工作中的重要任务。"②为了响应这一号召，莒县大众剧团和农村业余剧团先后排演了《丰收之后》《社长的女儿》等剧目，其中1959年排演的现代戏《沭河一家》，在翌年参加临沂地区汇演时荣获创作奖。1952年12月莒县大众剧院建成，1953年改为露天电影院。在这期间，莒县电影放映事业获得发展，电影放映队伍迅速壮大。1955年9月，临沂地区放映队第406队下放莒县，莒县电影放映队成立。至1958年，除中心队以外，还成立了4个分队。1959年至1965年，莒县共建了5个县有国办电影队，1处西关县城影剧院。1955年建立的莒县农村俱乐部，有黑板报、土广播、幻灯、读报、图书阅览、文艺演唱、体育运动、科技讨论等活动项目，至1956年底，全县发展到60处，1964年达到848处，1965年迅速增至975处，很受莒县人民的喜爱。在文物保护工作方面，20世纪50年代初莒县文化主管部门就设有专人负责文物保护和管理，1956年冬至1957年春进行了第一次全县文物普查。1957年8月，在莒县发现了多处文化遗址，在国内历史、考古、古文字等学界引起了巨大反响。1961年，莒县先后建立了文物室、地方志博物馆、展览馆等。在中华人民共和国成立之初的特殊年代，为了宣传社会主义教育运动以及党的

---

① 中共中央宣传部办公厅、中央档案馆编研部编：《中国共产党宣传工作文献选编（1949—1956）》，学习出版社1996年版，第204页。

② 《正确地对待祖国的戏曲遗产》，《人民日报》1952年11月12日。

方针政策，满足群众精神文化生活需求，1953年始，莒县每年举办文艺汇演1—2次。1964年莒县人民委员会印发了《关于开展春节文艺活动的意见》，在重要节日有组织有计划地开展文艺活动和思想政治教育宣传。在大力发展文学艺术、组织各种文艺团体、开展文艺活动的同时，莒县文化主管部门对文艺干部业务能力、文艺创作质量都非常重视。1951—1966年，多次举办剧团主任、导演或演员训练班，学习戏剧常识、简谱乐理，交流领导经验，切磋技艺，传授新剧目等，并不定期地举行观摩演出，为配合社会主义教育运动培养了一批文艺骨干，对发展和繁荣文化事业发挥了重要作用。此外，莒县书法、绘画、摄影、歌曲等在中华人民共和国成立初期也呈现出了一派欣欣向荣的景象。

然而，1966年5月"文化大革命"的爆发对刚刚成长起来还未壮大的文化事业造成了严重破坏。莒县京剧团被撤销，直到1979年3月才得以恢复；过去的私人戏班，所演剧目多为传统戏，"文化大革命"期间，各种演出团队均改为演现代戏；大多数书画作品被毁坏；骨干培训工作时断时续，1970年逐渐恢复，且是以学习宣传毛泽东思想的歌舞、曲艺节目为主；浮来山部分文物在此期间遭到破坏；等等。在"文化大革命"的十年里，莒县文化事业同全国其他地区一样处于严重萎缩状态。直到"文化大革命"结束后，1978年停止"以阶级斗争为纲"的口号，进行拨乱反正，迎来新的历史发展时期，莒县文化事业才又开始有了新的起色。

二　发展特点

1949—1978年，莒县文化事业发展既有辉煌成就又有由"文化大革命"而带来的曲折。总体上看，当时的文化发展呈现出以下特征：

第一，"文化事业"性质。政府以"文化事业"模式来建设文化，没有文化开发概念，文化机构由政府设置，文化活动和文艺创作全由政府组织。中华人民共和国成立，百废待兴，百业待举，"社会经济、政治、文化、生活方式等各个方面都在过去的基础上重新建立，体现出构建的特点"。① 受计划经济体制制约，莒县政府依靠计划形式来对文化资源进行

---

① 张静如主编，师吉金著：《中国当代社会史·第一卷》(1949—1956)，湖南人民出版社2011年版，第347页。

调配,文化部门和文艺团体按照计划安排进行创作和生产。在这种计划经济体制下,文化工作处在简单的文物保护、文艺传承与创作层面。

第二,"政治属性"超越"文化属性"。这一时期创作的文艺作品作为官办宣教内容,被贴上了国家宣传机器的标签。莒县的文艺作品也不例外。1949 年后,"为政治服务随即跃升为国家的文艺基本方针,文艺完全被纳入了中国共产党建国方略的实施和意识形态的建设当中,并被进一步规定为必须为党的具体政策和任务服务"。[①] 文化作品多为歌颂模范人物和先进事迹,文艺作品多注重为政治服务的手段功能,很少注重文艺作品本身应有的属性和特质。

第三,不稳定性。从过程的角度看,这一时期莒县文化建设工作极不稳定。文化馆、剧院等机构的曲折发展历程,正折射出计划经济时期文化事业发展易受政治环境影响,导致发展过程的不稳定。政府不仅管文化同时也办文化,但是又缺少明确的文化建设政策和稳定的政策执行机制。

第二节 改革开放条件下的"文化搭台、经济唱戏"模式(1978—2012 年)[②]

一 发展过程

"文化大革命"结束后,尤其是党的十一届三中全会的召开,成为我国社会历史重大转折点,也使当代中国文化获得了新生。1979 年 10 月,对文化发展具有里程碑意义的第四次文代会召开,邓小平对文化发展提出了新的任务和要求,他指出:"我们要在建设高度物质文明的同时,提高全民族的科学文化水平,发展高尚的丰富多彩的文化生活,建设高度的社会主义精神文明。"[③]"党对文艺工作的领导,不是发号施令,不是要求文学艺术从属于临时的、具体的、直接的政治任务,而是根据文学艺术的特征和发展规律,帮助文艺工作者获得条件来不断繁荣文学艺术事业,提高

---

① 柴永柏:《建国 60 年中国文艺发展研究》,四川大学出版社 2009 年版,第 133 页。
② 该节部分内容及数据参考莒县地方史志编纂委员会编《莒县志(1997—2010)》,中华书局 2016 年版。
③ 《邓小平文选》第 2 卷,人民出版社 1994 年版,第 208 页。

文学艺术水平。"① "以经济建设为中心"成为党的基本路线的重要内容,计划经济体制转换到市场经济体制。允许文化事业单位从事经营活动等一系列政策打破了计划经济条件下的国家统包统管文化事业的僵化模式。

这一阶段,莒县文化建设紧紧围绕经济建设而展开,文化成为经济的重要生长点,"文化搭台、经济唱戏"理念指导着文化建设和经济发展,文化事业开始进行体制机制改革,文化产业开始萌芽。

文学艺术作品不断涌现。改革开放极大激发了莒县人民的创作热情和创作实绩,文学爱好者逐渐放开手脚,作品创作多样化,文学艺术呈现出繁荣的新局面。从1980年起,莒县戏剧、曲艺编演进入新的发展阶段,在原有部分团队的基础上,城乡先后建立了15个规模较大、有一定影响力的剧团,有京剧、吕剧、周姑戏、柳琴戏、弦子戏、茂腔6个戏种。1980年,小店乡文化站成立起12人的业余周姑剧团,夏庄文化站成立起夏庄业余柳琴剧团,浮来山和刘家官庄两公社都组建起业余吕剧团。书画艺术作品直到20世纪80年代初才重新为人们所重视。"山地文学社""文心雕龙书画社"相继成立,莒县书画创作日益繁荣。文艺爱好者也不断增多,水平也随之提高。到1996年,全县建立了各种文学、艺术社团40余个,参加人数近2000人。1996年4月,省委、省政府命名莒县为"山东省社会文化先进县"。至2010年,有县以上作家协会会员、散文学会会员、诗词学会会员、民间文艺家协会会员281人,其中省级以上会员34人。

公共文化服务体系逐步完善。1983年,莒县文物管理所改为博物馆。1986年,莒县开始举办一年一度的"莒城之夏"音乐会。1989年,位于莒县青年路南端的莒县博物馆建成使用。2007年,投资8000万元、建筑面积15000平方米的莒州博物馆投入使用并向社会免费开放。该馆集文物陈列、修复与保护和开展学术研究、旅游接待等功能为一体。博物馆从2005年5月开始举办首届莒文化讲座,至2010年,连续6年先后邀请苏兆庆、朱文民等讲授莒文化22个专题。以莒州博物馆为代表的重要公共文化服务场所成为研究和宣传莒文化的中心阵地。1993年莒州书画院成立,成为各基层书画组织的龙头和全县书画交流培训的中心,尔后又相继

---

① 《邓小平文选》第2卷,人民出版社1994年版,第213页。

成立了莒县书法家协会和莒县美术家协会，对推动莒县书画艺术的普及和创作水平的提高起到了重要导向作用。1991年秋，莒县人民政府和县政协共同组织，在县博物馆举办了1949年以来莒县规模最大、水平最高的"六老"（崔祝生、任英民、宋式云、王玉宽、张静波、王艺石）书画展。与此同时，莒县政府也加大了对农村地区公共文化服务建设的扶持力度。1978年，莒县农村开始设"青年之家"，其性质类似俱乐部。自20世纪80年代初，各乡镇（时称"公社"）开始注意文化阵地建设。1984年，部分村庄始建"文化大院"，集文娱、图书、创作、体育、科技等活动于一体。到1987年年底，全县文化大院发展到129处。至1984年，全县小店、东莞、城阳、招贤等14处乡镇建起包括影剧院、图书室、摄影室在内的文化中心。部分村庄开始建设包括图书室、夜校在内的文化大院。进入90年代，文化中心和文化大院不断扩大规模，增添内容，提高水平。1997年，全县300人以上企业建起包括党团活动室、职工活动室、图书阅览室等设施在内的文化中心。25处乡镇建起融影视、游艺、教育、科技设施为一体的文化中心。12处乡镇建起有本地特色的文化公园。1005个村建起包括科技夜校、党员之家、青年之家、图书室、老年活动室在内的文化大院。

文化市场兴起，文化事业单位开始企业化转型，文化产业蓬勃发展。其中，文化休闲娱乐消费的出现最为明显。1983年，莒县电影管理站开始企业化转型，改称莒县电影公司。1988年，实行电影预收费办法，平均每人每年预交0.5—1元，全年每人看电影10—20场。1989年，莒县电影院被评为全国先进影院，获广播电影电视部铜牌奖。1990年，莒县电影放映单位发展到85个，每1.2万人有一个放映单位，其中县级影院2处、乡镇影剧院3处、乡镇电影队37个、村办电影队43个。1997年，莒县电影公司在莒县电影院西侧建成文化商城。中华人民共和国成立初，莒县县城内仅有国营照相馆1处；1996年，国营、个体照相馆达到10余处，流动照相人员随处可见。此外，包括艺术品市场、音像市场、演出市场等在内的文化市场也呈现出蓬勃发展的态势。

文化遗产保护工作成效显著。莒县人民政府历来高度重视文化遗产保护工作。以《中华人民共和国文物保护法》为基础，莒县建立起比较完善的文物保护法规体系和工作体系，文化遗产保护工作进入一个新的阶段。1976年11月，经莒县革命委员会研究决定，将莒县文化馆分为三个单位，设立莒县文物管理所，莒县有了专门的文物保护管理机构。此后，莒县又相继成立了文物安全委员会、文物管理委员会和文物保护委员会，各乡镇也普遍成立了文物保护小组，村里备了文物看护员。1979年3月，莒县革委会公布第一批县级重点文物保护单位21处，并印发《关于加强莒县文物保护工作的通知》（莒政发〔79〕第8号）。1989年3月始，莒县人民政府组织有关部门对全县1323个自然村开展文物普查工作。①1991年12月，莒县人民政府印发《文物保护管理实施办法》，并公布县级文物保护单位186处。1998年5月，莒县文化局印发《关于加强全县文物保护工作的意见》等文件，文物保护工作层次不断提升。2009年12月莒县被文化部、国家文物局授予"全国文物工作先进县"荣誉称号。

莒文化研究课题提上日程。莒文化的研究可以追溯到20世纪60年代，陵阳河遗址的发现引起了学术界的高度关注，但当时只是做了简单的文物保护工作，并没有开展深入的研究。20世纪80年代以后，出现了一股莒文化研究热潮，这表现为成立研究机构，组织莒文化研究活动，并取得丰硕研究成果。1997年11月7日，莒文化研究会成立；1999年10月，中国古都学会第十六届年会暨莒文化研讨会在莒县召开；2000年10月，莒文化专题研讨会召开；2004年1月5日，成立莒文化艺术研究院，主要从事莒文化艺术的研究工作，至2006年，编纂《莒文化大典》；2008年莒县县委、县政府与中国教育电视台共同成功摄制了6集莒文化专题片《从此人文说莒州》，并在中国教育电视台"中华文明行"栏目中播出；2009年9月7日，成立莒文化研究协会，通过《莒文化研究学会章程》；2009年9月，中国先秦史学会、莒县人民政府在莒县主办了莒文化高层论坛暨纪念陵阳河遗址考古发掘三十周年学术研讨会；2010年10月30日，山东师范大学莒文化研究中心成立。

值得注意的是，进入21世纪以来，莒文化开发工作开始迈上新台阶。党的十六大提出："当今世界，文化与经济和政治相互交融，在综合国力竞争中的地位和作用越来越突出。文化的力量，深深熔铸在民族的生命

---

① 中共莒县县委党史研究室：《中共莒县党史大事记（1949.10—1989.12）》，黄河出版社2000年版，第350页。

力、创造力和凝聚力之中。全党同志要深刻认识文化建设的战略意义，推动社会主义文化的发展繁荣。"① 为积极贯彻落实这一精神，2003 年 3 月，莒县县委在第十一次党代会上将"文化树县"战略同"农业稳县、工业强县、开放兴县"战略一起作为全县工作的"四大战略"，为莒县文化发展创造了珍贵的历史机遇。

二 发展特点

正如莒县 2001 年政府工作报告中强调的那样，要"大力发展文化事业，促进经济快速发展"，"推进莒文化研究开发，提高我县知名度"，这一阶段，莒文化开发作为服务经济发展、改善经济发展环境的手段这一特点最为明显。

自改革开放以后，政府和人民的市场意识开始觉醒，逐渐认识到文化产品的商品属性。面对莒文化特有的地域先天文化优势，若将其转化成生产力，则具有可观的经济价值。因此在经济发展大潮中，历届莒县政府往往把莒文化开发作为为经济建设服务的载体和平台，把莒文化开发的焦点放在了如何做好"文化搭台、经济唱戏"文章上面。毋庸置疑，通过举办类似艺术节、文化旅游活动开展招商引资，确实能够推动莒县经济社会的发展，但围绕经济做文化的初衷，最终难以实现莒文化的真正繁荣，也难以实现经济的可持续健康增长。改革开放以来，莒县文化建设取得了辉煌成就，但由于过分强调经济利益，把文化开发置于"搭台"的角色，导致莒文化在开发过程中丧失了主体地位，逐渐削弱了自身文化属性和潜在价值。政府虽然出台了一些有关文化建设的制度和条例，但落实不够深入，总体上仍停留在制度及思想层面，并未将其纳入莒县社会发展大框架中，缺乏"一盘棋"的总体考虑，基本上属于一种工作方针和思路，缺乏用莒文化打造莒县城市文化品位的深谋远虑，缺乏实实在在的项目开发落实，并非真正意义上的文化开发。

---

① 江泽民：《全面建设小康社会　开创中国特色社会主义事业新局面——在中国共产党第十六次全国代表大会上的报告》，《人民日报》2002 年 11 月 18 日。

第三节　新时代"五位一体"框架下的文化发展模式(2012年至今)

一　发展过程

党的十八大正式形成了新时代中国特色社会主义经济建设、政治建设、文化建设、社会建设、生态文明建设"五位一体"总体布局,提出要"促进现代化建设各方面相协调,促进生产关系与生产力、上层建筑与经济基础相协调,不断开拓生产发展、生活富裕、生态良好的文明发展道路"[①],这充分表明了中国共产党对社会主义现代化建设本质认识和理解的深化。2015年,莒县县委、县政府出台了《莒县文化产业发展规划(2015—2027)》。此规划以"深入实施文化树县战略,大力发展文化事业和文化产业,围绕加快实现由文化资源大县向文化名县跨越这一目标,提升我县的文化软实力和综合竞争力,进一步满足人民群众日益增长的精神文化需求"为指导思想,提出要加快以莒文化为代表的特色文化的挖掘、保护、利用和开发力度,繁荣发展莒文化。2015年,莒县获评第二届山东省文化强省建设先进县。2015年8月在第二十二届国际历史科学大会上,莒文化作为唯一的地域文化,登上国际历史舞台。在这一背景下,莒文化开发的目的逐渐发生了转变,已经开始由围绕经济建设而开发向以文化开发为最终目的过渡。莒文化不断地得到广泛推介和利用,知名度和美誉度不断提高,为莒文化得以进一步深入研究和开发奠定了重要基础。

莒国古城的开发建设成为莒县文化开发发展史上的一个里程碑式的事件。这是莒县县委、县政府贯彻落实党的十八大确定的"五位一体"战略布局,在文化开发问题上摆脱"文化搭台、经济唱戏"模式,真正将文化开发本身作为莒县总体目标的有机组成的战略行动。2016年4月,新一届县委、县政府领导班子准确把握莒县所处的历史方位、发展阶段和主要矛盾,经过深入调研、反复论证、广泛征求意见,在2016年5月6日莒县县委十三届八次全体会议上,正式提出了莒县"一二三四五"发

---

① 胡锦涛:《坚定不移沿着中国特色社会主义道路前进　为全面建成小康社会而奋斗——在中国共产党第十八次全国代表大会上的报告》,《人民日报》,2012年11月18日。

展思路，部署了"四大战略"，打造"一强三名"建设富强美丽幸福新莒县的奋斗目标。其中，打造"文化名城""老城做文化"的核心就是建设莒国古城，古城开发建设第一次在正式会议上被提出。莒国古城承载了莒地人千百年来的文化记忆，是莒县城市文化名片，因此莒国古城建设不是孤立的，它是莒文化开发乃至莒县新型城镇化大棋中的一颗活子，是莒县打造"文化名城"的重要支撑。以此为标志，意味着莒文化开发开启了历史性新篇章。2016年5月31日，在莒县"解放思想、进位争先、敢于担当"大讨论动员会议上，县委书记孟青进一步提出打造"三山两河一古城"核心文化旅游区的战略要求。2016年9月21日，在莒县新型城镇化动员大会上，孟青对莒国古城建设做了最全面的阐述，顺利启动了莒国古城建设。2017年1月22日，莒县第十八届人民代表大会第一次会议认真审查了《关于尽快启动莒国古城建设的议案》，与会代表一致表决通过。至此，莒国古城建设正式启动，于2017年11月16日开工奠基。2018年11月5日孟青在全县乡村振兴暨打造文化名城、旅游名城推进会议上讲话，指出建设文化名城的极端重要性、紧迫性，对打造"文化名城"做了进一步部署和推进。

以莒国古城建设为拳头项目的一系列莒文化开发工作如火如荼展开。莒县县委、县政府依托莒县文化底蕴深厚、历史遗存众多、自然环境优美、山水资源丰富的优势，把"三山两河一城一区"作为全域文化开发的龙头项目，构建莒文化开发新格局。与打造"文化名城"奋斗目标相配套，按照上述发展思路和目标稳步地推进莒文化开发工作，实施了一系列有力举措，出台了相关文件。积极开展了县域范围内传统工艺项目普查工作，摸清了全县传统手工艺基本现状，通过开展普查、培训、生产性保护等措施，在尊重文化遗产真实性、整体性和传承性的前提下，搭建起传统工艺与艺术、学术、现代科技、现代设计及当代教育的桥梁，以提高传统工艺从业人群的传承水平。在莒国古城等项目建设过程中，注重融入莒文化元素，规划把古莒城门、定林寺、状元林、状元府、曾子书院、齐长城等重要文物和历史人文打造成新的文化景点。成功举办了"莒县首届非物质文化遗产传统工艺大展暨2017年传统工艺普查成果展"，集中展示了莒县优秀的非物质文化遗产，向社会推介非遗项目，推动非遗工作进一步发展，意义重大。积极开展莒文化讲座，传承经典，营造了浓郁的思想文化氛围，增强了群众的文化自豪感、自信心和自觉性。2018年9—10月，以"千年古县、毋忘在莒"为主题参展山东文博会、日照文博会，全面展现莒县历史文化。多次召开研讨会，聘请专家学者为莒文化开发出谋划策，编制出版莒文化专著和文集。2018年12月12日，莒县人民政府办公室专门制定并印发了《莒县文化振兴扶持办法》，设立文化振兴发展资金，支持文化产业发展、新时代文明实践中心建设、公共文化服务体系建设、文艺精品创作和优秀传统文化传承发展，营造了良好的文化开发环境，有力地推动了莒文化开发向前迈进。自2016年4月，新一届县委、县政府领导班子立足莒县基本县情，从传承和发展莒文化出发，在先后召开的十余次高规格、大规模的千人大会上，都对莒文化开发和莒国古城建设工作进行了部署安排，共同主题都是如何以莒文化开发释放莒县城市发展活力，思路和目标在不断丰富、完善和发展。

二 发展特点

党的十八大以来，特别是2016年以来，莒县县委、县政府高度重视莒文化开发，立足深厚的历史文化底蕴、丰富的非物质文化遗产资源，推进莒县文化建设发展进入新时代。从新一届县委、县政府领导班子提出打造"文化名城"，随之将其作为实现"一强三名"奋斗目标的核心支撑和实际步骤以来，县委县政府对于文化的作用就已经有了较为深刻的认识，并初步形成了以莒县特有的莒文化开发优势释放强大活力来助推莒县经济社会发展的思路。不再仅仅强调经济效益，而是提出了"抓文化就是抓发展"的理念，并把这些思路和目标确定为莒县发展的长期战略。由此可见，县委、县政府真正认识到了文化工作背后的深刻要义，站在"五位一体"总体布局的高度来看待莒文化开发在莒县发展和治理中的重要作用，正确处理文化建设的经济效益和社会效益的关系，实现了社会效益优先，真正让莒文化成为推动莒县发展中更基本、更深沉、更持久的力量。通过莒文化开发工作，为人民群众提供更加丰富多彩的精神食粮，满足人民群众对美好文化生活的新期待；将莒文化中仁义、诚信、礼仪等美好内涵融入群众生活，进一步提升群众文明素质和社会文明程度。

1949年以来，莒县各个阶段的文化建设发展都有其产生的时代依据和时代必然性。计划经济时期，以服务于政治为目的；改革开放后，在市场经济体制下，文化建设围绕经济发展来展开，更多地关注经济的发展；新时代，在"五位一体"总体布局战略背景下，文化建设的意义和地位得到了凸显，将文化建设贯穿于莒县发展的各方面、各领域，全面提升莒县文化软实力，通过文化的发展和繁荣，来推动莒县经济社会的和谐发展。各届县委、县政府领导班子对文化建设的理念、认识既一脉相承又与时俱进，相互衔接，相互贯通。他们都面对着莒县文化建设工作这一共同主题，却又在不同的时期和阶段面对不同的问题，谋划不同的文化发展出路。随着对文化建设理论认识的不断丰富和深化，莒县文化建设事业在知行合一中不断向前推进，莒文化开发朝着符合时代要求和遵循文化开发规律以及满足人民群众需要的方向和目标稳步发展。

第十二章

莒文化开发的设想与思路

第一节 莒文化开发的总体设想

一 莒文化开发指导思想

以习近平新时代中国特色社会主义思想为指导，全面贯彻党的十九大和十九届二中、三中、四中全会精神，紧紧围绕统筹推进"五位一体"总体布局，深入贯彻以创新、协调、绿色、开放、共享为引领的新发展理念，以满足人民群众日益增长的精神文化需求和弘扬莒地文化、展示莒地辉煌、增强文化自信为着眼点，以打造"一强三名"，即"经济强县、文化名城、旅游名城、生态名城"为目标定位，从现阶段莒文化开发实际情况及文化事业发展和文化市场需求出发，依托莒地优势文化资源，坚持高标准、高品质开发和建设，全面推进文化事业和文化产业发展。

二 莒文化开发总体目标

以莒文化开发作为战略性任务，大力推进文化事业和文化产业发展，自觉突出和强化莒文化在引领和推动莒县"五位一体"总体布局中的地位和作用，坚持用莒文化开发战略提升莒县整体文化品位，通过建设一批特色莒文化项目，打造一批重点文化品牌，培育一批优势文化产业，全面打响莒文化名片，使莒文化产业在山东实现领先地位，争取再现"莒文化与齐、鲁文化鼎足而立"的繁荣局面，同时，不断提升莒文化在莒县各项事业发展中的向心力和凝聚力，实现以文化发展推动经济社会发展的新优势，努力把莒县打造成为地域文化特色鲜明的"一强三名"新莒县。

三　莒文化开发实施步骤

综合分析莒县社会发展形势和莒文化开发环境，莒文化开发可以实施"三步走"战略。

第一步，摸情况，打基础。这是莒文化开发的启蒙期和奠基期。这个时期一是要进行莒文化开发的启蒙教育，使全县人民意识到莒文化开发在莒县县域发展中的重要作用，从而增强莒文化开发的自觉意识，在莒文化开发问题上逐步解放思想。同时，对一些看得准的文化开发项目进行选点开发，以点的开发的成功实践调动全县人民对莒文化开发的兴趣和积极性，全面提升莒县人民的文化自觉。二是充分利用县内外力量，加强莒文化的调查研究，在积极推进莒文化遗产保护的基础上，通过广泛宣传、加大修复和发掘力度，提高莒文化的知名度和影响力。三是加强莒文化开发的顶层设计，进一步明确莒文化开发思路，形成基本制度框架和政策体系。加强以古莒文化和红色文化为特色的旅游活动开发和产品设计，打响"毋忘在莒"品牌知名度和美誉度。在2021年莒国古城全面建成并如期实现开城目标的基础上，进一步开发主题化、个性化的文化和休闲产品，着力打造青峰岭湖区、莒州博物馆、横山抗日根据地等研学游目的地，推动桑园镇柏庄古村落（北海银行遗址、滨海区委遗址）、碁山镇天城寨村等传统文化、红色文化村落建设工作的全面提升，同时做好非物质文化遗产专项旅游产品如剪纸、查拳、陶艺镶嵌、捏面人、过门笺、浮来砚等的传承、开发和推广，以特色文化旅游吸引国内外游客。

第二步，塑品牌，拓市场。这是莒文化开发的拓展期和巩固期。与上一个阶段相比，人们的开发意识已经有了一定的自觉，充分认识到了这项工作的重要性。随之而来的问题是怎样才能巩固已经取得的成果和进一步推销自己的文化产品。在实践上就要由上一阶段主要做点转化为做线，连点成线，文化产品由点到线，有利于打造整体性产品，也有利于作为整体性产品与相邻地区的文化产品形成联动效应。由点到线的工作在对外影响上就是塑造品牌和拓展市场。这是莒文化开发的关键一步，起着承上启下的作用。由点到线的工作主要是旅游基础设施和公共服务设施进一步完善。具体来说，就是全县的旅游服务质量和水平全面提升，富农惠农作用进一步凸显，起龙头带动作用的莒国古城的运营初见成效，莒文化挖掘和研究工作取得突破，以莒文化遗产和红色文化旅游为主题的多元化产品体系基本形成，全县文化事业和文化产业发展水平进一步提升，逐步建成一批阐释水平高的莒文化专题遗址博物馆、陈列馆或展示馆。比如，细石器博物馆、刘勰故里民俗生态博物馆（刘氏宗亲省亲博物园）、阎庄镇大北林村剪纸博物馆、曲坊酒文化记忆馆等乡村博物馆（传习所）。加快发展民俗体验游、购物旅游等产品建设，积极发展各类专项旅游产品，打造文化旅游景点精品线路，基本满足国际、国内（包括近程腹地市场）的多种旅游需求。通过加大节会营销、线上宣传及目标市场推介力度，举办"世人说莒"等系列活动，讲好莒县故事，比如刘氏宗亲大型祭祀活动（据说，目前全国8000多万刘姓都是汉代古莒城阳王刘璋的后裔，这是提升莒文化影响力的重要文化资源），完全可以形成品牌，以吸引更多的人关注莒县，观光莒县，使"好客山东、毋忘在莒"的美誉度和影响力逐步提升。

第三步，构体系，成名片。这是莒文化开发的成型期。这个时期由点到线的工作已经完成，要重视的是连线成面，从文化旅游的角度看就是由线性旅游过渡到全域旅游。这一阶段，莒文化特色不仅体现在城市风貌、乡村景观上，而且成为莒县人的整体内涵，作为地域经济社会发展的文化吸引力和影响力已经形成，莒文化开发工作取得决定性进展。各地区各部门文化建设的规划目标顺利完成，文化强县全面建成，基本形成以"文化体验、生态休闲、购物游乐"为主题的布局合理、类型多样、功能完善、特色突出的旅游发展格局。全域文化基础设施条件和公共服务保障能力全面提升，莒文化保护传承开发机制和平台基本建成并运行良好，研究阐发、教育普及、保护传承、创新发展、传播交流等方面协同推进并取得重要成果，文化软实力的根基更为坚实。以莒文化为主题的城市文化形象打造工程基本完成，形成全方位、多层次、宽领域的文化格局，具有莒地特色、莒地风格、莒地气派的文化产品更加丰富，原汁原味的古莒传统文化开始推向国内外，此时，"三千年古城、四千年银杏、五千年文化"品牌在国内外叫响，独具特色、具有广泛影响力的莒文化名片已然形成，莒县真正意义上成为一座延续3000年、传承多个历史朝代的现代文化旅游城市。

第二节　莒文化开发的基本原则

一　以人民为中心

以人民为中心是中国共产党始终坚持的发展思想和执政理念。习近平总书记在党的十九大报告中明确提出"必须坚持以人民为中心的发展思想"①，发展中国特色社会主义文化要坚持为人民服务，"满足人民过上美好生活的新期待，必须提供丰富的精神食粮"。② 当前中国特色社会主义进入新时代，我国社会的主要矛盾已经转化为人民日益增长的美好生活需要和不平衡不充分的发展之间的矛盾，因此，在莒文化开发过程中，首先要坚持以人民为中心的原则。在开发的奋斗目标、依靠对象、实现途径上都要坚持人民立场，即践行莒文化开发为了人民、依靠人民、成果由人民共享的工作思想，更好地推进莒文化的研究、利用和开发，不断满足人民精神文化需求和人民全面发展需要。

坚持以人民为中心就是坚持莒文化开发为了人民群众。社会发展进入新时代，人民对美好生活有了新期盼、新要求，其中对精神文化的需求更是日益突出。党的十八大以来，以习近平同志为核心的党中央，坚持把"人民对美好生活的向往作为奋斗目标"③，因此，莒文化开发必须回答并解决好"为了谁"的根本宗旨问题，要坚持以人民群众为受益主体，以人民群众满意为衡量此项工作的最高标准，要始终把人民群众作为莒文化开发工作的出发点和落脚点，了解、尊重人民的意愿，人民群众期盼什么就做好什么，自觉站在人民的立场上，认真分析研究莒文化开发工作的各种问题，创作为人民所期待的高品质的莒文化开发产品，不断提升人民群众的获得感和幸福感。

坚持以人民为中心就是坚持莒文化开发依靠人民群众。人民既是莒文化开发工作的受益主体，也是推动开发工作的重要力量，因此必须充分发

---

① 习近平：《决胜全面建成小康社会　夺取新时代中国特色社会主义伟大胜利——在中国共产党第十九次全国代表大会上的报告》，人民出版社 2017 年版，第 19 页。
② 同上书，第 43—44 页。
③ 习近平：《人民对美好生活的向往就是我们的奋斗目标》，《人民日报》2012 年 11 月 16 日。

挥人民群众的首创精神，最大限度地激发调动人民群众的创造活力，把长期以来莒县人民对莒文化深厚的热爱之情转变为推动莒文化开发的强大力量和重要依靠。在莒文化开发过程中，努力搭建平台、创造条件，吸引人民群众积极广泛参与进来，把蕴藏于人民群众之中的智慧和力量充分释放出来。如莒国古城建成开城运行，离不开广大人民群众的支持和参与，需要人民群众提供交通、餐饮、零售、信息等多样化旅游服务支撑支持，以满足游客全方位需求。因此，必须高度重视和充分发挥人民群众的重要作用，凝聚莒文化开发的强大合力。

坚持以人民为中心就是坚持莒文化开发成果由人民群众共享。习近平总书记强调，"把实现人民幸福作为发展的目的与归宿……把增进人民福祉、促进人的全面发展作为发展的出发点和落脚点"。[①] 人民群众不仅是莒文化开发的建设者，也是莒文化开发成果的享有者，这也是推动莒文化繁荣与发展的前提。没有成果共享，就不能充分调动广大人民群众的积极性和主动性。只有共建共享，才能激发出人民群众的聪明才智和参与莒文化开发建设的热情。如通过建设乡村记忆馆组织群众开展文化活动，通过莒国古城一定时期内免费向市民开放等一系列惠民政策，切实提高人民群众的文化获得感和幸福感。通过莒文化开发，促进就业创业、促进创收增收，加快人民共同富裕的步伐，彰显莒文化开发的价值和意义，真正实现莒文化开发建设成果惠泽于民。

二　因地制宜，实事求是

纵观当前国内历史文化开发状况，一些地方因照抄照搬外地的成功经验，在规划过程中没有做好"认识自我"的文章，最终导致开发建设失败，造成资源的严重浪费，暴露出种种问题。一座城市的历史文化魅力在于它的独特性，经过历史洗礼的城市一定会遗存某一历史阶段或历史时期独特的物质文明和精神文明。对千差万别的城市而言，必须要找到这些独特的遗存，也就是找到与自身文化开发紧密结合的"点"。莒地积淀和包容了社会巨变遗存的人文元素，承载了丰厚的历史文化底蕴，数千年的历史更替在这里留下了大量宝贵的历史文化财富，因此莒文化开发将是一项

[①] 《习近平总书记系列重要讲话读本》，学习出版社、人民出版社2016年版，第128页。

纷繁复杂的系统工程。只有坚持因地制宜、实事求是的工作原则，立足本地实际制定开发战略，才能少走弯路，才能切实展现出莒文化的历史特色和历史真实面貌。

因地制宜、实事求是是最基本也是最为关键的工作原则。坚持因地制宜、实事求是原则，就要在莒文化开发前期资源研判、策划定位和规划设计时，深入挖掘、评判、分析莒文化的整体资源优势，准确把握莒文化的特色优势资源是什么，突出短板弱项是什么，从而找到莒文化开发的突破口，做出适合自身的开发设计。

莒文化开发工作中的因地制宜内涵丰富，主要涉及考古文化资源、历史文化资源、革命文化资源、自然文化资源、民风民俗文化资源等方面的内涵要素。要注意分析和研究不同资源要素的特点和其可适性，扬长避短，发挥优势，充分利用资源的有利条件并发挥其生产潜力，做出文化资源合理开发的选择。在开发准备工作中要全面翔实地搜集有关莒县各种文化资源所包含的文化背景、历史渊源、民间传说、神话故事、风土人情、文物特产等资料，将莒文化的文化特色和文化内涵渗透到开发产品和项目中去，提升文化品位，树立文化品牌，打造具有鲜明莒文化特色的文化产品，增强文化竞争力和吸引力，从而将文化资源优势转化为经济优势和发展优势。比如在莒国古城建设上，不能照搬照抄外地经验，照着葫芦画瓢，必须从莒县历史实际出发，打造独具特色的莒国古城。再如在古村落建设上，要以本地民风民俗文化为根基，充分体现村庄固有风貌、特色、肌理、样式，打造气质独特的"莒州风情画"。充分挖掘利用桑园柏庄、碁山天成寨等古村落历史建筑和文化遗产，依托自然和文化资源禀赋发展特色民宿，避免盲目跟风和低端复制，努力体现民宿多样化、个性化。利用好莒州大地悠久的农耕文化，以古居、古井、古树、古桥、匾额等，突出"原汁原味"，对于移植的外来文化，必须经过本土化的提炼、加工、改造，不能轻率仿制。

三 与乡村振兴战略相融合

乡村振兴战略是党的十九大提出的一项重大战略。"产业兴旺、生态宜居、乡风文明、治理有效、生活富裕"是乡村振兴的总体要求。由此可见，新时代的乡村振兴是一项内容多元的系统性工程，其中的"乡风文明"直接对应了乡村文化振兴的发展内涵。《中共中央国务院关于实施乡村振兴战略的意见》指出:"实施乡村振兴战略,是解决人民日益增长的美好生活需要和不平衡不充分的发展之间矛盾的必然要求。"如前所述,莒文化开发亦要不断满足人民群众日益增长的精神文化需求。二者有着共同的前进方向和发展目标,坚持莒文化开发与乡村振兴战略相融合,是实现二者互助发力、共同驱动的关键。

一方面,乡村振兴战略为莒文化开发带来了千载难逢的重大机遇;另一方面,莒文化开发对乡村文化、经济等各方面均具有显著的积极影响,是助力乡村振兴的重要路径和抓手。进行莒文化开发,推动莒地文化事业、文化产业繁荣是实施乡村振兴战略的现实要求。不可否认,现实乡村文化已经出现了不同程度的衰落,没有文化振兴就没有乡村振兴,乡村振兴战略将为莒文化开发提供广阔空间。推动乡村振兴是当前和今后一个时期统领一地经济社会发展的重大政治任务,当前莒县也正奋力向"一强三名"("经济强县、生态名城、文化名城、旅游名城")目标迈进。莒县作为农业大县,常住人口城镇化率只有43.64%,115万人口中有接近70万人生活在农村,因此实施乡村振兴战略的任务艰巨而紧迫。正如梁漱溟所说:"中国文化以乡村为本,以乡村为重,所以中国文化的根就是乡村。"[1] 在实施乡村振兴战略中进行莒文化开发,莒县有很大的特色和优势。莒文化遗产蕴含了历史、文化、经济、政治、教育等多方面的资源,处处体现了莒地人民的仁义、诚信、礼仪,是实现乡村振兴的宝贵文化遗产。坚持莒文化开发与乡村振兴战略融合,必须找准二者的契合点,抓好衔接,科学规划莒文化开发衔接乡村振兴的文化事业、文化产业。要树立"跨界融合"理念,传承与发展传统的礼仪、习俗、建筑等乡村历史文化,助力乡村文化振兴,利用莒县田园风光、山水资源和乡村文化,大力发展具有特色的乡村生态旅游、乡村休闲旅游,优化农村产业结构,推动美丽乡村建设,助力乡村环境改善。加大对乡村历史文化资源的保护与开发,充分发掘乡村物质文化和非物质文化遗产的社会价值和经济价值,有效促进文化、生态和乡村的有机融合,让莒文化振兴为莒县乡村振兴提供哺育和支撑,成为推进乡村振兴战略的重要抓手。以莒县书画文化为例,

---

[1] 中国文化书院学术委员会:《梁漱溟全集》第1卷,山东人民出版社2005年版。

要充分发挥莒县书画家多的突出资源优势,提升"沂蒙画派"等书画家知名度,培植壮大书画交易市场,引导书画产业集中集聚集群发展,形成书画创作、书画交易、书画展览、书画装裱等为一体的书画产业链,做大做强书画产业。

四 生态文明优先

生态是发展之基,生态文明建设是"五位一体"总体布局和"四个全面"战略布局的重要内容。党的十八大以来,以习近平同志为核心的党中央始终高度重视生态文明建设。党的十八大把生态文明建设纳入"五位一体"总体布局,党的十八届五中全会鲜明提出"绿色发展"的理念。习近平总书记反复强调,"既要金山银山,又要绿水青山,绿水青山就是金山银山""保护生态环境就是保护生产力,改善生态环境就是发展生产力""要像保护眼睛一样保护生态环境,像对待生命一样对待生态环境"。一个城市生态环境好,其发展的后劲和潜力就大。习近平总书记早在2003年就指出,"生态兴则文明兴,生态衰则文明衰"。恩格斯在《自然辩证法》中指出,"我们不要过分陶醉于我们对自然界的胜利。对于每一次这样的胜利,自然界都对我们进行报复"。近年来各地文化开发实践证明,开发与保护要紧紧结合起来,必须把生态优先原则放在第一位。只有把生态保护好了,开发才可持续,才能走得远。基于此,生态保护是莒文化开发的先决条件,莒文化开发必须正确处理好与生态环境的关系,把绿色发展理念贯穿工作始终,决不能以牺牲生态环境为代价换取一时效益,决不能要"带血的""黑色的"GDP。如果生态遭到破坏,那么莒县"文化名城""旅游名城"的打造就失去了载体和支撑。

遵循生态优先的原则,就要努力实现莒文化开发模式和开发过程的生态化,注重人、自然、经济和文化的和谐。不能只顾眼前利益而违背自然规律,必须在可持续发展原则下进行合规律、合目的的开发和利用,针对不同阶段的特征有效地开发和设计,使其从内容、形式、表现上既符合传统的要求,也适应新的社会发展需要。在莒文化开发中,必须注意保护是基础,开发必须在保护的基础上进行。究其根本,莒文化开发不仅要实现经济效益,更是对传统文化的挖掘、抢救和保护。保护性的开发要注重保护的原真性,坚持保护莒文化原有的风貌特征。在规划空间布局方面,力求保护原有自然生态环境，突出特色。例如，就莒县母亲河——沭河来讲，它哺育了莒县世世代代的人民，孕育了灿烂辉煌的莒文化，因此，在莒文化开发过程中，生态文明建设要把沭河作为重要保护开发对象，打造沭河两岸莒文化开发与生态保护产业带。按照"扩总量、提质量、增绿量"的思路，大力实施通道连绿、水系扩绿、荒山披绿、封山护绿、退耕还绿等"增绿扩绿工程"，拓展城乡绿色空间，全面落实"河长制""湖长制"，提升袁公河、鹤河、柳青河、洛河、潍河等生态湿地公园，把每一条河流都打造成为"水清、岸绿、景美"的生态廊道。在传承既有的自然资源的同时，不断涵养优化生态环境，不断为莒文化开发积累生态资本。既让人民群众在莒文化开发进程中有实实在在的获得感、幸福感、安全感，又从为子孙计、为万世谋的角度考量，使莒文化开发与生态文明相融合，让莒县千年古城文化涌动出持久生命力和竞争力。

五 行政推动与市场驱动相结合

党的十八届三中全会提出使市场在资源配置中起决定性作用和更好发挥政府作用，实现了中国共产党在理论和实践上的又一次重大突破。莒文化开发是一个系统工程，涉及诸多方面，是具有极强公共属性的政府行为，同时，莒文化开发涉及的多领域产业发展的背后则是具有极强经济属性的市场行为，因此高质量的莒文化开发需要政府行政推动和市场驱动有机结合，形成强大开发合力。要发挥政府在把握方向、谋划全局、提出战略、制定政策、推动立法、营造良好环境方面的职责和作用，进一步加大政策对莒文化开发的支持力度；与此同时，要更多地运用市场手段，促进各类资源要素的循环流动，发挥市场在资源配置中的决定性作用，坚持以开放促开发，注重营造良好的开发环境。没有考虑到需求的文化供给是对市场规律的忽视，文化产品与服务缺乏政策的适应性则会带来宏观调控的缺位，因此，莒文化开发既要抓住市场这只"看不见的手"，又要抓住政府这只"看得见的手"，实现"有为政府、有效市场"的良性互动，从而形成政府推动、市场驱动基础上围绕莒文化开发的各产业增收的内生动力和活力，推动莒文化开发各产业持续健康发展。譬如，莒县政府在莒国古城恢复工程中，通过宏观政策和合理手段，建立完善的经费、机构、人员、政策等保障机制，发挥核心和主导作用，但同时要更多地运用市场手段，造就一批具有导向性、引领性的文化产业集团，实现莒文化的传承、弘扬和开发。

六 创造性转化、创新性发展

2014年2月24日，习近平总书记在主持十八届中央政治局第十三次集体学习时指出，弘扬中华优秀传统文化，"要处理好继承和创造性发展的关系，重点做好创造性转化和创新性发展"。[①]"传统文化在其形成和发展过程中，不可避免会受到当时人们的认识水平、时代条件、社会制度的局限性的制约和影响，因而也不可避免会存在陈旧过时或已成为糟粕性的东西。"[②] 所谓创造性转化，就是要按照时代特点和要求，对非物质文化遗产中那些至今仍有借鉴价值的内涵和表现形式加以改造，赋予其新的时代内涵和表达形式，激活其生命力。所谓创新性发展，就是按照时代的新进步新进展，对中国优秀传统文化的内涵加以补充、拓展、完善，增强其影响力和感召力。[③] 推进莒文化创造性转化和创新性发展，有利于莒文化的传承创新，关系着更好满足人民群众日益增长的精神文化需求。

坚持莒文化开发的创造性转化和创新性发展的内涵丰富。创造性转化就是赋予莒文化新的内容及属性，推动莒文化现代化，使其能够与时俱进，顺应时代潮流。要"结合新的实践和时代要求进行正确取舍，而不能一股脑儿都拿到今天来照套照用"[④]。创新性发展就是在不动摇莒文化传统内涵基础上，在继承的过程中有所创新。当前，坚持莒文化创造性转化和创新性发展，就要以社会主义核心价值观为统领。首先是要以社会主义核心价值观为根本判断标准，对莒文化做好辩证取舍工作，符合的就对其保护发展，不符合的则坚决扬弃淘汰，确保创造性转化和创新性发展始终保持正确导向。其次是要挖掘莒文化中对培育和践行社会主义核心价值观有益的文化成分。比如开拓创造、包容尚义、孝顺仁厚、崇文重教……这些是莒文化的内涵，是教育、塑造人民群众最具亲和力、感召力的生动

---

① 《习近平谈治国理政》，外文出版社2014年版，第164页。
② 同上书，第313页。
③ 王艺霖：《习近平对中国传统文化的创造性转化和创新性发展——以知行关系为例》，《党的文献》2016年第1期。
④ 《习近平谈治国理政》第2卷，外文出版社2017年版，第313页。

教材，需要深入做好挖掘、吸收工作，使之充分发挥以文化人的效能。坚持莒文化创造性转化和创新性发展，要以推进文化理念、文化研究、文化事业、文化产业、文化传播等各方面的创新发展为着力点。要敢于突破，不能因循守旧。譬如，充分利用莒县民间剪纸艺术，开发具有地域特色的剪纸工艺品，跳出传统工艺手法束缚，创作反映新时代乡土气息的剪纸，加入现代生活文化元素，创作符合现代市场需求的剪纸工艺品。坚持莒文化创造性转化和创新性发展，要大力推动莒文化"走出去"，以更加开放、包容的姿态理性认识和对待其他区域的文化，从而实现相融相通，提升莒文化价值传承与文化再生产能力。

习近平总书记指出："不忘历史才能开辟未来，善于继承才能善于创新。优秀传统文化是一个国家、一个民族传承和发展的根本，如果丢掉了，就割断了精神命脉。"[1] 莒文化是中华文化的重要组成部分，要秉持客观的态度对其进行创造性转化和创新性发展，不断将莒文化进行扩充、完善，赋予其新时代的内涵和现代化的表达，为中华文化的大发展、大繁荣增添助力。

第三节　莒文化开发的总体思路

一　规划先行，科学开发

文化开发切忌盲目性，必须遵循文化发展的科学规律，在把握规律的基础上制定科学规划。在这个意义上，规划是纲，纲举则目张。也正是在同样的意义上，规划是开发的逻辑起点、方向与遵循。莒文化开发是一盘关系全域发展的大棋，要把这盘棋走好，必须首先把文化发展的一般规律与莒文化发展的实际结合起来，而这种结合首先体现在规划层面。所以必须科学制定开发规划，要在全县层面上树立一体化设计、多规合一的整体理念，遵循文化开发的规律，科学合理设置长、短期目标，注重品质，有序开发，做出有科学性和前瞻性的规划和抉择，切忌盲目图快，避免开发建设随意性，防止走弯路。只有编制了科学的开发规划，才能为规划的有

---

[1] 习近平：《中国共产党人始终是中国优秀传统文化的忠实继承者和弘扬者》，《党建》2014年第10期，第1页。

序执行提供良好的前提条件。

　　就莒县全域以及全域与周边地域的关系来看，目前莒县文化资源开发还是缺乏具有全域整体性以及与周边地域高度相关性的切实可行的规划。一是莒县行政区域南北狭长、东西狭窄，县城偏居南部地区，北部地区则很明显缺少一个次中心，而北部地区恰恰又存在非常丰富的考古资源、历史资源、自然资源等优势资源。比如青峰岭水库周边的碁山镇和东莞镇就有历史悠久的净土寺遗址、古齐长城遗址、刘勰祖籍古村落等。特别是东莞作为在汉代就非常有名的古郡，加之又与广东东莞同名，完全可以从全域的角度做出规划，在莒县北部打造东莞古镇，以形成莒县北部次中心，实现莒县全域规划的均衡布局。南部除县城外，也可以在最远的小店镇形成一个次中心。小店镇留有丰富的红色文化遗存，特别是横山根据地遗址，这是滨海根据地的核心所在，故可以在小店镇连同夏庄镇打造红色旅游区，与已经形成一定规模和知名度的位于莒南县大店镇的山东省政府旧址形成联动效应。二是只有形成全域的整体性规划，才能形成各种资源之间的整合效应以及整体基础上的规模效应，进而形成与周边地区的联动效应。就目前情况来看，莒文化资源开发一方面存在利用资源的单一性和非协同性，同时这种开发又处于比较粗放的初级形态。比如浮来山旅游文化开发，其丰富的自然景观资源还基本处于未开发状态，旅游方式仍以观光为主，缺乏较高水平的规划、策划，未能充分发挥莒文化的优势，实现文旅深度融合。另一方面，就文化开发主体来说，旅游企业对莒文化丰富的资源整体性缺乏正确认识，很难做到对资源的整体性利用，缺乏对莒县地域文化背景和莒文化内涵的挖掘和综合开发考虑。这样，在莒文化开发建设的具体项目操作中就会缺乏长远、整体、科学谋划，或者在规划时只考虑经济因素，不考虑文化特色，盲目跟风大建设大动作，甚至破坏自然风貌、古民居、古遗址等，导致文化开发粗放冒进、根基不稳，后发力量不足。在此基础上发展文化产业，便容易出现规模小、档次低，缺乏针对性、适用性等问题，同质化情况严重，市场竞争力差，无法发挥凝聚群众、服务群众、引领群众、教化群众的效能，缺乏长久的生命力。

　　基于此，莒文化开发重点是制定好两个规划。一是要编制完善全域性总体开发规划。以莒文化为核心和统领，编制完善的总体规划，打造宜居、宜业、宜游城市。以总体规划为引领，加强对重点文化资源开发的统筹规划、有机整合,通过政府推动、社会力量参与,高标准策划开发重点项目,提升莒文化的吸引力和竞争力。二是要编制专项开发规划。县乡两级要从保护和传承莒文化的高度,结合各地莒文化资源的品质、禀赋、特征,分类编制莒文化古迹、自然生态、乡村风情、红色励志等莒文化开发具体规划。2017年中共中央办公厅、国务院办公厅印发的《关于实施中华优秀传统文化传承发展工程的意见》中明确提出要"加强历史文化名城名镇名村、历史文化街区、名人故居保护和城市特色风貌管理,实施中国传统村落保护工程"。[①] 因此要对古村落编制详细规划,确定其发展定位、主攻方向、重要措施,确保原有建筑形态、自然环境、传统风貌、民俗风情等历史文化元素的完整。规划应体现地域特色、乡土特色,避免"千篇一律""千村一面"。要增强莒文化开发规划的科学性、高端性、严肃性,譬如,在做莒国古城开发工作时,必须避免盲目建造,而应该提前做好规划工作。其一,在修复与建造前政府要给予正确的引导,并做好审批工作,避免盲目追求经济利益。其二,政府要组织专家对项目给予论证和规划,使整个修复及建造工作明确有序。其三,要强化规划刚性,规划出台后,各方面要遵照规划一以贯之地组织实施,用严格的考核制度、监督制度提升规划的权威性和执行力,保证莒国古城的文化内涵,避免建造效果不符合古城形象。

不谋全局者,不足以谋一域。莒县历史文化深厚,可开发的项目较多,在开发时要坚持制定全域化规划,形成规模效益,切忌在开发时"撒胡椒面"。把整个莒县县域作为一个大景区规划,形成"全域统筹、层次分明"的全域文化资源开发规划体系。可聘请招标国内外知名的专业文化开发团队,对莒文化开发进行高端策划,高标准制定以莒国古城建设为核心的开发规划,坚持"多规合一",把莒文化开发总体规划、文化产业发展规划、生态建设规划等有机融合,在此基础上,分区域、分产业制定具体实施规划,形成"1+N"规划体系。成立莒文化开发策划决策专家咨询委员会,对文化开发规划、重大产业项目等进行咨询论证。就文化旅游产业来讲,要树立"全域旅游"理念,高起点、高水平、高标准

[①] 中共中央办公厅、国务院办公厅:《关于实施中华优秀传统文化传承发展工程的意见》,2017年1月25日。

编制全县文化旅游开发总体发展规划，配套完善"吃、住、行、游、购、娱"专项规划，并把城市规划、镇村规划、社区规划等，按照文化旅游的标准来逐步推进。各乡镇街道要按照"近郊依城、远郊靠景、突出特色、错位发展"的思路，着力打造乡村采摘游、休闲度假游、民俗风情游，打造一批乡村旅游品牌。如桑园镇要重点推进柏庄古村落开发规划，打造莒县远郊民宿旅游样板。

二 区域布局，协调开发

如前所述，莒文化开发是一盘大棋，做好莒文化开发的区域布局就像下棋讲究布局技巧一样。莒县文化资源丰富，春秋城墙、齐长城、"天下银杏第一树"等独具特色，统筹区域协调开发是必然选择。要将莒县1821平方公里作为一个大的区域、把分散在县域内的各类文化资源整合起来作为一个大的文化资源区。

在开发过程中，要重视莒文化各资源要素之间相互依存、共促发展的关系，避免各文化资源产生分割而造成整体吸引力和竞争力的削弱。本着莒文化各资源要素之间为一个共同体的原则，全面把握莒文化资源的整体特点、主导优势、内部差异与互补、周边环境状态、与他域之间的比较优势等，进行区域布局的整体运作，实现莒文化开发经济、社会和环境效应的最大化。

统筹考虑文化资源、区位特征和经济社会发展基础条件，莒文化开发要努力实现"三山两河一城一区"文化布局，将莒县县域内许多零散的景点和旅游产品加以整合，增加景点和旅游产品的资源利用率和大型旅游景区的建设。以莒县县城为文化中心，打造一部分文化次中心，以重点镇、重点项目为依托，以社区和村居为基础，总体规划，统一布局，区分不同的功能。按照重点突破、整体推进的原则，形成核心区引领、拓展区融合、辐射区联动的区域布局。核心区主要是指以沭河为中心轴，以莒县县城老城区为中心地带，以莒国古城为中心项目。拓展区是指沿沭河重要文化资源点，这些资源点沿沭河干流和九大支流呈"非"字状排列，有浮来山、齐长城遗址、净土寺、柏庄等文化遗产，是莒文化开发的活力所在。辐射区是指以沿沭河文化带进一步向外传播辐射的联动区域，是支撑和保障莒文化向外延伸的重要空间。要提升文化带主轴，充分发挥线性串联和综合展示功能,依托沭河沿线生态产业带独特优势,把沭河两岸打造成为生态更优美、产业更集聚、城镇更宜居、乡村更文明的"沭河两岸文化振兴生态产业带",围绕美丽乡村、生态文明建设,通过夯实"文化+旅游"基础,聚力打造东部山水田园、南部特色农业、西部休闲度假、北部民俗风情等文化旅游集群片区,推进历史文脉贯通,实现沿线文化、生态、景观等资源要素以点带面,有机整合,构筑串珠成链的发展格局。

三 创意引领,特色开发

纵观国内外文化产业发展状况,文化创意是文化产业可持续发展的助推剂。而文化旅游的融合,核心更是一种创意先行、理念引领的经济实践。实践证明,好的文化旅游品牌或者文化旅游项目,除天然优势,还需要加入独特新颖的人为创意,从某种意义上说,文化旅游项目就是创意项目。而莒县文化旅游却面临"一流资源、二流创意"的窘境。"旅游就是卖创意",好的创意是得到关注和支持的前提,一个好创意能成就一个成功的景区,因此,要确立创意引领的思路,把创意融入莒文化开发全过程,聘请专业人士参与策划营销,用创意讲好莒县故事。

要加大对莒文化元素的渗透应用,注重把握莒文化的内涵和特征,将莒文化元素融入城市规划和旅游发展的全过程。

一是在显要场所和重要路段等设置莒文化典型元素,营造"未进莒城、先见莒文化"和"进入莒城、处处莒文化"的浓郁氛围。突出文明发祥地、东夷文明代表、莒部落、中国最古老文字、陶质牛角号、四千年银杏树、刘勰故里、毋忘在莒等影响力大的莒文化元素宣传主题,营造出"东夷文明源头、莒国故地、刘勰故里、千年银杏之乡"的莒地印象,提高莒县对外知名度。围绕县城出入口、县城"五横四纵"("五横"即日照路、银杏大道、文心路、浮来路和望海大道,"四纵"即山东路、青年路、城阳路和莒州路)交通干道、广场、公园、高速路出入口等,根据各条交通干道的主要特征,分别以雕塑(透雕或群雕)、屏风、碑刻等形式,将莒文化中有代表性的莒地发展历史、农耕文明、原始文字、制陶、剪纸、民俗等元素充实进去并展示出来。

二是对古建筑进行修复和改造,增添历史文化色彩,再现古莒城的风韵。在城区建设中彰显古城形象的地标建筑。比如可以在浮来山西莒县入口处规划建设一座古城门，在水利局北设计古城楼，展示莒城的历史；在浮来中路大果街老槐树底设立景王祠或者文庙遗址标志；在南关小学附近修建曾子书院，设莒文化讲堂，定期讲授莒文化及国学内容，重温昔日莒县崇文重学的盛况；在史家庄子村仿建状元府，将沭河水引入，建一状元湖，修缮状元林；在莒州文街和莒州博物馆之间打造系列旅游景观，建设仿古莒文化长廊，以时间发展为线，从远古到春秋战国再到汉代、魏晋南北朝，直至隋唐宋元明清，将有代表性的历史事件、人物、典故、传说、非物质文化遗产、文物等，以塑像、碑刻、屏风等形式予以展现，通过莒文化长廊全面集中展示莒文化，让来到莒县的人能够看到和感受到源远流长的莒地历史文化，从而延长游客逗留时间，进一步带动饮食、购物等消费。

三是围绕"五横四纵"交通干道建设系统的旅游标识体系。以"五横四纵"为主，将"全国书画艺术之乡""历史文化名城""天下银杏第一树""人到浮来福自来""刘勰故居""文心雕龙""千年古县——莒县"、莒州八景、特产风物、传统美食、风土民情等内容，分别以"莒"字图案、压胜钱、龙凤交绕图、剪纸、陶文、书简等形式做成标识牌，每条干道两旁的标识牌采用一种展现形式，突出一个主题，整体上形成系统的标识牌体系。

四是旅游产品要精品化。通过开展旅游商品大赛，举办特色旅游产品展销会，进一步加强旅游商品开发与创新，设计一批特色旅游纪念品、特色旅游商品。

在强化文化创意引领的基础上，还要突出发展一批特色文化旅游品牌，牢固树立品牌理念，以好的品牌支撑、引领，以好的品牌推介，推进文化产品有效接受。而目前，以"莒文化"为代表的文化资源还没有得到充分有效的整理挖掘和开发利用，具有地域文化特色的文化业态尚未形成，莒文化元素还没有很好地融入历史文化名城建设及旅游景点规划中，大多数文化产品缺乏创意和创新，在全国能有一定知名度、影响力和市场竞争力的文化产品较为匮乏。建议深入挖掘文化资源，依托莒县文化底蕴深厚、历史遗存众多、自然环境优美、山水资源丰富的优势，实施品牌战略计划，进一步提高研究能力和设计能力，鼓励支持开发优秀文化创意产品和文化科技产品，着力打造一批以"莒文化"品牌为引领的文化品牌，以产品和服务中的文化价值提升经济价值，实现"莒文化"价值链的提档升级。围绕文化古迹再现、东夷文明体验游，深度挖掘历史文化遗迹等地方特色文化资源，加强文化旅游项目开发，打造认识古莒、寻史寻古、古莒探古、毋忘在莒等旅游品牌，制作有影响力的文艺演艺作品。再造提升丰富自然景观游，以浮来山、屋楼崮、丹凤山、横山、老营顶，沭河、三大水库等山水资源，带动沿线片区发展自然生态游、乡村风情游等各类旅游形态，融合地域特色文化，打造绿色生态和文化传承于一体的自然山水文化旅游品牌。大力发展乡村旅游，突出文化特色，以旅游产业聚集带动人口，推动新型城镇化。发展省级旅游特色乡镇，打造乡村风情旅游品牌。加快发展旅游休闲度假区，重点培植夏庄的浮来青生态园、丹凤山景区、丽正园景区。鼓励兴建旅游休闲度假设施。将现代设施农业与旅游有机结合，保护提升乡村原貌、乡村生态、地方特产，从文化旅游的角度包装提升，提高再造升级的能力。发展红色励志游。立足莒县红色资源丰富的优势，将红色资源嵌入有关文化旅游项目的同时，集中打造一到两处红色励志旅游景点，如小店镇、招贤镇等。打造文化企业体验游。莒县印刷企业发展态势良好，造酒业基础深厚，制茶业技术高明，可以引导企业在发展提升实力的同时，开放产品环节体验，打造工业旅游体验品牌。

在宣传创意和新型手段上动脑筋。在常规宣传的基础上，善于策划构思各种活动，充分运用现代手段加大对莒县和莒县文化旅游的对外宣传，用好"互联网+"的机遇，用好互联网、微博、微信等新媒体手段，使文化旅游的对外宣传更加精彩、更加迅速、更加直观、更加形象，实现精准推介，精准营销。

四 市场操作，开放开发

市场化运作加快莒文化开发，是破解开发瓶颈的重要举措。打造"一强三名"富强美丽幸福的新莒县，必须把政府的"有形之手"和市场的"无形之手"结合起来，双手用力，两手齐抓。鼓励在文化资源开发、文化基础设施建设、文化产业经营等环节引入市场机制，使市场成为推动莒文化开发的重要力量。树立开放的观念，将莒文化充分挖掘后面向并融入市场，发挥市场在文化资源配置中的积极作用。

要善于运用市场化手段。充分发挥市场经营主体、龙头企业"主力军"作用，落实中央支持实体经济、民营经济发展的政策措施，鼓励更多工商资本参与文化旅游。一是运用市场化手段引导文化产业发展。在经济下行情况下，通过政府引导基金"花小钱办大事"带动银行资金和社会资金，可以发挥"四两拨千斤"的作用，因此要充分发挥"产业发展引导基金"作用。二是运用市场化手段运作城市文化建设。当前，莒国古城恢复工程是莒县城市文化建设的一大重点。毋庸置疑，类似这样的工程和项目建设，单纯靠政府投资、靠政府运作，是无法完成的。必须运用市场化手段，吸引社会资本参与。可以通过组建运行城投公司的途径，由城投公司承担起市场化运作莒国古城建设的主体作用。先由城投公司提出项目建议，由规划部门进行规划设计，按法定程序通过后，交城投公司进行市场化运作。三是运用市场化手段发展文化旅游。要把旅游产业发展基金运作好，浮来青、丹凤山等景区开发，应充分发挥基金的作用。同样也要用市场化的手段对较成熟的浮来山景区进行拓展提升。积极与省、市级土地开发集团开展战略合作，围绕"天下银杏第一树"，突出"佛教圣山"主题，做好"仙山、神树、寿果"文章，把浮来山打造成以"佛树"和"仙境"为主题的特色旅游目的地，实现由观光游向休闲度假游转变。当然，在市场化的环境下，必须克服市场化弊端，消除市场化运作的负面作用，加强政府对市场的监管，以行政力量保障市场操作的正常运行。

五 群众参与，共享开发

对于莒文化开发，除了坚持政府行政推动和市场化运行的结合，还要充分发挥群众主体作用，坚持走"政府主导、市场操作、群众参与"之路。

人民群众是经济文化发展的关键主体，文化旅游资源的开发更是离不开人民群众的支持和参与。虽然莒文化保护和开发工作一直在进行，但仍有相当一部分群众对自己生活环境中历史文物的重视和保护意识淡薄。大部分群众对莒文化开发工作知之甚少，破坏文物的事情时有发生，这样极不利于莒文化的挖掘、开发和利用。在莒文化保护与开发方面，要增强群众对历史文物的保护意识，发挥群众主体地位。如莒县碁山镇净土寺，宗教文化资源较为丰富，具有一定的开发价值，但是保护形势严峻，存在损毁、偷盗现象，给莒文化历史遗产带来巨大损失。基于此，政府文物管理部门可以利用开办文物保护技巧、法律知识相关培训课程等方式，让群众充分认识历史文化遗产的重要价值，增强群众对保护历史文化遗产的责任感。

人民群众是物质文化和非物质文化遗产的创造者。新时代莒文化开发事业既造福于人民，同时也是依靠人民、汇聚人民力量、发挥人民智慧的生动体现。政府和企业要动员当地村民参与到对旅游产品的设计、生产和销售过程中来。一方面能够促进传统手工技艺的延续和传承，另一方面通过精心打造具有莒县地方特色的旅游商品和纪念品，带动游客消费，拓展旅游开发的利润空间，丰富和提升莒文化的知名度。

政府要坚持以人为本，拓宽和规范当地群众参与莒文化开发的渠道，鼓励群众积极建言献策，让莒县当地群众参与到莒文化开发的规划、经营、管理中。比如可以由莒县文化和旅游委员会牵头，发动各级各部门和社会上爱好旅游的人员参与到全县的文化旅游发展中去，组建宣传推介小分队、创新构思小分队、文明使者小分队、征集挖掘小分队、招商引才小分队、监督提升小分队等。每个小分队由专人管理，借助社会力量开展相关活动。莒县当地群众的热情好客、对莒文化资源的保护与传承，都是促进莒文化开发的重要资源，对莒文化旅游资源的开发具有积极的促进作用，因而要积极扩大与提升群众在莒文化资源开发中的影响力与向心力。

六 项目落实，实体开发

项目是文化产业发展的重要载体，也是文化产业实现快速发展的关键举措、根本途径，抓住项目这个牛鼻子，就抓住了文化产业发展的突破口和主动权。文化旅游融合的成效也主要体现在实实在在的实体项目上，没有实体项目作支撑的文旅融合只能是空中楼阁、海市蜃楼。文化开发的关键在于把丰富的文化资源包装成可以操作的项目，没有项目包装的资源就不可能变成市场上的资本，就称不上是文化开发。所以，文化开发操作的第一步是把资源包装成项目推向招商市场，吸引资本进入。近年来莒县虽努力培育打造一些实体项目，但缺乏真正的好项目，项目新颖性、片区性、承载性特点不明显，起点不高、内涵不丰、规模不大、链条不长、特点不特、亮点不足、思路不明、发展乏力、后劲不足的态势明显。拳头性实体好项目"要精，要有规模，有魅力，有看点，有玩味，有气场，有人场，有效益"，特别是观赏与游玩要深度融合。

目前，莒县历史文化资源与旅游项目相结合的文章做得不够，莒文化开发缺乏支撑文旅融合的拳头性实体好项目。目前莒县真正意义上的文化旅游景区只有浮来山、浮来青、丽正园三处，旅游产品仍然比较单一，内涵不够丰富，对游客吸引力还不够强，迫切需要新的旅游项目带动。同时，莒县丰富的文化资源很多仅停留在学术界和宣传层面，没有变成特色文化景观，没有形成规模效益，没有变成文化产品和文化产业，没有带来更大的经济效益。

从莒县的现状和其他先进地区的经验来看，文化旅游融合发展要有大的突破，必须有好的骨干项目带动和支撑。这个"好"包含大、强、精的意义。下一步，莒文化开发必须统筹沭河上下游，兼顾左右岸，"串珠成链、串链成线"来谋划项目，对现有项目进行分类梳理，筛选优势特色项目，突出重大项目建设，在做大做精上下功夫，集中发力，打造核心竞争力，以点带面实现文化旅游融合发展的突破。可以说抓好关键性的拳头项目，将其做大做强，发挥其带动作用是文化旅游融合超常规突破发展的核心和关键所在。同时，为了避免资源的浪费，必须树立重点突破、集中发力的意识，避免眉毛胡子一把抓。

当前，莒县正着力建设的"莒国故都"便是一个有力之举，是以"莒文化"为品牌的旅游龙头项目，势必能够带动文化旅游融合发展。下一步，重点对莒国古城、浮来山进行综合开发，对屋楼小镇、柏庄古村等项目进行包装推介，积极招引有实力的企业集团投资开发，把旅游产业打造成战略性支柱产业。

在开发拳头性实体好项目的同时，还要注重项目的精品化建设，提升项目品质。高品质项目是打造文化名城、旅游名城的标志。目前，要加快对现有旅游项目的提档升级，抓好莒县沭河湿地公园、浮来青生态茶园、嗡嗡乐园等景区旅游策划，引进大型表演、水上灯光秀等产品，丰富夜间游的参与性、互动性和体验性，提升"好客山东·毋忘在莒"旅游品牌的知名度、美誉度和影响力。

后　　记

历时近两年，莒文化研究院委托的课题"莒文化及其开发对策研究"和"莒国古城文化空间的创意文化元素研究"成果最终以本书的形式得以呈现。

长舒一口气的同时，却并未有课题结项的轻松，反而觉得还有许多的感慨没有诉诸笔端，还有许多的事情等待去做。

首先是对莒文化。通过一次次调研，通过走进博物馆、资料室，走进乡镇和村庄，通过与学者、干部、村民座谈和唠嗑，莒文化在我们心中从所知甚少到逐渐了解再到日渐清晰、丰满、高大和厚重，我们的惊喜和愧然也随之一天天增多。惊喜的是，在齐鲁大地，除了耀眼的齐鲁文化，莒文化的光芒竟也如此璀璨；惭愧的是，身为山东人，对自己身边源深流长、底蕴丰厚的莒文化，我们却忽视了这么久。莒地有数十万年的文化根系，上万年的文明起步，五千多年的文明史，这已成为考古界的共识。无论是作为早期文明的延伸，还是多元文化的拼图，根系深远的莒文化都是山东文化和中华文化不可忽视的源起和重要的组成部分，更可贵的是，时至今日，在广阔的莒地，莒文化的精神和血脉依旧生生不息，滋养着激励着莒地人民代代传承并不断创新。对此，我们唯有用心用力，挖掘、梳理、探究和发现。本书试图从基本理论、文化资源和开发对策三个方面对莒文化进行阐释。"上篇·莒文化的基本理论"基于地域文化的研究范式，阐释莒文化的含义和具体表现，追溯这一地域文化观念变动的历史过程及在地演绎，并进一步探讨莒文化与齐鲁文化、中华文化的关系以及莒文化与沂蒙精神不可分割的内在一致性，认为沂蒙精神就是中国共产党精神与莒文化相结合的产物。"中篇·作为文化资源的莒文化"全面而系统地展现莒文化资源的丰富多样性，从自然文化资源、历史文化资源、民俗文化资源、革命文化资源几方面，对莒地文化资源进行谱系化梳理。"下篇·莒文化开发：设想与思路"立足新时期"五位一体"总体布局对区域发展的要求，阐述地域文化对区域发展的现实价值，进而对莒文化开发乃至地域文化的发展手段与路径，展开进一步思考，力求为新时代地域文化开发与区域发展提出些许有益的对策建议。全书20万字，纸短情长，对莒文化的阐释虽然至此告一段落，但我们对莒文化的热爱却是刚刚起步，在厚重灿烂的莒文化面前，我们感觉以往和现在所做都太少，我们应该做的和必须做的还有很多。

其次，对莒地人民，我们也怀有深深的敬意和热爱。在多次的走访座谈、实地调研过程中，我们接触了莒县各级各部门干部，接触了教师、展馆讲解员以及田间地头的农民，还有剪纸工艺、锔壶工艺等各种民间工艺的年轻传承人，从他们身上，我们一次次强烈感受到什么叫作"对这土地爱得深沉"。不分职业，不论年龄，他们每一个人都勤勤恳恳，任劳任怨，以自己的方式默默守护和建设着古老的莒地。无论是为了座谈会熬夜准备稿子和资料的老专家，还是本色革命展馆里满怀深情几度哽咽的讲解员，还有在骄阳下挥汗如雨为我们讲述村里老房子所承载的红色历史的老农，都让我们的心灵一再得到洗涤和升华。这其中，需要特别提及的是我们的基层干部。不知何故，也许是受某些新闻或文学作品的影响，锢于城市和书斋的我们，以往对县乡村的基层干部或多或少有着这样那样的偏见，然而随着课题调研的深入，随着对越来越多基层干部近距离的接触、了解，我们不但彻底颠覆了以往的认识，更是发自内心对这个群体肃然起敬。他们是最接近土地的干部，日日面对来自最基层的群众最直接最繁杂的诉求，因此他们的工作琐细又繁忙；他们是上情下达的中间人联系人，党和国家的政策要通过他们的学习、领悟、传达和执行、运作，死的文字才能变成活的措施，变成惠及每一个村民的实际行动。从这种意义上说，他们才是党和群众血肉相连关系中最重要的纽带。所以他们何其不易何其劳碌。今天找他们是在会场皮鞋衬衫，明天见面又是在田间挽着裤腿两脚泥水。更难能可贵的是，无论何时何地，他们的脸上都满是阳光，"太好了，我们给村民选新址建新房整体搬迁，老房子用来搞旅游开发"，"太好了，我们的20万株向日葵开花了，吸引了四面八方成百上千的游客"，每一次交谈，他们心心念念都是脚下的土地和身边的百姓，他们眼中的憧憬和激情一再将我们打动，让我们不禁反思：如果能更多地与他们脚踏大地的实践相结合，我们的治学和研究会不会更富生命力和说服力？

还要感谢课题组成员。他们克服种种困难，多次实地调研，广泛查阅资料，请教专家，撰写文稿，并一遍遍讨论修改，不辞劳苦，精益求精。本书由刘永凌提供思路设计，组织调研，并负责下篇的写作以及全部内容的修改统稿。感谢李文娟、武宁、刘姝曼为本书上篇提供初稿，感谢李峻岭、黄迎周、姜成娟为本书中篇提供初稿，特别感谢曲阜师范大学张晓琼教授对本书下篇的指导和贡献。眼见你们的勤奋与努力，我当自勉。

感谢中国社会科学出版社王茵副总编辑和李凯凯编辑为本书出版所付出的诸多辛苦。感谢中国社会科学院哲学研究所所长张志强研究员和山东社会科学院国际儒学研究与交流中心路德斌研究员为本书作序，他们二位是各自研究领域的大家，是我学习的榜样。

最后再次感谢莒县县委、宣传部及莒文化研究院的领导对我和课题组的信任，在课题立项、调研及写作过程中给予我们莫大的支持和帮助。此次合作不仅让我们走进博大精深的莒文化和日新月异快速发展的莒县，更让我们对今后的研究方向与方法进行深刻思考，诚如习近平总书记对广大哲学社会科学工作者提出的要求，"要把社会责任放在首位，严肃对待学术研究的社会效果，自觉践行社会主义核心价值观，做真善美的追求者和传播者"，这，正是我们今后努力的方向。

刘永凌

2020年7月于泉城济南